Lübecker Beiträge zur Ethnologie

Band v

waschen lassen, da noch keine Seife hier ist und den anderen sauberen will ich nicht für den Kopf verwenden, um wenigstens Abends mich umziehen zu können.

D.5.XI. Gestern war großer Umzug indes mein Schön-haus und Einweihungsfeier. Der Umzug mag wohl dem Aufzug der Schalattenburger Studenten ähnlich gewesen sein. Auch hier viele Leute im sog. Gänse-marsch mit den einzelnen Sachen vom Dorf Mbälang zum Hause zogen. Bald darauf kamen auch die in Akoassem zurückgelassenen Sachen glücklicherweise zur rechten Zeit. Da hatten wir den Phonograph und Schallplatten zur Feier da. Gestern hat der dann auch den ganzen Abend gespielt während wir vom andern 3 Flaschen geleert haben. Jetzt wird's hier gemütlich werden und die Arbeit wird Freude bereiten. Hoffentlich bleib ich gesund.

D.6.XI. Hab mir heut von Tundanga zum ersten Mal die Haare mit der Maschine schneiden lassen. Sieht scheußlich aus so mit kahlem Kopf. Mag mich garnich im Spiegel schaun.

Eine Wasserexpedition unternahm ich heut bei strö-menden Regen nach Alen. Die Überschwemmung ist etwas geringer geworden, doch bin ich sehr weit getragen worden.

Die Neger sind doch Tierquäler, ersten Ranges

Brigitte Templin und Gottfried Böhme (Hg.)

Hans Jobelmann

Aus Afrika ...
Tagebücher, Briefe, Zeichnungen und Photographien 1907-1909

Lübeck 2017

Herausgegeben für die Lübecker Museen/Völkerkundesammlung
von Brigitte Templin

Umschlagbild

Hans Jobelmann, um 1907

Frontispiz

Detail einer Seite aus Jobelmanns Tagebuch (S. 46)

Redaktion: Brigitte Templin
Layout: Jennifer Ernst, Grafikstudio Schmidt-Römhild, Lübeck
Druck: Druckerei Schmidt-Römhild, Lübeck
ISBN 978-3-7950-5238-6

Inhaltsverzeichnis

Vorwort

Mehr als 600 Zuwanderer kamen 1907 in das zwischen West- und Zentralafrika liegende Land Kamerun, das 1884 zum so genannten deutschen Schutzgebiet erklärt worden war. Auch den erst 19-jährigen Präparator Hans Jobelmann aus Berlin zog es im August 1907 in dieses ihm gänzlich unbekannte Land. Wer war er und was hat er in Afrika gemacht und gesucht? Zwei Tagebücher, ausgewählte Briefe, Photos und Zeichnungen aus seinem Nachlass geben darüber Auskunft und stellen zudem eine intensive und auch intime Nähe zu den letzten beiden Jahren seines kurzen Lebens her. Sie erzählen zudem von Menschen, die unter ungleichen Machtverhältnissen aufeinandertrafen.

Im Rahmen eines von der Deutschen Forschungsgemeinschaft geförderten und am Frobenius-Institut der Goethe-Universität Frankfurt unter Leitung von Prof. Dr. Karl-Heinz Kohl angesiedelten Forschungsprojekts „Digitalisierung, Erschließung, Publikation und Auswertung der unveröffentlichten Lebenserinnerungen von Günther Tessmann aus den Beständen der Völkerkundesammlung der Hansestadt Lübeck" (2010-2013) kam es zu einem unerwarteten Ergebnis. Es wurde ein Tagebuch von Hans Jobelmann, dem Assistenten von dem Lübecker Forschungsreisenden Tessmann auf seiner zweijährigen (1907-1909) Fang-Expedition in das bis dahin unerforschte Hinterland von Rio Muni (heute: Äquatorialguinea), zum Kauf angeboten. Dieses der Fachwelt bisher nicht bekannte Dokument konnte für die Völkerkundesammlung der Hansestadt Lübeck erworben werden.

Es stellte sich bald darauf aber heraus, dass es sich bei dem maschinengeschriebenen Dokument um eine Abschrift aus dem Jahre 1911 handelt und sich das handschriftliche Original in zwei Heften (Teil I: 23.VIII.1907-5. XII.1908, Fragment des Teiles II: 10.XII.1908-3.II.1909) im Besitz der Familie Böhme befindet. Gottfried Böhme, der Neffe von Hans Jobelmann, verwahrt dessen Nachlass in Berlin und hatte das Tagebuch mit seinen insgesamt 197 Seiten bereits 2009/2010 erneut transkribiert. Schnell waren wir uns einig, dass eine Publikation, ergänzend zu den bereits erschienenen Tessmann-Bänden, wünschenswert sei. Etwas länger dauerte dann die Verwirklichung dieses Vorhabens.

Die vertrauensvolle Zusammenarbeit mit Gottfried Böhme, der nicht nur die Tagebücher, sondern auch die erhaltenen Briefe, Zeichnungen und Photographien aus dem Nachlass seines Onkels zur Verfügung stellte, hat diese Publikation hervorgebracht. Die aus der Kolonialzeit stammenden Dokumente geben einen Einblick in den weitgehend unbekannten Alltag eines jungen Afrikareisenden Anfang des 20. Jahrhunderts. Unser Wunsch ist, dass diese Veröffentlichung nicht nur für viele Wissenschaftler und Wissenschaftlerinnen für ihre jeweiligen Studien als Quelle hilfreich sein wird, sondern alle Interessierten erreicht.

Die Herausgabe des vorliegenden Bandes wurde allein ermöglicht durch die großzügigen finanziellen Unterstützungen der Friedrich Blume und Else Jebsen-Stiftung Lübeck, des Deutschen Verbandes Frau und Kultur e.V., Gruppe Lübeck, und der Reinhold-Jarchow-Stiftung, die die Druckkosten übernahmen. Ihnen gilt mein aufrichtiger Dank für die langjährige kontinuierliche Unterstützung dieser Publikationsreihe, die das Ziel hat, wissenschaftliche Forschungen über die in der Völkerkundesammlung der Hansestadt Lübeck beheimateten Objekte, über Sammler und Forschungsreisen, die mit Lübeck in Zusammenhang stehen, zu veröffentlichen. Dank gebührt auch äußerst hilfsbereiten Bibliothekarinnen aus Lübeck und Berlin, dem Afrikanisten Mischa G. Hendel, Wien, meiner Mitarbeiterin Elke Krüger und Jennifer Ernst vom Grafikstudio Schmidt-Römhild, Lübeck, für die fruchtbare Zusammenarbeit.

Brigitte Templin

Lübeck, 20. Oktober 2017

Einführung

Johannes (Hans) Friedrich Wilhelm Ludwig Jobelmann wurde am 2. Juni 1888 in Berlin geboren. Seine Eltern waren der aus Ostpreussen stammende Buchhändler Otto Jobelmann (1852-1908), zu dieser Zeit Geschäftsführer des Vereins Berliner Künstler, und seine Frau Karoline (1866-1936). Karoline Jobelmann war die älteste Tochter des berühmten „Mondscheinmalers" Louis Douzette (1834-1924), der damals in Berlin, ab 1895 in Barth an der Ostsee lebte (siehe zu Douzette u.a. Killy [Hg.] 1995b: 603-604, Thieme [Hg.] 1913b: 523). Von 1892 bis 1897 lebte die Familie Jobelmann in München, wo Otto Jobelmann Geschäftsführer der Münchner Künstlergenossenschaft war. Hier wurde 1892 Hans Jobelmanns Bruder Helmuth geboren. In München entwickelte sich bei Hans Jobelmann ein gewisser „bayerischer" Einschlag in seiner Ausdrucksweise, der auch später noch anhielt. Otto Jobelmann übernahm 1897 eine Buchhandlung in Münster in Westfalen, die er bis 1903 betrieb. Dort wurden die beiden Schwestern von Hans Jobelmann, Luise und Dorothea (Isi und Dorchen genannt), in den Jahren 1900 und 1903 geboren. Danach siedelte die Familie, der es wirtschaftlich nicht besonders gut ging, wieder nach Berlin über.

Nach Abschluss der Schule begann Hans Jobelmann 1904 eine Ausbildung als Präparator am damaligen Königlichen Zoologischen Museum (Museum für Naturkunde) in der Invalidenstraße 43 in Berlin. Für das Jahr 1906 vermeldet die Berliner Universitätschronik: „Der Präparator Jobelmann wurde in der Schneide- und Färbetechnik unterwiesen" (Chronik der königlichen Friedrich-Wilhelms-Universität zu Berlin 1907: 208). 1907 beendete er seine Präparatoren-Tätigkeit am Zoologischen Museum und ging mit der von dem Direktor des Lübecker Museums für Völkerkunde, Dr. Richard Karutz (zu Karutz siehe Templin 2010), initiierten Lübecker Pangwe-Expedition unter Leitung von Günther Tessmann (1884-1969) als Präparator und wissenschaftlicher Zeichner mit nach Zentralafrika. Sein Gehalt betrug 1.000 Mark im Jahr. Sein Ziel war es, so viel Geld wie möglich zu sparen, um seinen Eltern finanziell zu helfen und später die Kunstschule besuchen zu können. Von seinen Vorbereitungen wissen wir nur von Tessmann, dass Jobelmann alles erlernte, „was nötig war, vor allem zu photographieren und zu entwickeln, wovon er noch garkeine Ahnung hatte" (Tessmann, Mein Leben, Band 3: 197 bzw. Templin [Hg.] 2015: 33). Zudem verweist eine Rechnung vom 2. August 1907 aus Jobelmanns Nachlass auf seine Einkäufe für die Ausrüstung bei der in Berlin ansässigen Firma Tippelskirch & Co., einem Spezialgeschäft für Tropenausrüstungen. Tessmann hatte ihn zuvor diesbezüglich beraten.

Bank-Conto: Deutsche Bank.

Codes:
Staudt & Hundius 1882/1891
A. B. C. 5th Edition.

Telegr.-Adr.: TIPPOTIP-BERLIN.

Telephon: Amt VI, 3964 u. 3999.

BERLIN W. 9, den 2. August 1907
Potsdamerstrasse 127/128.

V. B. No. 54628

v. TIPPELSKIRCH & Co.

Ausrüstungen aller Art nach überseeischen Ländern

EXPORT. IMPORT.

RECHNUNG für

Betrag erhalten
Berlin, den 2 AUG 1907 19
Dingeldey & Werres.

Notiz: Alle Sendungen geschehen auf Rechnung und Gefahr des Empfängers. Erfüllungsort Berlin.
Die Preise verstehen sich gegen Baarzahlung innerhalb 30 Tagen mit 3% Rabatt, letzterer aber nur bei vollständigem Rechnungsausgleich.
Bei verspäteter Regulierung werden die ... in Anrechnung gebracht.

Die Reise begann am 23. August 1907. Zusammen mit Günther Tessmann, der bereits seine zweite Afrika-Reise antrat, bestieg Jobelmann in Hamburg den Postdampfer „Kamerun". Am 26. September kamen sie in Kampo im Süden der damaligen deutschen Kolonie Kamerun im westlichen Zentralafrika an. Ziel war es, die Pangwe, insbesondere im heutigen Äquatorialguinea, zu untersuchen. Die Bezeichnung Pangwe ist inzwischen der Benennung Fang gewichen. Diese sich in viele Untergruppen unterteilende Ethnie besiedelt ein weiträumiges Gebiet, das vom südlichen Kamerun zum nordwestlichen Gabun reicht und ganz Äquatorialguinea umfasst. Von Kampo aus ging es mit zahlreichen Trägern ins Landesinnere, in damals spanisches Gebiet. Die Kolonialmacht Spanien war dort nicht präsent, sondern lediglich darauf konzentriert, ihre Macht an der Küstenregion zu demonstrieren. Anfang November 1907 wurde nach einem langen beschwerlichen Fußmarsch von ihnen die erste Station der Expedition in Nkolentangan am Bimfille-Fluss, einem Nebenfluss des Uelle (Benito), eingerichtet. Anschließend hatte Hans Jobelmann die Aufgabe, faunistische Beobachtungen, besonders im Zusammenhang mit dem Leben der einheimischen Bevölkerung durchzuführen sowie entsprechendes Belegmaterial zu sammeln und zu konservieren. Außerdem sollte er ethnographische und zoologische Beobachtungen zeichnerisch und photographisch festhalten sowie Routen-Aufnahmen und meteorologische Untersuchungen erfassen. Die Schönheit der Natur begeisterte Jobelmann von Anfang an sehr. Bald sollte er sich mit Malaria infizieren und fortan quälten ihn ständige Fieberattacken, Mattigkeit sowie Kopfschmerzen, die seine Leistungen beeinträchtigten. Sehr schnell war Tessman mit seinen Arbeitsergebnissen unzufrieden. So schrieb Jobelmann bereits am 17. November 1907 an seine Mutter: „Meine Zeichnungen und Malweise von Raupen und Pflanzen haben Herrn Teßmann nicht zugesagt.“ Anfang 1908 empfahl Tessmann ihm die Heimreise: „So sollte ich also am 23. Jan. mit der Post nach Campo und mit dem nächsten Dampfer nach Hause“, schrieb Jobelmann am 27. Februar 1908 in einem Brief an seine Mutter. Doch Hans Jobelmann verpasste wegen Problemen auf dem Rückmarsch diesen Dampfer und verblieb in Meloko am Kampo-Fluss (Ntem) in der Nähe von Kampo im Süden Kameruns. Hier fand er ab dem 9. Februar 1908 auf einer Kakao-Plantage des aus Wittenberge in Deutschland stammenden Werner Schladitz Anstellung und Verdienstmöglichkeit. Schladitz war in Kamerun nicht nur durch eine von ihm betriebene Kakao-Pflanzung und den Gummi-Handel erfolgreich, sondern zudem mit Elefantenjagd und Elfenbeinhandel. Jobelmann arbeitete bei ihm als Pflanzungsassistent, fühlte sich dort wohl, hatte zunächst nicht sehr viel zu tun, genoss die Landschaft und die gute Verpflegung und hoffte sich gesundheitlich zu erholen. Er plante auf Meloko eine zoologische Station einzurichten und die Ausbeute an Museen zu verkaufen.

Schladitz schickte Jobelmann dann auch auf eine selbstständige Expedition in den Congo français („Reise an den Uelle“) vom 6. Juni bis zum 16. Oktober 1908. Dort war Jobelmann mit seiner Expedition sehr freundlich von den Bewohnern aufgenommen worden. Er fasste den Plan, sich mit der Tochter des Kukuma (Oberhäuptling) Ua Mange aus Manoa am Uelle zu verloben. In seinem Nachlass, der nach seinem Tod in die Hände seiner Mutter nach Barth kam, befindet sich nicht nur eine Zeichnung von Madsa, seiner Verlobten, sondern auch eine handgeschriebene Verlobungsanzeige:

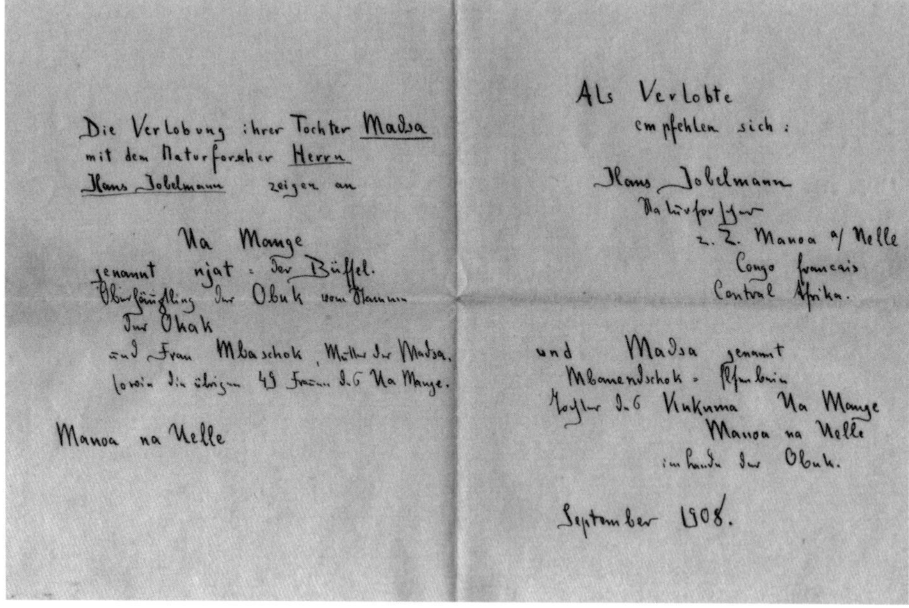

Die Verlobung ihrer Tochter Madsa
mit dem Naturforscher Herrn
Hans Jobelmann zeigen an

Na Mange
genannt njat = der Büffel.
Oberhäuptling der Obuk vom Stamme
der Okak
und Frau Mbaschok, Mutter der Madsa,
sowie die übrigen 49 Frauen d. G Na Mange.

Manoa na Nelle

Als Verlobte
empfehlen sich:

Hans Jobelmann
Naturforscher
z. Z. Manoa a/ Nelle
Congo français
Central Afrika.

und Madsa genannt
Mbamendschok = Affenbein
Tochter d. G Kukuma Na Mange
Manoa na Nelle
im Lande der Obuk.

September 1908.

Dieses außergewöhnliche Ereignis erwähnte Jobelmann in seinem Tagebuch und in seinen Briefen nicht. Möglicherweise war diese Verlobung lediglich eine Wunschvorstellung von ihm.

Auf dieser Expedition suchte Jobelmann am 21. September 1908 noch einmal Tessmann auf, der inzwischen eine neue Station eingerichtet hatte. Die zoologischen Beobachtungen hatte Tessmann nach dem Weggang von Jobelmann ganz aufgegeben. Jobelmann übergab ihm Zeichnungen und gesammelte Ethnographica seiner eigenen Expeditionsreise. Wie er in einem Brief an seine Mutter vom 24. Oktober 1908 mitteilte, hätte er gern wieder mit Günther Tessmann zusammen gearbeitet und an dessen Expedition teilgenommen. Mit Dr. Karutz in Lübeck stand Hans Jobelmann weiterhin in Verbindung und teilte ihm auch seine ethnographischen Beobachtungen mit.

Hans Jobelmanns Rückreise nach Meloko erfolgte unter extremen Bedingungen. Immer wieder wurde er von Malaria-Fieberschüben heimgesucht. In der Nacht vom 3. zum 4. Oktober 1908 erlebte er einen besonders schweren Anfall. Nach dieser Fieber-Nacht schrieb er das Gedicht „Der Tod und ich", das ein eindrucksvolles Bild dieses Fiebertraumes vermittelt. In Meloko angekommen, nahm er wieder seine Beschäftigung bei Herrn Schladitz auf.

Hans Jobelmanns Tagebuch bricht im Februar 1909 ab. Malaria-Fieberanfälle peinigten ihn zunehmend. Noch im Januar hatte er an seine Mutter geschrieben: „Ich möchte auch recht bald Heim kommen, hab die Reise nun aber doch wieder auf den Juni verschoben." Am 1. April 1909 schrieb er aber dann an seine Mutter: „Schau Mutter, ich werde hier in Afrika immer besser fortkommen können, als in Deutschland. Man verdient hier mehr und braucht weniger, lebt gesünder, natürlicher und freier als in Europa. Deshalb ist's mir noch gar nicht so gewiß, ob ich mich wieder in Deutschland festsetzen werde."

Sein letzter Brief vom 19. April 1909 ist an seinen Onkel, den Kunstmaler Adolf Gustav Döring (zu Döring siehe Böhme und Lissok 2017) in Berlin gerichtet. Darin schrieb er, dass er eine neue Reise in das Gebiet des Tschad-Sees plane und gerne wissen möchte, ob eventuell der Scherl-Verlag Interesse an seinen Berichten haben könnte, um damit einen Teil dieser Reise zu finanzieren. Für eine Veröffentlichung war vermutlich auch sein fragmentarisch gebliebener Bericht über die „Reise an den Uelle" gedacht, der sich im Nachlass befindet.

Hans Jobelmann verstarb am 4. Mai 1909 im 21. Lebensjahr während eines erneuten Malaria-Anfalls (Schwarzwasserfieber mit Nierenversagen) in Dipicar im Süden Kameruns. Er wurde, wie der Stationsleiter der Kaiserlichen Regierungsstation in Kampo seiner Mutter mitteilte, am gleichen Tage abends auf dem Friedhof in Kampo beerdigt. Seine beiden hinterlassenen Tagebücher, einige Zeichnungen, Photos und völkerkundliche Objekte wurden seiner in Barth lebenden Mutter übersandt, nachdem dieser Nachlass zunächst irrtümlich nach Berlin und dann nach Lübeck überwiesen worden war.

Die Aufzeichnungen von Jobelmann beeindrucken in mehrfacher Hinsicht. Mit ihrer Mischung aus Neugier und Empathie, Ignoranz und Grausamkeit berühren sie einerseits, befremden auch andererseits. Auffällig ist das Nebeneinander von Interesse und Wärme sowie von Unmenschlichkeit und Kälte. Hin- und hergerissen beispielsweise von der so genannten Hässlichkeit und Schönheit der Afrikaner und Afrikanerinnen, von Bewunderung ihrer Fähigkeiten und Abscheu bestimmter Gewohnheiten ist er verfangen in den Klischees und damals vorherrschenden Vorstellungen über Afrika und seine Bewohner. Sein Blick ist getrübt von stereotypen Vorurteilen. Auch wenn Begebenheiten ihn vom Gegenteil überzeugen, fällt es ihm schwer, sich von Haltungen zu distanzieren. Das Wissen von und der Diskurs über Afrika war in dieser Zeit deutlich von einer Grammatik der Gegensätze geprägt, wie „fleissig" und „faul" oder „schön" und „hässlich". Diesem Gedankengut war auch Jobelmann, dem Tenor der Zeit entsprechend, verhaftet.

Wie fast allen teilnehmenden Beobachtern der damaligen Zeit war auch Jobelmann nicht der historische Transformationsprozess bewusst, dem er gerade beiwohnte. Er sah nicht, dass die Fang und andere Ethnien durch Kolonisierung und beginnende Industrialisierung mit einem ungeheuerlichen Wandel ihrer Lebenswelt konfrontiert waren. Jobelmann verachtete wie viele seiner Zeitgenossen im europäisierten und damit auch missionierten Afrikaner den Einfluss der europäischen Zivilisation. Allein die unberührte Natur verzauberte ihn, ebenso wie sie Tessmann beeindruckt hatte. Die Berechtigung des Kolonialismus stellte er nicht in Frage, auch wenn er bestimmte Praktiken seiner Landsleute vor Ort durchaus kritisch sah.

Dennoch, Aufzeichnungen von Afrika-Reisenden aus der Kolonialzeit sind trotz wissenschaftlicher Unzulänglichkeiten und mit Vorurteilen behafteten Ansichten als Primärquellen von großer Bedeutung. Vergleichende Konsultationen von vor Ort gemachten Beobachtungen und Erfahrungen sind für Museumsethnologen bei der Bestimmung und Einordnung von Sammlungsobjekten unerlässlich und generell ein wichtiges Instrumentarium einer kulturgeschichtlichen Auseinandersetzung.

Am Beispiel von Hans Jobelmann, einem nicht prominenten, zurückhaltenden jungen Mann, der weder Wissenschaftler noch leichtfertiger Abenteurer war, wird deutlich, wie der Kolonialismus in das Leben eines Menschen einbrach, der lediglich in der Fremde Geld verdienen und Erfahrungen sammeln wollte. Sein Leben veränderte sich radikal und soziale Zwänge wurden wirksam, die ihm scheinbar gar keine andere Wahl ließen, als Entbehrungen und Heimsuchungen zu ertragen und Herrscherallüren auszuleben.

Der Quellenwert von Tagebüchern und Briefen liegt ja in der zeitnahen Deutung von Erlebtem durch das Niederschreiben. Im Gegensatz zu Günther Tessmann, der seine Aufzeichnungen über sein Leben erst sehr viel später verfasste und diese bewusst an einen Leser gerichtet hat, der damit informiert werden sollte, wer er war und was er geleistet hatte, handelt es sich bei den Schriften von Jobelmann um keine bewusste Selbsttradierung, auch wenn er durchaus davon geträumt hat, das eine oder andere Erlebnis als Aufsatz in einer Zeitschrift zu veröffentlichen. Für den Diaristen Jobelmann waren seine Tagebuch-Hefte wichtig für eine Selbstbeobachtung und Selbstrechtfertigung. Sie haben ihm geholfen, das Leben in der Fremde zu reflektieren, zu ertragen und Hoffnungen, Sorgen und Sehnsüchte zu formulieren. Sie waren für ihn, der sich zumeist sehr einsam fühlte, eine unentbehrliche Lebenshilfe. Sein Schreiben ist weniger von Ausdruckslust geprägt, sondern trägt eher Züge einer geistigen Notwehr.

Zur Edition

Die nahezu ausschließlich mit Bleistift handgeschriebenen Texte in zwei 12,5 x 20,3 cm großen broschierten Heften mit karierten Seiten sind so wiedergegeben, wie sie, soweit erkennbar, geschrieben wurden, also ohne Orthographie und Interpunktion zu modernisieren oder sonstige Eigenheiten zu liquidieren, wie beispielsweise die sehr uneinheitliche Schreibweise von Namen und Begriffen. Ohne Eingriffe blieben auch die falsch geschriebenen Wörter, wobei bei Eigen- und Ortsnamen beispielsweise eine Richtigstellung entweder über die Fußnote oder den Index erfolgte. In einigen Fällen wurde eine Richtigstellung oder erklärende Ergänzung von den Herausgebern hinzugefügt. Während eckige Klammern generell von den Herausgebern gesetzt wurden, stammen runde Klammern im Text vom Verfasser. Eine Ausnahme stellt lediglich die Seitennummerierung dar. Die von Jobelmann geschriebenen Seitenzahlen werden – anders als im Original – fortlaufend mit eckigen Klammern wiedergegeben. Zudem wird zur Orientierung des Lesers auf jeder Seite der jeweilige Zeitraum der Einträge in der Kopfzeile vermerkt.

Gelegentlich gab es aufgrund von Undeutlichkeiten Unsicherheiten bei der Transkription. In diesen Fällen wurden Entscheidungen getroffen, die auf Wahrscheinlichkeiten beruhen.

Was die Kommentierung angeht, so sind Stellenkommentare in Form von Fußnoten dort eingefügt, wo es für das Verständnis erforderlich erschien. Einige Begriffe konnten trotz umfangreicher Recherche nicht geklärt werden.

Die ausgewählten Zeichnungen und Photos von Jobelmann, deren Bildqualität den Vorlagen entspricht, werden allein mit den von ihm auf der Rückseite beschrifteten Zeilen wiedergegeben, wenn diese vorhanden sind.

Tagebuch

23. August 1907-3. Februar 1909

Hans Jobelmann

Tagebuch I.

23.VIII.1907 –
Hamburg – P.D. „Kamerun“[1] – Kamerun
– Spanish Guinea Hinterland; Nkolentangan – Campo[2] – Meloko,
Okasi[3]-Expedition Juni –
Oktober 1908 – Meloko – 5.XII.08.

---

1 Der Postdampfer „Kamerun“ gehörte zur Hamburg-Amerika-Linie (siehe Anmerkung 5).

2 Der Küstenplatz Campo bzw. Kampo liegt im Süden von Kamerun, an der Grenze zwischen damaligem deutschen Gebiet und Spanisch-Guinea, am rechten Ufer des gleichnamigen Flusses. Um 1900 gab es dort neben einer Zollstation mehrere Faktoreien (Fitzner 2013: 116).

3 Bei den Okasi handelt es sich vermutlich um einen Familienverband, der u.a. im Dorf Nkum beheimatet war, das damals zum französischen Kolonialreich gehörte. Vielleicht meint Jobelmann den Familienverband „Okā̱'s“, den Tessmann zu den Fang zählt, die er als einen „Unterstamm“ der Pangwe betrachtet (Tessmann 1913, Band 1: 48). – Der Schriftsteller Joaquín Mbomío aus Äquatorialguinea bezeichnet auf Nachfrage der Mitherausgeberin die von Jobelmann als Okasi bezeichnete Gruppe als „Fang-Okac“ (vgl. Anmerkung 239), die südlich des Rio Muni ab Niefang, im Süden von Bata, Evinayong, Akurenam, Mongomo und der Küste von Gabun leben (E-Mail von J. Mbomío vom 5.9.2017 über Mischa G. Hendel, Wien).

[S. 1] Hamburg

d. 23.VIII.07.

Hamburg, alte Hanse-Stadt, der erste Eindruck, den Du auf mich machtest, war nicht besonders günstig. Wenn man da hereinkommt mit dem Zug, sieht man zuerst Fabriken, dann Laubenkolonien schließlich alte, graue, schmutzige enge und dunkle Straßen. Alles scheint rußgeschwärzt. Wie ein Lichtblick erscheint der neue Hauptbahnhof. Freundlich, frisch und hell steht er da.

Herr Teßmann holte mich ab, im Tropenhut und mit Trieder-Binokle[4] bewaffnet. Wir machten zusammen einige Besorgungen und gingen schließlich ins Hotel, wo er mich seinen Eltern vorstellte. Nette alte Leute, besonders die alte Dame. Der alte Herr mit seinen 76 Jahren ist still und ruhebedürftig. Nun ging auch ich in mein Hotel, Skandinavisk-Hotel, wo ich mich etwas reinigte und mich umzog. Das Hotel ist sauber und gut. Mein Bett hart und kühl wie ich es gerne hab. Später ging ich mit Herrn Teßmann in das Geschäftshaus der Hamburg-Amerika-Linie[5], wo wir uns die Fahrscheine holten. Die Gesellschaft war so liebenswürdig, uns als Expedition 25% Rabatt zu geben.[6] Da wir sehr viel Kabinen- und Handgepäck nehmen, haben wir trotz unserer riesigen Ausrüstung kein Übergepäck. 2 Kisten Patronen müssen dem Kapitän persönlich übergeben werden und gehen auch als Handgepäck.

Ein kolossaler Verkehr in diesem Hause! Nachmittags gingen wir in die Passagier- und Gepäckhallen der H.A.L. am Hafen und besorgten alles Gepäck. Riesige Lagerräume sind das; für jeden Dampfer bestimmte Abteilungen, wo alles Gepäck zusammensteht, das mitgehen soll. Und das waren nur die Abfahrtshallen. [S. 2] Auf dem Rückwege begegnete uns ein hübscher Nigger von ca 17-19 Jahren. Hochmodern angezogen; Stehkragen mit Rück-

---

4 Trieder-Binocle sind Ferngläser, die durch die 1888 von Carl Paul Goerz gegründete Optische Anstalt C.P. Goerz in Berlin-Friedenau vertrieben wurden. Sie waren weit verbreitet, insbesondere als militärische Ausrüstung. Zu Carl Paul Goerz siehe Döring 1964 und zur Optischen Anstalt von C.P. Goerz u.a. Neuhauss 1899.

5 Die „Hamburg-Amerikanische Packetfahrt-Actien-Gesellschaft (HAPAG)" wurde 1847 in Hamburg gegründet. 1856 begann die HAPAG ihren Dampfschiffliniendienst, der vor dem Ersten Weltkrieg die ganze Welt umspannte. Zur Geschichte dieses Unternehmens siehe Wiborg und Wiborg 1997.

6 Der Organisator der Expedition, der Direktor des Museums für Völkerkunde zu Lübeck, Dr. Richard Karutz, hatte den Hohen Senat der Hansestadt Lübeck u.a. darum gebeten, die Reederei der Hamburg-Amerika-Linie (siehe Anmerkung 5) zu bitten, „unter Hinweis auf den wissenschaftlichen Zweck" der Expedition „Unterstützung durch billige Passage" zu gewähren (Brief von Richard Karutz an den Hohen Senat vom 11. Juli 1907, AHL, Neues Senatsarchiv, 6619, Blatt 1).

antwort und rotseidenem Lavalier[7], das ihm zu seinem schwarzen Gesicht sehr gut stand. Er grinste uns so freundlich an, daß Herr Teßmann ihn fragte, was für ein Landsmann er sei. Aus Llagos[8] stammt er, kennt aber die ganze westafrikanische Küste. Herr Teßmann wollte ihn gleich für unsere Expedition anwerben, da er nett und liebenswürdig und tadellos deutsch und englisch spricht. Er wollte nicht; es gefällt ihm hier bestens, auch hat er hier seine kleine Freundin, die er nicht verlassen will. Als Schiffsjunge herübergekommen, arbeitet er jetzt hier in einem Comptor. Er erzählte noch aus seiner Heimat und schließ[lich] schieden wir unter Händedruck. Schade, den Kerl hätt ich gern als Diener gehabt, hübsch und freundlich, wie er war. Und doch, wenn ich mir den Boy anschaute, verstand ich nicht, das[s] auch die Menschen zu den Schmalnasen gehören.

Nachdem wir Herrn Teßmanns Eltern aus dem Hotel geholt hatten, fuhren wir mit der Straßenbahn nach St. Pauli und machten von dort eine Hafenrundfahrt. Ein imposantes Bild, dieser Hafen mit seiner Unmenge schöner und großer Schiffe. Die Beleuchtung war gerade so schön, daß das Ganze eine höchst malerische Wirkung hatte. Im Süden verschwand der Hintergrund in Nebel und Rauch und nach Norden war alles goldig besonnt; einige Segelschiffe standen wie Silhouetten davor. Ein dänisches Schulschiff lag weiß und schlank am Kai. Dieser Anblick erinnerte mich lebhaft an das bekannte Bild der Mad. Rekamier[9]. „Kronprinzessin Cäcilie“[10] lag im Schwimmdock. Die großen Oceandampfer, die riesigen Werftanlagen, die Schleusen und Häfen sind stolze Zeugen [S. 3] moderner Technik. Interessant ist der Privathafen der H.A.L., für den sie jährlich 6 Millionen Mark Pacht bezahlt. An der einen Seite sieht man unzählige kleinere Krane stehen, weiterhin die großen Kohlenkrane, mit denen ein ganzer Waggon Kohlen auf einmal aus-

---

7 Eine Lavallière (frz.) ist eine Art Halsbinde mit locker gebundener großer Schleife. Namensgeberin für dieses in der zweiten Hälfte des 19. Jahrhunderts sehr beliebte Accessoire war die Herzogin Louise de Lavallière (1644-1710), eine Mätresse Ludwigs XIV. (Meyers Konservations-Lexikon 1897a: 90).

8 Lagos an der westafrikanischen Atlantikküste gehörte zu Beginn des 19. Jahrhunderts mit zu den größten Umschlagplätzen für den transatlantischen Sklavenhandel. 1991 verlor Lagos den Status der nigerianischen Hauptstadt an Abuja. Nach Kairo ist Lagos heute die zweitgrößte Stadt des afrikanischen Kontinents. Zu Lagos siehe Olukoju 2005.

9 Juliette Récamier (1777-1849) galt zu ihrer Zeit als eine der schönsten Frauen der Welt und wurde von bedeutenden Künstlern wie beispielsweise von dem französischen Maler Louis David (1748-1825) im Jahre 1800 gemalt. Dieses (nicht vollendete) Portrait von Juliette Récamier ist sehr populär geworden, es befindet sich in Paris im Louvre (Thieme [Hg.] 1913a: 461).

10 Das auf der Vulcan Werft in Stettin gebaute und 1907 an die Norddeutsche Lloyd ausgelieferte Passagierschiff „Kronprinzessin Cecilie“ war benannt nach Cecilie von Mecklenburg-Schwerin, der Ehefrau von Wilhelm von Preußen. Die Jungfernfahrt führte den Schnelldampfer am 6.8.1907 von Bremerhaven nach New York. 1940 wurde das Schiff bei Baltimore abgewrackt (Kludas 1987: 156).

geschüttet wird. Dann die mächtigen Saug-Elevatoren für Getreide und im Hintergrunde die Petroleumtanks mit vielen, vielen Blitzableitern. Mächtige, weitausgedehnte Speicher und Lagerhäuser bilden den Abschluß. Und in mitten all dieses wir Menschlein so klein; doch wie schön und groß unsere Werke.

Wuchtig und kraftvoll steht das Bismark-Denkmal; auf sein Schwert gestützt schaut er starr und ruhig die Elbe hinunter; nach England? Stolz schauen sich die beiden Adler um. „Seht ihr, das ist unser Bismark."

Der neuere Teil Hamburgs ist schön, wenn auch noch nicht in dem vornehm ästhetischen Stil gebaut, wie man ihn in unserem Berlin W. finden kann. In der Altstadt aber ists schauerlich; eng, dumpfig und schmutzig. Malerische Motive gibts viele in den schmalen Fleets mit ihren hohen rußgeschwärzten Giebelhäuschen. Recht mittelalterlich sieht Vieles aus. Hierher hab ich Onkel Jacob[11] gewünscht; der würde hier vor Entzücken garnicht wissen wohin. Und die Alster, der Jungfernstieg und die Kolonaden bei Abendbeleuchtung; einfach traumhaft. Im Ratskeller aßen wir Abendbrot und gingen dann heim.

Heut abend 8 Uhr geht der Dampfer ab. Mein lieber „Kamerun", noch hab ich dich nicht geschaut und hab dich doch schon so gern. Werde mir ein liebes Heim für die vier Wochen. Leb wohl, altes Hamburg, auf Wiederschaun! „Huiiiiio, hui, hui, hui,"

heult ein Dampfer!

[S. 4] An Bord der Kamerun

d. 24.VIII.

8 Uhr gestern abend gings an Bord. Ein sehr hübscher kleiner Salondampfer brachte uns von den Passagierhallen zum „Kamerun". Wie ein großes Hotel lag er auf dem Wasser, alle Fenster erleuchtet. Mit Herrn Teßmann zusammen kamen viele seiner Verwandten. Abends waren wir zusammen 14 Personen, feierten Abschied bei Sekt und guter Laune. Bis ½1 Uhr saßen wir zusammen, dann mußten die letzten Gäste von Bord.

Meine erste Nacht an Bord. Kleine gemütliche Kabinen, oberes Bett. Morgens 3 Uhr, wachte ich durch großen Lärm auf. „Kamerun" wurde aus dem Hafen geschleppt. Von 6-7 Uhr wurde in der Höhe von Glücksburg gehalten um 2000 Faß Pulver zu verladen. Wenn die nun in die Luft fliegen, fliegen wir in elegantem Bogen ins Nirwana mit. Schlecht Wetter; kühler Wind und viel Regen.

---

11 Der Berliner Maler Julius Jacob (1842-1929) war ein Reisebegleiter von Jobelmanns Großvater, dem Maler Louis Douzette, auf seiner Studienreise an die Mosel im Jahre 1871. Zu Jacob, dessen Werk durch eine Vielzahl von Aquarellen und Ölbildern mit Berliner und märkischen Themen geprägt ist, siehe Killy und Vierhaus (Hg.) 1997: 271 und Wirth 1974.

d. 25.

Zwar ists Sonntag, doch nur durch besseres Essen vom vorigen Tage zu unterscheiden. Gestern Nachmittag wurde es ziemlich stürmisch; der Dampfer stampfte und rollte gewaltig, so daß ich ziemlich sehr seekrank wurde. Ich legte mich sofort zu Bett, so brauchte [ich] mich nur einmal heftig zu übergeben. Bis heut vormittag 11 Uhr lag ich zu Bett, machte einigemal Versuche aufzustehen, wurde aber sogleich wieder so unwohl, daß ich davon abstand. Heut wars den ganzen Tag schön Wetter. Der Dampfer geht so ruhig, daß man nicht einmal die Dünung merkt. Wir kommen z.Z. in die Nähe der englischen Küste, und es scheint ziemlich neblich zu werden. Von Norden kommen große dunkle Wolkenmassen hoch. Im Speisesaal sitzen wir Kajütsgenossen zusammen. Der [S. 5] Phonograph[12] spielt unaufhörlich. Der Matrose spielt Mandoline, wozu ich ab und zu singe. Eine [= Einige] spielen Karten, einige Dame und dergl. Heut war Bücher-Ausgabe, ich hab mir Wolzogens „Danaidentopf"[13] geholt. 10 Uhr soll Dover in Sicht kommen. Hoffentlich wirds zur Nacht nicht so neblich, denn ob ich bei Sirenen-Geheul und Nebelhorn-Getute werde schlafen können, bezweifele ich stark.

d. 26.VIII. Vormittags.

Wunderschönes Wetter heut. See ist ruhig, wie die Ostsee im Sommer 1904. Die Nacht verlief ruhig. Bin noch bis ½2 Uhr heut früh aufgewesen. Es war eine wundervolle Nacht. Sternklar, wunderschöner Mondschein. Gegen 10 Uhr kamen die ersten französischen Leuchtfeuer in Sicht. Um 11 Uhr kamen wir der englischen Küste ganz nahe. Viele Leuchttürme, erhellte Gebäude u.s.w. waren durchaus deutlich zu sehen. In einer Entfernung von nur 500 m fuhren wir an England vorbei. Stolz ragten die weißen Kreidefelsen aus dem Meer empor. Da der Wind von dort zu uns herüber wehte, konnten wir Glockenleuten und das Pfeifen einer Lokomotive deutlich hören. Es war ein schöner, mir unvergesslicher Anblick. Die weißen Felsen vom Mondenschein beleuchtet. Dazu die vielen Lichter, die ruhige See und unser stolzer „Kamerun". Unsere Gesellschaft war überaus lustig, aus langer Weile tranken – d.h. schon mehr soffen alle Bier. Es wurde ausgeknobelt, wer immer die Lage zu bezahlen hatte. Mindestens 20 Glas hat jeder zu sich genommen. Für mich als Antialkoholiker hatte es etwas Belustigendes anzusehen, wie die Leute immer mehr ihr „Ich" verloren. Das Einzig Nette [S. 6] bei der Sache war, daß

---

12 Die ersten Aufnahmen mit einem Phonographen, einem Gerät zur Aufnahme und Wiedergabe von Wachswalzen, wurden 1890 in den USA gemacht (Ziegler 2009: 138, Anmerkung 13).

13 Ernst Freiherr von Wolzogen (1855-1934), der Germanistik, Philosophie und Biologie studiert hatte, war von 1879 bis 1881 Vorleser des Großherzogs von Sachsen Weimar. Anschließend arbeitete er als Verlagslektor und freier Schriftsteller; er verfasste u.a. auch das Werk „Der Topf der Danaiden und andere Geschichten aus der deutschen Bohème", das 1906 in Berlin erschien. Zu Wolzogen siehe u.a. Killy und Vierhaus (Hg.) 1999: 587.

der Matrose fortwährend Mandoline spielte. Ein Volks- oder Kommerslied[14] folgte dem anderen, der Chor oder ein einzelner sang mit. Schließlich wurde mir die Sache zu unästhetisch und ich ging allein aufs Sonnendeck und setzte mich dort hin. Ich fühlte mich so wohl, inmitten all dieser Schönheit dort oben, so weich umweht vom lauen Winde. Ich dachte nach Hause und an die Lieben. Bald sang ich für mich erst leise, dann lauter unser schönstes Lied „Einsam bin ich, nicht alleine[“][15]. Schließlich kletterte ich in meine Kabine und schlief fest bis heut früh 6 Uhr. Wie ich aufwachte war wieder wundervolles sonnenklares Wetter. Wir haben[s] hier wirklich sehr gut. Heut früh zum ersten Frühstück z.B. aß ich folgende Gerichte: Maisgriesbrei, Bouletten mit Kartoffeln, Brödchen mit Fruchtgelees und schönes Schwarzbrot mit Butter und Käse. Dazu Kaffe. So, jetzt will ich in den Schreibsalon gehen und die Briefe zu schreiben anfangen[,] die ich von Madeira aus nach Hause zu schicken gedenke.

d. 28.VIII.

Gestern sehr neblich, ganz flache ruhige See. Heut[e] schön[es] Wetter. Es fängt an, recht heiß zu werden. Müssen bald an Kapp Finisterre[16] vorbei kommen. Gestern Abend 2 Walfische und später ein wenig Meerleuchten beobachtet.

Möwen und Seeschwalben begleiten uns hinaus in die „Nordsee“. Ca. 10 Möwen von England aus 1½ Tage lang.

Heut sah ich eine kleine graue Sturmschwalbe, die aufs Deck flog.

Ich weiß nicht, so erhaben, wie das Meer oft geschildert wird, kann ich es hier nicht finden. Es ist doch nichts [S. 7] wie eine große öde Wasserwüste. Freilich, bei hellem Sonnen- oder Mondschein ists schön, sehr schön. Auch vom Strande aus gesehen, wenn die schaumgekrönten Wellen heranstürmen, oder bei schöner Brandung, wie etwa in Ceylon, da ists erhaben groß; aber nicht hier.

---

14 Kommers bezeichnet eine aus besonderem Anlass abgehaltene feierliche Form der studentischen Zusammenkunft zum Trinken. Kommerslieder sind zumeist Vaterlands-, Studenten- und Volkslieder. Naturerleben, Jahreszeiten, Liebe und Geselligkeit sind vielfach textliche Inhalte. Auch zeitgenössische Lieder fanden Aufnahme in so genannte Kommersbücher, um 1900 standen diese oft im Zeichen deutscher See- und Weltgeltung (Finscher [Hg.] 2008: Sp. 424-427).

15 Lied der Preciosa aus dem Werk „Preciosa“ von Carl Maria von Weber (1786-1826).

16 Kap Finisterre liegt im Nordwesten Spaniens, an der Westküste von Galicien, etwa 60 km von der Stadt Santiago de Compostela entfernt.

d. 31.VIII.07.

Gestern Abend Schweinsfische[17] gesehen. Zu komisch, wie sie wie auf Kommando in einer Reihe zu ungefähr 10 Stück aus den Wellen heraussprangen. Wunderbares Wetter. Ganz glatte See und unbewölkter Himmel. Ein rechtes Nachholen des vergangenen Berliner Sommers. Es ist schon sehr heiß. Seit gestern trage ich Khaky. Vorgestern Abend hatten wir hier in der 2ten Kajüte Konzert, wozu die ganze 1te Kajüte und die Offiziere eingeladen waren. Grammophon, Mandoline, Guitarre und Gesang. Die Gäste blieben bis ½2 Uhr morgens, wir anderen bis 4 Uhr zusammen. Bier wurde in Strömen gesoffen, nicht mehr getrunken. Es machte mir viel Spaß, als einzig Nüchterner zuzuschaun, wie die Leute immer weniger zurechnungsfähig wurden. Um ½3 Uhr wurde noch Henkel trocken aufgefahren, da machte ich auch mit. Die anderen erquickten sich nachher noch an Benediktiner und zuletzt an reinem Rum. Pfui Deibel! Seit mehreren Tagen arbeite ich mit dem Kapitän zusammen photographisch. Mit seinem Apparat und Platten hab ich schon alle möglichen Aufnahmen gemacht. Eine Badestube ist als Dunkelkammer hergerichtet. Mühselig ist das ewige kalthalten der Bäder mit Eis. Wie ich das nachher in Afrika machen werde, weiß ich wirklich noch nicht.

[S. 8] Madeira. d. 1.IX.07.

Die Nacht über hatten wir auf hoher See stillgelegen, um Morgens in Madeira anzukommen. Die allmähliche Einfahrt war herrlich. Die riesig hohen Gebirge und die tiefen schwarzen Schluchten von der goldenen Morgensonne bestrahlt. Die höchsten Gipfel noch in dichte weiße Wolken gehüllt. Alle Berge übersät von kleinen weißen Häuschen und Weinbergen. Viele kleine Boote mit halbnackten Jungs kamen uns entgegen. Die Boys erhoben einen gewaltigen Lärm, wodurch sie uns klarzumachen versuchten, daß sie nach Geldstücken tauchen wollten. Unfehlbar holten sie jedes Stück aus der Tiefe hervor. Geld sinkt im Wasser nämlich ziemlich langsam und leuchtet sehr hell. Um ein Markstück machten einige einen Salto mortale von unserem Bootsdeck herab, eine Höhe von mindestens 15 m über dem Wasserspiegel. Später fuhr ich mit einem solchen Boote an Land. Der öffentliche Garten ist wundervoll. Alles tropische Gewächse. Der Obstmarkt war sehr interessant. Eine Unmenge aller möglichen Fruchtarten und sehr billig. In einer Weinkneipe traf ich andere Herren vom „Kamerun“, denen ich mich anschloß.

17 So genannte Schweinsfische gehören zu den Barschverwandten (Percomorpha) mit ihren 13.000 Arten. Sie werden zur Familie der Congiopodidae gezählt, eine der etwa 24 Familien der Drachenkopfartigen (Scorpaeniformes), die zumeist mit Dornen oder Stacheln auf den Schädelknochen und Knochenplatten am Rumpf ausgestattet sind (Westheide und Rieger [Hg.] 2015: 276).

Merkwürdig sind die Ochsenschlitten[18] und überhaupt die ganze Stadt mit allem Zubehör. Die portugiesischen Soldaten[19] unsauber und schlampig. Ihre Uniformen leicht und hübsch. Es machte mir Spaß, mich mit meinen Bootsleuten und den Händlern auf dem Markt englisch zu verständigen. Es ging besser, als ich dachte. Ich kaufte mir einen silbernen Ring mit altarabischen Kalenderzeichen, Karten und Photos von Madeira. 1 Uhr Mittags fuhr der Dampfer wieder ab.

Dort möchte ich wohl wohnen, es ist entzückend. Addio, mio bella Madeira!

[S. 9] d. 2.IX.07.

Teneriffe u. Las Palmas, sind sehr wild romantische zerklüftete Eilande. Bei weitem nicht so schön wie Madeira. Der Pik[20] war nicht zu sehen. Hatte sich in Wolkendunst verhüllt. Natürlich kamen wieder sehr viele Boote mit Obst u. dergl. an das Schiff. Im Nu waren die Jungs an der Bordwand hoch geklettert und fingen an zu handeln. Der erste Offizier wollte sie alle hinunterbringen und expedierte mehrere persönlich über die Reling. Am Fallrep stand ein Matrose, der keinen an Bord lassen sollte, er konnte aber auch nichts ausrichten. An Land bin ich nicht gefahren, weder in Santa Cruz noch in Las Palmas. Es wird zu teuer. Das Anlandfahren selbst kostet nur 2 M, aber dort braucht man auch etwas. Herr Teßmann hat auf Madeira einen Ausflug nach Belmonte gemacht. Sein Billet, das 10 M gekostet hat, verlor er in Belmonte und mußte dann im Hafen für die ganze Rückfahrt 5 M nachzahlen. So kann man Geld loswerden. Ich hab mir nur einige Tarjetas [= Postkarten] gekauft. Im Hafen von Las Palmas, der eine halbe Stunde von der Stadt entfernt ist, lag unser kleines Kanonenboot „Panther“[21], der auch nach Kamerun fährt.

Von Kanarienvögeln hab ich keine Spur bemerkt.

---

18 Ochsenschlitten gehörten zu den Kuriositäten in Funchal, der Hauptstadt Madeiras. Zunächst für den Transport von Fässern und anderen Waren eingesetzt, um die grossen Steigungen in der Stadt zu überwinden, wurden diese ab Mitte des 19. Jahrhunderts auch zum Transport von Personen eingesetzt. Sie wurden zum berühmten Touristenverkehrsmittel Madeiras. Inzwischen haben offene Korbschlitten diese Aufgabe übernommen. Vgl. die Abbildung eines Ochsenschlittens in Carita 2005: 63.

19 Zwischen 1418 und 1425 wurde die damals unbewohnte Inselgruppe Madeira von Portugiesen besetzt (Reinhard 2016: 82). Mit Unterbrechungen gehört Madeira bis heute zu Portugal.

20 Mit 3.718 m ist der Pico del Teide der höchste Berg auf der Kanarischen Insel Teneriffa.

21 „Panther“ (Stapellauf 1901 in Danzig) war ein im Auslandsdienst eingesetztes Kanonenboot der Iltis-Klasse der Kaiserlichen Marine. Das Schiff erhielt Anfang Juli 1907 den Befehl, die westafrikanische Station zu übernehmen. Darauf trat „Panther“ die Überquerung des Atlantiks am 5. August an und erreichte Las Palmas Anfang September (Hildebrand, Röhr und Steinmetz o.J.: 210-212).

„Madeira" bedeutet: „Nutzholz". Der Portugiese, der zuerst dorthin kam, fand solches in Unmengen vor und taufte die Insel danach. Aus demselben Grunde heißt die Hauptstadt „Funchal", d.h. Fenchel.

In der Umgebung von Las Palmas bestehen noch unzählige Höhlenwohnungen der Ureinwohner der Canaren[22]. Sogar [S. 10] vom Schiff aus konnten wir sehr viele solche erkennen. Die Canaren sind früher ganz von Wäldern bedeckt gewesen; jetzt ist nichts mehr davon zu erkennen. Alles ist von den Spaniern abgeholzt. Die Umgegend von Las Palmas ist nun öde Sandwüste.

Es wird hier schon sehr früh dunkel. Gleich nach 6 Uhr blitzen alle elektrischen Lampen auf. Immer näher kommen wir den Breiten, in denen nur von 6-6 Uhr Tag. –

Soeben, 7 Uhr Abends d. 3.IX. ist der Pico de la Teide noch durch die Wolken gekommen. Auf diese ungeheure Entfernung noch sehr deutlich zu sehen. Das Schiff schaukelt heut wieder ordentlich, außerdem ist durch den Kohlenverbrauch die Ladung ungleichmäßig, sodaß das Schiff schon von selbst schief liegt. 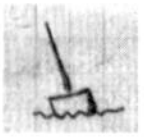 Wenn ich irgendwohin gehen will, muß ich mich an den Geländern festhalten. In meiner Kabine ist mir mein Koffer vom Sofa gefallen durch das Schaukeln. Bei Tisch kollerten bei einer plötzlichen Bewegung die Äpfel und Apfelsinen von der Obstschüssel auf den Tisch und die Erde. Von Seekrankheit verspüre ich zu meiner Verwunderung nichts, obgleich das Schaukeln stärker ist, wie in der Nordsee. Aber was nicht ist, kann noch werden. Hoffentlich bleib ich gesund.

d. 5.IX.

Wieder tadelloses Wetter und ruhige See. Heut zum ersten Mal fliegende Fische in Scharen von 10-20 Stück gesehen, bisher nur einzeln.

d. 6.IX.

Abends. Beobachtete soeben einen wundervollen Meteor. Größe ungefähr ¼ [S. 11] des Mondes. Farbe grün. Ich beobachtete ihn 10-15 Sek. bis zum Zerplatzen.

Auch das Feuer von Cap Verde[23] gesehen.

---

[22] Die Guanchen sind die Ureinwohner der Kanarischen Inseln. Sie setzen sich vermutlich zusammen aus Menschen des so genannten Cro-Magnon-Typus, die etwa 6.000 Jahre v. Chr. von der portugiesischen oder marokkanischen Küste kamen und denen, die zwei oder drei Tausend Jahre später aus Nordwestafrika die Inseln erreichten (Mabe [Hg.] 2001: 278).

[23] Kap Verde ist ein kleiner Staat im Atlantik, der aus zehn Inseln besteht, von denen neun bewohnt sind. 1460 wurden die damals unbewohnten Inseln von den Portugiesen entdeckt. 1975 wurde Kap Verde unabhängig (Mabe [Hg.] 2001: 279).

d. 7.IX.

Delphine gesehen. An Bord sind eine gelbe ♀ Bachstelze und ein pa[a]r Tauben als blinde Passagiere. Seit wann, weiß ich nicht. Habe sie heute zum erstenmal gesehen. Ein kleiner Rohrsänger, der von Hamburg mitging, ist in Madeira abgestiegen.

d. 8. IX.

Sonntag und schönes Wetter. Gegen 2 Uhr wurde ich durch einen scharfen Knall und folgendes zischendes Dampfausströmen aus meinem Mittagsschläfchen geweckt. Schleunigst zog ich, ohne zu bemerken, daß der Dampfer stehen blieb, meinen Anzug an und stürzte an Deck. Oben angekommen sah ich, wie aus allen Fenstern und Ventilatoren des Maschienenhauses Dampfströme hervorkamen. Irgend eine Sache am Hochdruckapparat war explodiert. Ein Sprengstück ließ ich mir vom I. Maschinisten schenken; will es als Briefbeschwerer aufheben. Bis 8^{h} Abends lagen wir dann auf hoher See still, bis die entzwei gegangene Maschiene ausgeschaltet wurde, und fahren jetzt mit halber Kraft.

Es will mir doch nicht gelingen, die Chinintabletten zu schlucken. Ich machte heut früh im Laufe des Tages so viel Versuche, bis mir von dem vielen aufgenommenen Wasser übel wurde. Selbst mit Oblaten geht es nicht. Schließlich löste ich eine Tablette in Wasser auf und trank das Glas in einem Zug hinunter. Brrrrr. Pfui Teufel. Sofort ein Stückchen Schokolade nachgegessen, und der ekelhaft bittere Geschmack verging. So gehts doch wenigstens, wenn auch wenig angenehm. Alle 4 Tage werde ich nun das Vergnügen haben. Ich hatte schon Angst, ich müßte wieder nach Hause reisen, weil ich kein Chinin nehmen könnte.

[S. 12] 9.IX. Conakry[24].

In der Nacht fand sich ein gewaltiges Gewitter mit gußartigem Regen ein. Meine Kabine war in einem fort hell von den Blitzen. Als ich um 6^{h} aufstand, waren wir Conakry schon nahe. Mein erster Blick auf die afrikanische Küste. Schön, sehr schön. Reizend liegen die weißen Häuser unter Kokospalmen und anderen Bäumen. Alles grün! In der Ferne blaue Berge. Davor aber gefährliche Klippen; auf einer ganz kleinen Insel ein Leuchtturm. Noch 2 deutsche Dampfer lagen auf der Reede. Kein Eingeborener aber ließ sich blicken, nur einige Fischerboote sah ich von weitem. So hab ich auch gar keine Ansichten von Conakry bekommen. Sauvageots[25] gingen nach herzlichem Abschied an Land. Weiter gehts mit halber Fahrt.

---

24 Conakry ist die Hauptstadt und Wirtschaftsmetropole des 1958 unabhängig gewordenen westafrikanischen Staates Guinea (Mabe [Hg.] 2001: 235).

25 Herr Léon Sauvageot und seine Frau Clementine waren auch Passagiere der 2. Klasse (Passagier-Liste Postdampfer „Kamerun". Kapitän Zobel. Am 23. August 1907 von Hamburg; http://www.immigrantships.net/v6/1900v6/kamerun19070823_02.html [31.7.2017]).

10.IX.

Sehr schlechtes Wetter. Ewiger strömender Regen und halber Sturm. Das Schiff schaukelt gewaltig, und ich bin so seekrank. Den ganzen Tag Kopfschmerz und solch Druck auf dem Magen und so übel! Ohne den geringsten Appetit, doch hab ich alle Mahlzeiten innegehalten. Ich liege in der Koje, kann mich kaum rühren; gehe nur zum Essen nach oben.

12.IX. Monrovia[26] u. Cap Palmas.

Liberia. Landschaftlich hübsche interessante Gegend. Unmenge Kokospalmen. Faktoreien[27] hübsch im grünen gelegen. Neger an Bord gekommen. Zuerst interessante nachher anwiedernde dreckige Gesellschaft. Viele von ihnen sind Handwerker, die nach getaner Arbeit nach Lome[28] nach Hause fahren. Fast alle Liberia-Neger machen einen durch Kleidung und Alkohol degenerierten Eindruck. Sie müssen ja einen Anzug anhaben. Christliche Kultur, und was haben sie auf. [S. 13] Der eine Tropenhelm und Unterhose, womöglich mit einem Bein. Der andere eine Militärmütze und einen nur noch aus einzelnen Fahnen bestehenden Gummimantel. Sehr wenige sind halbnackt nur mit einem Lendentuch bekleidet; und das sind die schönsten, kräftig und gut gebaute Gesellen mit meist wirklich hübschen Gesichtern. Einem von diesen, meiner Ansicht nach der hübscheste der hier ist, habe ich mir zum Freunde gemacht. Ich sprach öfter mit ihm und schenkte ihm Früchte und Brod von unsern Mahlzeiten. Er heiß[t] Moni und ist seiner Aussage nach 20 Jahre alt. Sein kleiner ungefähr 7 Jahre alter Bruder ist ein niedliches kleines Kerlchen, der immer singt und tanzt und sowie er mich sieht meine Taschen nach Brod untersucht wie ein kleiner Affe. Na überhaupt die ganze Bande ist Affen ähnlicher als Menschen.[29] Alle Bewegungen und Ges-

---

[26] Monrovia ist die Hauptstadt und Wirtschaftsmetropole des 1847 unabhängig gewordenen Staates Liberia (Mabe [Hg.] 2001: 347).

[27] Als Faktorei bezeichnete man in der Kolonialzeit eine Handelsniederlassung von Kaufleuten aus Europa. Faktoreien in Kamerun waren nicht nur Umschlagplätze für Importwaren, sondern auch Orte, an denen angelieferte lokale Produkte gesammelt, abgefüllt und verladefertig für den Export gemacht wurden. Faktoreien waren Knotenpunkte eines komplexen Netzwerkes von Produktion, Handel und Verbrauch. Zum Thema Faktoreien und Handelshäuser in West- und Zentralafrika siehe u.a. Bavendamm et al. 1987: 56 und Bersselaar 2005.

[28] Die Küstenstadt Lomé wurde im 18. Jahrhundert von Angehörigen der Ethnie der Ewe gegründet. Sie ist die Hauptstadt und Wirtschaftsmetropole des 1960 unabhängig gewordenen Staates Togo. Lomé war während der Kolonialzeit Sitz der Zentralverwaltung des so genannten Schutzgebietes, des Stadtbezirks Lomé und des gleichnamigen Landbezirks (Schnee [Hg.] 1920, Band II: 462-463).

[29] In der Kolonialzeit sind in Berichten von Weißen über Schwarze immer wieder herablassende Vergleiche mit Affen zu finden, u.a auch bei Hans Dominik, Offizier der Kaiserlichen Schutztruppe in Kamerun (siehe Anmerkung 164), der in seinem Buch „Vom Atlantik zum Tschadsee. Kriegs- und Forschungsfahrten in Kamerun" (Berlin 1908), Köpfe alter Mabeamänner mit denen von Gorillas vergleicht (S. 22).

ten beim Sprechen, und die Art und Weise, wie sie die Hände hängen lassen, wie sie klettern, schlafen, alles vor dem in den Mund nehmen beriechen, eben alles ist affig. Sie haben fliehende Stirnen, Plattnasen und vorspringende Schnauzen, wie junge Chimpansen.

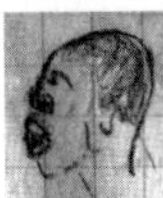

Beim Einsteigen aus ihren Booten in unser Schiff spielten sich ergötzliche Szenen ab. Da hoher Seegang war, war es wirklich schwierig, die dünnen Strickleitern hoch zu kommen.

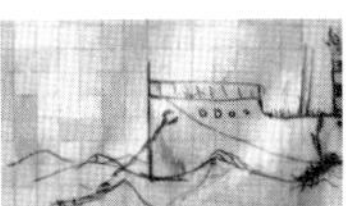

Wie die Affen kletterten sie hoch, Regenschirm oder Hut im Mund halten. Einige kleinere Jungs hatten sich auf dem Rücken ihrer Väter festgekrallt und ließen sich hinauftragen. Ihre Koffer [S. 14] und Seekisten wurden mit dem Ladebaum hoch gebracht. Mehrmals fiel solche Last zurück und solche schlecht gebaute Kiste sprang auf und die sieben (!!!) Sachen fielen heraus. In solcher Kiste haben sie ihr ganzes Hab und Gut. Eine Matte, darauf zu schlafen, eine Decke, darunter zu schlafen, ein Hemd, wenns hoch kommt, eine Hose, ein paar Tücher, Rasierwasser, eine Blechschüssel und dito Löffel.

Wenn die Kerle essen, fressen wollt ich schreiben, entzückend einfach. 5 od. 6 sitzen um eine Riesenschüssel voll Wasserreis, der mit irgend etwas (braunes Pulver Pfeffer?) gewürzt wird, drehen mit Hand und Löffel Klöße, und schieben sie in den Mund unter verzückten Augenverdrehungen. Und wie sehen sie nach dem Essen aus. Der halbgequollene Reis quillt im Magen nach, und so stehen die Niggerlein da mit prall gefüllten Bäuchlein und können sich kaum bewegen.

Ich hab die Bemerkung gemacht, daß sie sich für ein Geschenk mündlich nicht bedanken. Schenkt man ihnen Brod od. Frucht, quittieren sie mit dankbarem Zähnefletschen, aber keiner sagt „I thank you“ od. dergleichen. Betteln können sie großartig mit Worten und Gesten. „Du, Du, giv mi Cigarre“ tönt es einem oft entgegen, und sie nehmen den kleinsten Stummel an. Die Sprache ist sehr urwüchsig wie mir scheint. Moni hat mir oft die Zahlen 1-10 in seiner Sprache erzählt, behalten hab ich nur 5 = ŭhmĕn, 4 = niň. Werd mir noch alle aufschreiben.

d. 14.IX.

Soeben wieder mehrere Wale gesehen. Mit ganzem Körper sprangen sie aus dem Wasser und fielen plums zurück. Habe vorhin mit den alten Afrikanern[30] nach der Scheibe geschossen. Immer 10 und 11. Besser wie mancher

---

30 Mit „Afrikaner“ werden in der europäischen Ausdrucksweise der damaligen Zeit Männer aus Europa bezeichnet, die viel Geld in den Kolonien verdient und/oder große „Abenteuer“ bestanden haben. Auch Tessmann verwendet diese Benennung vielfach, u.a. Tessmann, Mein Leben, Band 5: 159 und Band 6: 71 (Archiv Völkerkundesammlung der Hansestadt Lübeck, T_Leben_5 und 6) bzw. Dinslage (Hg.) 2015: 88 und 208.

von ihnen. Es macht [S. 15] mir viel Vergnügen, im Schießen diesen erprobten Leuten gleichzustehen. Hätt ich garnicht gedacht.

d. 15.IX. Lome, Togo.

Von der See her sieht es sehr hübsch aus; so sauber, mit hübschen weißen Gebäuden. An Land bin ich nicht gefahren. 6 M Brückenzoll waren mir zu viel. Hier kamen viele deutsche Neger und Negerinnen an Bord. Die meisten sprechen ziemlich gut Deutsch, sind getauft und vor Allem sauber. Die Mädels sind ganz hübsch im Gesicht, an Gestalt und kräftigem Wuchs geradezu schön. Sie tragen sehr bunte Tücher und hohe Kopftücher. Beschnitzte und bebrannte Kalabassenschalen bilden ihr Hausgerät. Alle die Neger sind viel hübscher als die Kru-Neger[31] aus Monrovia. Letztere sind teilweise noch Menschenfresser[32]; erkenntlich an den spitzgefeilten mittleren Schneidezähnen im Oberkiefer[33].

---

31 Die Kru sind eine im Küstengebiet Westafrikas, hauptsächlich in Liberia und Côte d'Ivoire lebende ethnische Gruppe. Bereits im frühen 19. Jahrhundert erwarben sie sich den Ruf, starke Arbeiter und kompetente Seeleute zu sein. Ihre Arbeit auf See, in den Häfen und Faktoreien bildete in den 80er und 90er Jahren des 19. Jahrhunderts eine wichtige Komponente in der Kolonisierung Afrikas. Zunehmend wurden sie u.a. für Schiffs- und Hafenarbeiten für eine gewisse Zeitspanne als mobile Wanderarbeiter engagiert (Frost 2005: 100-101).

32 Anthrophagie war einigen Autoren der damaligen Zeit (19. und Anfang bis Mitte des 20. Jahrhunderts) zufolge bei bestimmten Ethnien in West- und Zentralafrika in der Zeit des Kolonialismus durchaus üblich. Volhard zählt im Zusammenhang mit dem so genannten Porobund auch die Kru zu denen, die Kannibalismus betrieben haben (Volhard 1939: 14-15). Diesbezügliche Quellen haben aber oft den Charakter von effektheischenden Gerüchten, Klischees und Mißverständnissen bzw. Unkenntnis über bestimmte Erscheinungen. Was die vermeintliche Anthrophagie der Fang angeht, so beklagt Tessmann in der Einführung seiner Fang-Monographie, dass an diesem sehr lange und weit verbreiteten Klischee, mit dem er selbst durchaus gelegentlich spielt und das er zum Teil eingeschränkt auch bestätigt, insbesondere der Reisende und Abenteurer Paul B. Du Chaillu (1831-1903) verantwortlich sei, der 1856 als erster Weißer die Fang besuchte. Er hatte in seinem 1861 erschienenen Werk „Explorations and adventures in Equatorial Africa" mit drastischen Worten das Bild von den gefährlichen menschenfressenden Fang entworfen (Tessmann 1913, Band 1: XI-XIII). Fortan bestimmte die Vorstellung von blutgierigen Menschen das Bild der Fang für viele Jahrzehnte. Dabei beruhte die Interpretation der gesehenen menschlichen Knochen von Du Chaillu auf einem Missverständnis, wie Perrois herausgearbeitet hat (Perrois 2006: 13-14).

33 Das Ausfeilen und Aussplittern von Zähnen gehört bei zahlreichen Ethnien der Welt zu den Körperveränderungen, die unterschiedliche Gründe haben können. Vielfach dienen sie der Heraushebung, der Abgrenzung, haben magische Hintergründe oder sind ästhetische Vorlieben. Zwernemann weist darauf hin, dass von Guinea-Bissau bis nach Nord-Liberia das Zuspitzen der oberen, oft nur der mittleren Schneidezähne und auch die so genannte Lückenaussplitterung verbreitet ist (Zwernemann 1979: 444). Eine Verbindung zur Anthrophagie wurde bei dieser Körperveränderung in der Vergangenheit oft unterstellt, u.a. von Volhard in seiner Publikation über Kannibalismus (Volhard 1939: 57).

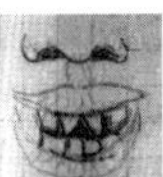

Einer von den Lome-Leuten war mit dem Gouverneur von Togo, Dr. Gleim[34] in Berlin, spricht geläufig Deutsch und ist geprüfter Heilgehilfe.

Es ist jetzt ein Leben hier auf dem Schiff, großartig. Manchmal kommts mir ordentlich ländlich vor. Ein[e] Unmenge Federvieh, Hühner, Trut- und Perlhühner, Enten und einige Rinder vollführen einen Lärm, der mit dem ewigen sehr lauten Schnattern der Neger mich ganz nervös machen kann.

Ich meine, man muß schon in sehr starkem Maße erotisch gereizt sein, um sich in eine Negerin verlieben zu können. Sie sind ja schön gewachsen und haben gut ausgebildete Körperformen mit sanft geschwungenen Linien, solange sie jung sind. Wenn auch das Gesicht nicht unangenehm unschön ist, so haben sie doch einen widerlichen Körpergeruch, da sie sich mit, für meine Nase wenigstens, sehr [S. 16] unangenehm riechenden Pflanzenölen salben und eine anwidernde Ausdünstung haben. Ein Europäer muß, wenn ich von mir aus schließe, schon so weit sein, rein tierisch das Weibchen in einer Negerin zu empfinden, wenn er sich in eine solche verliebt.

Der Neger-Heilgehilfe erzählte mir soeben, daß 3 Tagemärsche von Monrovia ins Innere schon Menschenfresser-Stämme wohnten, weshalb sich Liberia-Leute nicht dorthin wagten.

<u>16.IX</u>

Ich habe mir ein Buch über Tropenkrankheiten vom Schiffsarzt geliehen, um in dem Fall ich krank werde, wenigstens weiß woran. Recht liebliche Ausblicke eröffnen sich mir beim Lesen des Werkes. Hoffentlich geht alles gut.

Einen Anzug hab ich für 10 M an einen Kru-Jungen verkauft. Es ist eigentlich nicht richtig, daß wir den Negern bei der Verweichlichung ihrer Körper auf diese Weise helfen. Aber ich brauche Geld, und die Europa-Anzüge sind mir überflüssig.

Abends haben wir Herrn Teßmanns Abschied gefeiert bei vielen Flaschen Champagner.

Später standen Herr Teßmann und ich noch lange vorn auf dem Sonnendeck und machten Pläne und besprachen die Zukunft. Es war ein wundervoller Abend. Über uns heller Mondschein und Sternhimmel, unter uns das

---

34 Der Jurist Dr. Otto Gleim (1866-1929) trat 1895 in die Kolonialabteilung des Auswärtigen Amtes ein. Ein Jahr später wurde er zunächst nach Kamerun und von dort weiter nach Togo gesandt. 1904/05 und 1906 war er vorübergehend als Vertreter des Gouverneurs in Kamerun tätig. Von Oktober 1910 bis November 1911 war er Gouverneur in Kamerun. 1916 wurde er zum Unterstaatssekretär im Reichskolonialamt ernannt (Schnee [Hg.] 1920, Band I: 740, Hausen 1970: 308).

erleuchtete Schiff, siegreich das schwarze Wasser durchdringend. Auf dem Mittelschiff tanzten, sangen und trommelten die Neger.

Wir stehen hier, über uns leuchten unsere Sterne. Mutig die dunkle See durchdringt unser Schiff. Durch ungewisses Dunkel gehts einem hellen Morgen entgegen. In eine dunkle Zukunft [S. 17] fahren wir hinein. Was wird sie uns bringen? Recht viel hoffentlich.

Freud und Leid in einer guten Mischung. Und zuletzt eine gesunde Rückkehr mit vielen, wertvollen Erfolgen.

17.IX.

Heut Nachmittag kamen wir in Viktoria[35] an. Die Einfahrt ist wundervoll. Vor der Bucht liegen 2 kleine Inseln dicht bewachsen mit riesigen Palmen und anderen Bäumen. Viktoria selbst ist nicht groß, aber sauber und reizend im Grünen gelegen. Herr Teßmann und ich wollten an Land gehen, um den Direktor vom botanischen Garten[36] sprechen zu können. Um ½6 Uhr stiegen wir unter Schwierigkeiten bei dem Seegang ins Boot, von dem es hieß, es sollte gleich abfahren. Wir saßen und warteten, warteten und saßen, es ging nicht ab. Herr Teßmann fing schon an, von dem Schaukeln seekrank zu werden. Auch eine schwarze Mammi mit drei kleinen Mädchen, die auch vom Schiff nach Viktoria wollten, lag schon vor übler Seekrankheit unter der Bank. Mir war merkwürdigerweise ganz wohl. Es wurde immer später, und als es gleich nach 6^h dunkel wurde, nahmen wir uns vor, wieder auszusteigen, da es keinen Zweck mehr hatte, an Land zu fahren. In diesem Augenblick stieß der Kahn ab. Wenn schon, denn schon, dachten wir; aber das Boot fuhr nur an die andere Seite des Dampfers, um noch einige Kisten zu nehmen. Dort ließen wir uns dann in Korbstühlen mittels des Ladebaums wieder hinaufholen. Unsere Bootsfahrt war beendet. Gegen 10^h ging ich zu Bett, konnte aber lange nicht einschlafen, da ich einesteils Zahnschmerzen hatte, anderteils die Dampfwinden beim Ausladen einen gewaltigen Lärm verursachten. Auch lag das Schiff so schief, daß ich alle Augenblicke fürchtete, aus dem Bett zu fallen.

[S. 18] d. 18.IX.07.

Ich erwachte davon, daß der Dampfer plötzlich stehen blieb. Draußen regnet es in Strömen, dazu ist heftiges Gewitter. Trotzdem wir ganz dicht vor

---

35 „Victoria" hieß die Siedlung, die 1858 von englischen Baptisten-Missionaren am Südhang des Kamerunberges gegründet wurde. Victoria, das heutige Limbe, war zur deutschen Kolonialzeit neben Duala (siehe Anmerkung 37) der zweitgrößte Ausfuhrhafen Kameruns (Schnee [Hg.] 1920, Band III: 619-620).

36 Der heute noch bestehende Botanische Garten in Victoria (siehe Anmerkung 35) wurde 1891 als „Kaiserliche Versuchsanstalt für Landeskultur" auf Veranlassung des damaligen Gouverneurs Julius Freiherr von Soden (1846-1921) angelegt. Er diente der Kolonialverwaltung als Anzuchtstelle für tropische Nutzpflanzen (Schnee [Hg.] 1920, Band III: 620).

der Bucht von Duala[37] sein müssen, ist kein Land zu sehen vor Nebel. Jetzt fahren wir ganz langsam, um zwischen den vielen Klippen durchzufinden. Bald bemerkte man am Hellwerden des Wassers und an schwimmenden Baumstämmen und Blättern, daß wir schon in der Mündung des Kamerunflusses waren. Die Mündung ist sehr breit mit ungeheuer ausgedehnten Mangrove[38]-Wäldern. Die eigentliche Fahrstraße aber ist sehr schmal. Wir fuhren sehr langsam ein und blieben weit vor Duala liegen. Bald darauf fuhr ich mit Herrn Müllenburg[39] an Land. Zuerst wollte ich zur Post, dort war an einem Plakat zu lesen, die Post sei von 3-5 geöffnet. 3^{h} kamen wir wieder, warteten ¼4^{h}-½4^{h} immer noch geschlossen – ¾4 – geschlossen. Da kamen noch ein pa[a]r Herren vom Kamerun, die auch Briefmarken haben wollten und auch warteten und auf diese Bummelei schimpften. Es wurde 4 und noch immer ward nicht geöffnet. Schließlich ging Herr Ehlenbeck kurz entschlossen in einen „verbotenen Eingang“ und fragte, was denn eigentlich los sei. Ja, hieß es, wenn ein Dampfer auf der Reede liegt, wird die Post nicht geöffnet. Recht nett! Wir brauchten aber Marken und bekommen schließlich – 30 Stück à 5 d[40]. Mehr waren nicht da. Ich allein brauchte 28, und wir waren im Ganzen 6 Herren. Schöne Märsche hab ich gemacht in den beiden Tagen in Duala. Durch die Neger-Dörfer bis an den Busch. Ich wollte irgendwelche Flechtereien kaufen, konnte aber nichts bekommen. Verschiedentlich wurde mir gesagt, daß ich in Dörfern, die im Busch liegen, solche bekommen könnte.

den 19.IX. Vormittags machte ich mit unserm schwarzen Koch, den Herr Teßmann hier angeworben hat, einen [S. 19] Marsch durch das Dorf. Wir kamen ziemlich spät an den Strand zurück und wären fast zu spät gekommen. Ich aß hier wundervolle große grüne Apfelsinen. Sie sind genau wie die europäischen gelben nur von grüner Schale. Auch Ananas, ein großes Exemplar für 30 d.

---

37 Die Hafenstadt Duala bzw. Douala, heute die größte Stadt Kameruns, war zwischen 1886 und 1901 Regierungssitz der deutschen Gouvernementsverwaltung und hatte zu dieser Zeit etwa 22.000 Einwohner (Hausen 1970: 76, Schnee [Hg.] 1920, Band I: 477).

38 Mangroven sind salztolerante verholzende Bäume und Sträucher im Gezeitenbereich tropischer Erdregionen. Mangrovenwälder gehören zu den produktivsten Ökosystemen der Erde (Brunotte et al. [Hg.] 2002: 354).

39 Vermutlich meint Jobelmann Herrn Ehlenbeck. Paul Ehlenbeck war Passagier der 1. Klasse, in der auch Tessmann seinen Platz hatte. Ehlenbeck war auf dem Weg nach Fernando Póo. Jobelmann war nebst sieben Herren und einer Dame Passagier der 2. Klasse (Passagier-Liste Postdampfer „Kamerun“. Kapitän Zobel. Am 23. August 1907 von Hamburg; http://www.immigrantships.net/v6/1900v6/kamerun19070823_02.html [31.7.2017]).

40 Die Abkürzung „d“ von „Denar“ steht für Pfennig.

d. 20.IX. Kribi[41].

Die Stadt selbst ist nicht so hübsch wie Duala, aber der Busch fängt gleich hinter ihr an. 2 Märsche durch den Busch hab ich gemacht, nach verschiedenen Richtungen. Es war für mich ein einmaliger Reiz, zum erstenmal auf den schmalen, 20 cm breiten, Negerpfaden durch den Busch zu streifen, besonders da ich allein war. Ab und zu kam ich durch ein Dorf, mit Hallo begrüßt und angestaunt. Einige Männer grüßten mit „guten Morgen" od. „guten Tag". Einige interessante Früchte in sehr schönen Farben und das Nest eines Webervogels sowie ein Töpfchen aus einer Nuß geschnitzt und einen geschnitzten Löffel[42] na[h]m ich mir mit. Speere und kleine Elefanten-Zähne boten die Nigger mir an; für den Speer wollten sie 1 M haben, für kleine Zähne von ungefähr 2 Pfund 5 M und mehr. Für mich hatten diese Sachen keinen Wert, da ich sie nicht nach Hause schicken kann. Auch dürfen so kleine Zähne nicht ausgeführt[43] werden, und ich müßte sie in Hamburg durchschmuggeln. Den Schiffsangestellten gelingt dies leichter, wie uns Passagieren. So hat sich auch unsere Stewardeß 4 Zähne mitgenommen.

In keinem Negerdorf konnte ich etwas zu trinken bekommen. Die Leute haben nur Ziegen und Schafe, und niemand benutzt die Milch davon. Das Wasser darf man nicht trinken. Schließlich ließ ich mir etwas Kassada[44] geben, doch schmeckte mir das Zeug zu widerlich, als daß ich etwas davon essen konnte. Kokosnüsse gab es auch nicht. In der Gegend des Busches wachsen keine Palmen. Bananen, die ich hätte in Menge bekommen [S. 20] können, hab ich mir schon dermaßen über gegessen, daß mir beim Riechen derselben schon übel wird. So blieb mir denn nichts anderes übrig, als zu warten, bis ich in Kribi in einer Faktorei, wie man hier die Warenhäuser nennt, Sodawasser trinken konnte. In einem größeren Bache, an dem der Weg vorüber führte, badete ich. Das tat wohl, die heißen Glieder so in die kühlen Wasser tauchen zu können. Mehrmals geriet ich [in] Versuchung, auch den Mund in das Wasser zu stecken und zu trinken, aber das durfte nicht sein. Nach ungefähr einer Viertelstunde stieg ich schnell, ohne abzutrocknen, in den Anzug, nahm mir ein Taschentuch voll Wasser, soviel halt drinbleibt, mit

41 Kribi, am rechten Ufer des Kribiflusses gelegen, bestand um 1900 aus mehreren Dörfern. Eine Dampfer-Station der Woermann-Linie befand sich in Kribi, das von schönen Wäldern umgeben war (Fitzner 2013: 114).

42 Zu Löffel des westlichen Äquatorialafrikas siehe u.a. Siroto 1990.

43 Eine Verordnung des Gouverneurs von Kamerun vom 21.11.1907 verbot die Ausfuhr und den Handel mit Elefantenzähnen, die unter zwei Kilogramm schwer waren (Wächter 2008: 41, 92).

44 Jobelmann meint sicherlich Kassave, die für die Ernährung der Fang zu dieser Zeit wichtigste Pflanze. Tessmann beschreibt fünf verschiedene Zubereitungsarten der Wurzel und erwähnt auch, dass Europäer aufgrund des scharfen Geruchs eine große Abneigung gegen Kassave-Gerichte haben (Tessmann 1913, Band 1: 152 ff.).

und marschierte lustig und etwas aufgefrischt weiter. Die Neger und Negerinnen die während dieser Zeit an mir vorbei kamen, blieben alle stehen und sahen neugierig meinem Treiben zu, unterhielten sich und lachten darüber.

Auf der Rückfahrt zum Schiff war so hohe See, daß nicht nur Spritzer, sondern ganze Wellen in die Pinasse hineinschlugen. Ich stand vorn und wurde deshalb ganz naß. Sogar einige Karten, die ich in der Hosentasche trug, waren fast aufgeweicht. An Bord angekommen, zog ich mich gleich um und übergab meinen Anzug unserem schwarzen Waschmann, da man mit Seewasser durchnäßtes Zeug nicht so trocknen lassen darf. Dieser Waschmann wäscht viel billiger wie die Schiffs-Wäscherin. Einen Anzug z.B. für 1 M, ein Paar Socken 10 d. Die Schiffs-Wäscherin nimmt für ein Taschentuch 50 d und anderes dementsprechend. Bis jetzt hab ich mir Taschentücher selbst gewaschen.

Vor dem Fenster des Speisesaales, in dem ich z.Z. schreibe, sitzen zwei Häuptlingstöchter aus Togo, Prinzessinnen[45], wie sie sich nennen. Sie singen; eine eigentümliche melancholische Melodie mit immer verschiedenem Texte, der meist improvisiert ist. Sie besingen alles, was [S. 21] sie sehen; dazwischen rauchen sie Pfeife[46]. Beide sind wirklich recht hübsch, sogar für europäischen Geschmack, sehr nett und besonders sehr kompliziert frisiert. Von ihrem Bruder hab ich mir zwei aus buntem Bast geflochtene Mützen gekauft. Die Tücher, die die Neger und Negerinnen hier tragen sind alle eingeführt, nichts ist eigenes Fabrikat; aus diesem Grunde hab ich auch nichts derartiges gekauft. So ist es auch mit silbernen Armbändern und solchen aus Glasperlen und ähnlichen Sachen.

Herr Teßmann ist in Kribi ausgestiegen und mit 2 Trägern[47] nach Groß Batanga[48] gegangen. In Campo werd ich ihn wieder antreffen. In einer Faktorei

---

45 Typisch für das so genannte Oberguineagebiet ist eine monarchische Staatenbildung (Schulz-Weidner 1979: 386). Das bezieht sich u.a. auch auf die zahlenstärkste ethnische Gruppe in Togo, die Ewe.

46 Nachdem die Europäer im 16. Jahrhundert den Tabak in Afrika eingeführt hatten, sind viele Männer und Frauen zu leidenschaftlichen Rauchern geworden. In geschichteten Gesellschaften des Kontinents avancierte die Pfeife zu einem Prestige- und Statuszeichen. Zu Tabak und seinem Gebrauch in Afrika siehe Volprecht 1981.

47 Träger spielten u.a. in Kamerun und angrenzenden Ländern in der Kolonialzeit eine zentrale Rolle. Da Güter fast nur durch Träger befördert werden konnten, war ihre Zahl außergewöhnlich hoch. Ihre Anwerbung war oft von großer Willkür gekennzeichnet. Die Trägerbeschaffung wurde für die Kolonialherren ab 1906 aufgrund der intensiveren wirtschaftlichen Ausbeutung zunehmend schwieriger. Zum Thema Träger in Kamerun siehe u.a. Hausen 1970: 187-188, 268-269, Stoecker (Hg.) 1960: 249-251, Stoecker (Hg.) 1968: 38-39.

48 Unter dem Namen „Groß-Batanga" wurden die Dörfer Bapuko und Bongaheli im südlichen Kamerun zusammengefasst. An diesem Küstenplatz befanden sich 1901 zwei deutsche Faktoreien und eine englische. Die dort ansässigen Batanga (siehe Anmerkung 53) lebten in erster Linie vom Handel mit Elfenbein (Fitzner 2013: 115).

wechselte Her[r] Teßmann einen 100 M-Schein und konnte nur 2 M-Stücke bekommen. Diese wollte er natürlich nicht mit auf den Marsch nehmen, weshalb er sie mir mit aufs Schiff gab. In einer anderen Faktorei erzählte mir ein Commis, daß sie durchschnittlich täglich 400-500 M umsetzten mit fast 100% Verdienst. Das nur durch Cassa-Geschäft in 50 d-2 M Stücken. Das geht! Außerdem kommen noch die Leute aus dem Inneren mit Gummi u. Elfenbein, das sie gegen Waren eintauschen. Zu tun haben die Faktoristen sehr viel. Von Morgens 6^h bis 12^h, dann von 2^h bis 6^h im Geschäft. Wenn Frachtdampfer kommen noch mehr. Kommen diese nun Sonntags, muß auch ausgeladen werden.

d. 24.IX.

Seit Sonntag Nachmittag liegen wir vor Plantation[49]. Ein idyllisch gelegenes Plätzchen. Ein pa[a]r Faktoreien mit höchstens 10 Deutschen, alles andere Negerdörfer. Diese liegen reizend im Busch; viel hübscher als Kribi. Auch hier ging ich an Land, nahm aber, da ich mir verschiedenes mitzubringen [S. 22] gedachte, meinen kleinen boy „Djårvi“ mit. Wir kamen durch mehrere Dörfer. Ich sah, wie Kanous gebaut und bearbeitet wurden, kaufte mir eine Ananas, einen Korb und einen Speer. Kokosnüsse konnte ich dort nicht bekommen. Auf dem Rückwege traf ich auf ein pa[a]r Jungs, die mir auch Speere u.s.w. anboten. Diese fragte ich nach Kokosnüssen. Einer gab mir zu verstehen, daß ich einige bekommen könnte wenn ich mitkäme zu seinem Dorfe. Ich ging mit dem Buben. Wir mußten durch eine Lagune, wo ich mich, da das Wasser mir zu tief war, von 5 Jungs tragen ließ. Dieser ungefähr einstündige Marsch am Strande war wunderschön. Rechts das gewaltige Meer mit starker Brandung, links steile zerklüftete Klippen und darauf der Urwald, der afrikanische Busch; undurchdringlich bis auf die sehr schmalen Negerpfade. In dem Dorf angelangt, wurde unsere kleine Karawane mit Hallo begrüßt. Ich ging in ein pa[a]r Hütten hinein, um mir das Innere anzuschaun. Lange konnte ich es in ihnen nicht aushalten vor Rauch von den Holzfeuern. Ich kaufte ein Viverran-Fell[50], 2 Nilpferdpeitschen, einen Kamm und mehrere hübsch geschnitzte Holzlöffel Dann gings zur Kokospalme. Mit affenartiger Gewandtheit und Schnelligkeit kletterte ein Junge hinauf und warf 7 schöne große reife Nüsse hinunter. Die Nüsse und den andern Kram verteilte ich auf 5 Jungs, und unsere Karawane nahm dann den Marsch wieder auf. Als wir ungefähr schon eine Viertelstunde gegangen waren, hörte ich hinter mir groß Geschrei. Wie ich mich umschau, ist das ganze Dorf hinter uns her. Ich dacht, was da wohl los sein könnte, blieb stehen, mit meinem boy, der im Notfall bestimmt auf meiner Seite stehen würde, zu mir

49 Plantation war um 1900 ein kleiner Handelsplatz in einer flachen Bucht. Er war Küstenplatz mit einer Dampferstation der in Hamburg ansässigen Woermann-Linie (Fitzner 2013: 114).

50 Die in Afrika beheimatete Zibethkatze (Viverra) hat ungefähr die Größe eines mittelgroßen Hundes. Ihr Fell ist weich. Siehe eine Abbildung in Brehms Thierleben 1877: 19.

und entsichere meinen Revolver. Währenddeß war die Bande schon herangekommen, einer trat hervor und sagt mir in einem schauderhaften Pigeon-[S. 23] Englisch[51], daß sie nicht genug Geld für die Sachen bekommen hätten, sie wollten mehr haben. „No" sag ich in ebenso schauderhaften Englisch, „I have you giv plenty money for the things, and you have mi giv that and that; it is good so." „No no, massa[52], your money is not good", gings los und alle quatschten durcheinander in Pigeon-Englisch und ihrer Batanga[53]-Sprache. Auch meine Träger legten sich ins Mittel, aber zu meinen Gunsten. So viel ich merken konnte, verstehen konnte ich natürlich kein Wort, sagten sie alle zu den Leuten ihres Dorfes, daß sie gut bezahlt seien, und die Sachen meine seien. Die anderen aber wollten nicht, ich wollte auch nicht mehr geben; da fingen sie an, meinen Jungs die Sachen wieder fortzunehmen. „Allright" sagte ich,"there are your things, give mi my money!" Dies dauerte natürlich länger; schließlich aber hatte ich alles wieder und zog los nur mit Kokosnüssen. Diese und die Ananas schmeckten mir hiernach auf dem Schiff desto besser.

Auf dem Rückwege mußten wir wieder durch die Lagune. Da aber die Flut soeben angefangen hatte, war sie bedeutend tiefer als vorher. Die Jungs mußten mich mit hochemporgestreckten Armen tragen; ihnen selbst ging das Wasser bis zum Hals. – Die Landungsverhältnisse sind hier ähnlich. Der Strand ist sehr flach, die Brandung so stark, daß kein Boot ganz heran fahren kann. So legte auch ich den Weg vom Boot zu Lande und zurück auf den kräftigen Schultern eines Negers zurück. Selbst hierbei kann man naß werden, wenn eine Welle recht hoch spritzt. Wie ich bei meiner Rückkehr zum Schiff auf dem Fallreep stehe und hochklettern will, kommt eine sehr hohe Woge angerollt, stößt von unten gegen das [S. 24] Fallreep, und durchnäßt mich vollständig. Wenn ich das vorher gewußt hätte, hätt ich auch allein durch die Lagune gehen können.

---

51 Pidginenglisch ist eine Verkehrs- und Handelssprache mit stark reduziertem englischen Grundwortschatz und vereinfachter Struktur sowie Elementen einheimischer Sprachen. Pidgin-Sprachen in Afrika sind in erster Linie durch den Kontakt von Afrikanern und Europäern entstanden (Jungraithmayr und Möhlig [Hg.] 1983: 190). Zu Pidgin-Sprachen im Bantu-Bereich siehe Heine 1973.

52 Europäische Männer, insbesondere Vertreter der Kolonialverwaltung, wurden von Einheimischen als „Massa" angesprochen, das bedeutete so viel wie „Herr", „Chef" oder „Patron".

53 Die Tanga bzw. Batanga, die zur Kolonialzeit an der Atlantikküste des südlichen Kameruns lebten, zählt Tessmann zu den „Altbantu" und Baumann zu den „Küstenbantu". Sie waren früh europäisiert (Born 1975: 697, Bernatzik [Hg.] 1947: 671-672). Zu den Batanga siehe auch Dugast 1949: 18-20.

d. 3.X.07. Nemajong[54].

Eine ganze Woche bin ich nun schon in Afrika, hab mich gut eingelebt und fühle mich sehr wohl. Zwei Tage war ich in Campo und habe dort das Leben auf einer Faktorei durch Anschauung und aus Gesprächen etwas kennen gelernt. Das hatt ich mir ja früher ganz anders vorgestellt. Meine erste afrikanische Nacht verlief wenig angenehm. Ein Bett für mich war nicht übrig und so mußte ich halt auf einem harten und schmalen Korbsofa schlafen. Dies gelang mir aber nicht, da die Tierwelt der Umgebung großen Lärm machte. Außerdem hatte der Faktorei-Kater und ein Terrier eine Contrahage auf der Veranda, auf der ich schlief. Campo ist ein elendes Nest, bestehend aus zwei Faktoreien und den Stationsgebäuden. Das Anwerben unserer Trägerkarawane machte Schwierigkeiten und gelang erst mit Hilfe des Stationsamtmanns[55]. Unsere Karawane macht einen ordentlich großartigen Eindruck mit ihren 30 Trägern. Acht schwarze Soldaten in Khaky mit roten Mützen geben ihr einen militärischen Anstrich.[56]

Am 28.IX. Nachmittags 3^{h} gingen wir von Campo ab zunächst bis Bebai, wo wir übernachteten. Meine erste Nacht in einer Negerhütte, auf einem harten Balkenbrett. Abendessen auf Faltstühlen, einen Blechkoffer als Tisch, bei Fackelbeleuchtung, die zeitweise aussetzte. Abends großes Neger-play d.i. Tanz und Gesang zu Trommelbegleitung.

Nächsten Morgen gings weiter bis Betana. Dort wurde Mittagsrast gemacht, von 11 bis ½3^{h}. Dann weiter bis Afan, wo wieder übernachtet wurde. Am 30.IX. gingen wir [S. 25] bis Mittag nach Mwine, am Nachmittag bis Mbembe. Auf diesem Marsch fing schon der Aufstieg zum Randgebirge an. Der Weg wurde schöner aber auch beschwerlicher.

Der nächste Tag, d. 1.X. brachte mir ungeahnte Anstrengungen. Der Marsch durch und über das Gebirge war sehr beschwerlich, anstrengend und nicht ohne Gefahren. Morgens 7^{h} brachen wir in Mbembe auf und marschierten bis kurz nach 12^{h} nach Panemakok. Ich war von den Anstrengungen so müde, daß ich, kaum im Stuhl angelangt, sofort einschlief und erst um ¾ 2^{h} geweckt wurde um zu Mittag zu essen. Gleich nach 2^{h} gings weiter, da wir

54 Tessmann schreibt in seinen Erinnerungen „Nemayong“ (Tessmann, Mein Leben, Band 4: 4 (Archiv Völkerkundesammlung der Hansestadt Lübeck, T_Leben_4) bzw. Templin (Hg.) 2015: 76.

55 Der zu dieser Zeit stellvertretende Bezirksleiter der Regierungsstation Kampo hieß Kerber. Er war von 1908-09 und 1913 Stations-/Bezirksleiter dieses Gebietes (Hoffmann 2007: 95 [Anmerkung 345]).

56 Tessmann hatte diese so genannten Soldaten in eine der Schutztruppenausrüstung ähnliche Uniform gesteckt und sie nach Anweisungen des bayrischen Artillerie-Hauptmanns Franz Hutter gedrillt (Klockmann 1988: 75).

diesen Abend noch Niamwắ[57] erreichen mußten, wo wir dann auch in Eilmärschen kurz vor Dunkelwerden ankamen. Diese Gebirge sind wunderbar schön. Ganz bewaldet mit entzückenden Motiven, wildromantischen Felspartien, großartigen Wasserfällen, reißenden Gebirgsströmen und lauschigen Plätzchen an Quellen unter moosbedeckten Granitblöcken. Über allem der gewaltige alte afrikanische Urwald mit seinen Baumriesen und schenkeldicken Lianen. Meistenteils regnete es, kam aber die Sonne auf kurze Zeit durch, war das Ganze wunderhübsch beleuchtet. Es war ein prächtiges Bild; der grüne Wald, die schwarzen, grün angelaufenen Felsblöcke, die weißen Wasserfälle und dazwischen unsere schwarzen Jungs mit ihrem Khaky und roten Mützen. Dies sind erhabene und zugleich erhebend schöne Bilder.

Der eigentliche Weg ist so schwierig, daß ich nie geglaubt hätte, daß Träger mit Lasten bis zu 75 Pfund auf dem Rücken ihn machen könnten. Über schräge Felsplatten, kahl und glatt, gings hinweg, über Blöcke, Baumstämme, Wurzeln mußten wir steigen, springen. Die Lehmwege waren so aufgeweicht, daß sie streckenweise große potto-potto d.h. Sümpfe bildeten, teils, [S. 26] an den abschüssigen Stellen, so glatt waren, daß man ohne Weiteres hinunterrutschte. Für mich besonders schwierig war es, alle zwei Minuten stehen zu bleiben, um die Route aufzunehmen, besonders da der Weg im ewigen Zick-Zack geht, daß ich öfter ihn kaum 2-3 m vor mir sah. Und dann die Flußübergänge! Die kleinsten habe ich selbst durchwatet, oft bis über die Kniee im Wasser. Über breitere Bäche ließen wir uns tragen von unsern boys. Die größeren Flüsse haben Brücken, aber was für welche! Meist sind es darüber liegende Baumstämme, rund und glatt, oft schwankend. Da muß man nun hinüber balancieren. Manchmal ist ein Geländer aus Lianen daneben, aber so wackelig, daß man nur um so eher hinunterfallen kann, wenn man es benutzt. Andere Brücken sind aus dünnen nebeneinandergelegten Ästen hergestellt. Diese sind meiner Ansicht nach die gefährlichsten, da die Stützen sehr schwach sind. Die ganze Anlage ist meist sehr wackelig und garnicht weiter befestigt. Jetzt zur Regenzeit liegen die Brücken oft streckenweise unter Wasser oder sind von der Strömung unterbrochen oder fortgerissen. Die Ströme selbst sind reißend und haben scharfe Schnellen in kurzen Abständen, sodaß man, selbst wenn man gut schwimmen kann, so leicht nicht lebend wieder heraus kommt. Bis jetzt ist uns alles gut gegangen, nur ein Soldat ist einmal von einem Baumstamm abgerutscht, hielt sich aber noch mit einer Hand und konnte herausgezogen werden.

Panemakok und Niamwa liegen wahrhaft idyllisch in reizenden Tälern von bewaldeten Bergen eingerahmt. Die beiden größten Berge von Niamwa heißen Nkŏ̍le Matĕ̍t und Nkole enŏ̍ngmwöng. Letzteres bedeutet „Regenberg“, da er den Regen über dem Tal festhält. Hiervon gab er auch uns einen Beweis.

57 Tessmann schreibt in seinen Erinnerungen „Niemwắ“ (Tessmann, Mein Leben, Band 4: 3 (Archiv Völkerkundesammlung der Hansestadt Lübeck, T_Leben_4) bzw. Templin (Hg.) 2015: 76.

Am nächsten Morgen ging es weiter [S. 27] bis Ntolla[58], wo wir Mittagsrast machten, dann weiter bis Nemajong. Dieser Tag war nicht mehr so schlimm, obgleich noch verschiedene kleine Höhen zu übersteigen waren. Hier entließen wir unsere Träger und müssen nun warten, bis wir neue haben. Dies macht hier große Schwierigkeiten, da die Eingeborenen Angst haben über den Campo zu gehen. Die dortigen Negerstämme sind ihnen feindlich gesinnt. Photographiert hab ich bis jetzt leider noch nichts, obgleich ich auf unsern Märschen manches Motiv gefunden habe. Ich hab noch keine Platten eingelegt und will nun erst auf der Station anfangen, photograph. zu arbeiten.

Hier in Nemajong hab ich auf einem sog. Longchair geschlafen und bin daher recht kreuzlahm z.Z.

Wenn wir in einem Dorfe ankamen, wurde uns gleich der Häuptling, der sich „King" schimpft, vom Hauptmann unserer Träger entgegengeführt. Ihm wird dann gesagt, er soll uns zwei Hühner, Eier und Makabo[59], für unsere Träger Khanks, d.i. wurstförmig in Blätter gepackte Kassada[60], und Planten[61], eine Bananenart, bringen. Eine Minute später läuft die ganze anwesende Mannschaft des Dorfes hinter der Herde Hühner her, die unter lautem Geschrei in den Busch flüchtete. Jedes Dorf ist in einem Bananenhain gelegen, sodaß es an Planten nie mangelt. Die Weiber lassen sich wenig sehen, sie scheinen sich vor uns white gentlemen nicht sehen lassen zu wollen. Doch hab ich einige, recht hübsche darunter, gesehen. Sie tragen sehr kompli-

58 Tessmann schreibt in seinen Erinnerungen „Ntola" (Tessmann, Mein Leben, Band 4: 4 (Archiv Völkerkundesammlung der Hansestadt Lübeck, T_Leben_4) bzw. Templin (Hg.) 2015: 76.

59 Der Makabo gehört zur Familie der Araceen. Während die Fang den Taro dem Makabo vorziehen, hat für die Europäer in Kamerun der Makabo die Kartoffel ersetzt (Tessmann 1913, Band 1: 101).

60 Tessmann schreibt, dass so genannte Kanks, die nach der Zubereitung drei Tage haltbar sind, als Verpflegung für Träger und Angestellte der Weißen allgemein üblich sind und um 1908 einen Wert pro Stück von einem Blatt Tabak, einem Löffel Salz, einem Stück Speergeld (siehe Anmerkung 199) oder sieben Pfennigen haben (Tessmann 1913, Band 1: 155).

61 Plante ist eine Bezeichnung für Kochbanane (Musa paradisiaca). Zur Herkunft des Namens siehe Tessmann 1913, Band 1: 101, Anmerkung 1. Bei den Fang ist die Plante eine dem Mond geheiligte Pflanze, weil sie mondförmige Früchte trägt und auf ihren breiten Blättern sich das Licht des Mondes widerspiegelt (Tessmann 1913, Band 2: 50).

zierte Frisuren mit weißen Glasperlen und Kauri[62].[63] An Kleidung haben die Weiber nur ganz kleine Lendenschürzen aus Bast und Roßschweifähnliche Bastbüschel[64] hinten am Gürtel. Sie brauchen sich ihres gut gewachsenen Körpers nicht zu schämen und daher weiter keine Bekleidung. Die ganz jungen Mädchen sind noch ganz hübsch, später aber sehen sie bald verbraucht und abgearbei[S. 28]tet aus. Die Männer tragen nur Lendentücher, manche Stoffstücke als Rock um den Leib, und die ganz feinen Leute haben alte Filzhüte und Jacken.

Zwei von unsern Jungs hab ich heut gezeichnet, ihrer Tätowierungen im Gesicht wegen.

d. 4.X.

Jetzt haben wir unter vielen Schwierigkeiten und Anstrengungen fast genug Träger bekommen. Zwei noch und es kann losgehen. Unsere Soldaten mußten aber auch all ihr Ansehen aufbieten. Es sah höchst wichtig aus, wie sie ankamen. Vorn 2 Soldaten, dann die Neger, dann wieder 2 Soldaten. Wie Gefangene, es fehlten nur die Ketten.

d. 5.X.

Gestern abend saßen wir bei traulichem Laternenschein, zeichneten Routen in die Karte, berechneten Höhenmessungen u.s.w. als wir von Geschrei, klatschenden Schlägen und der stotternd weinerlichen Stimme eines Niggers vor die Tür gelockt wurden. Unsere fünf Tum[65]-Träger waren ausgerissen, einen hatten die boys wieder eingefangen und brachten ihn wieder. Weinend, nackt in der nächtlichen Kühle zitternd und stotternd vor Angst stand er da, an beiden Armen von Soldaten gehalten. Er wurde, um nicht wieder auszureißen, in eine Hütte gesperrt und von zwei Posten bewacht.

---

62 Die leuchtend weißen Gehäuse der Kauri-Schnecke werden als Spender von Fruchtbarkeit, Reichtum und magischen Kräften in vielen Teilen Afrikas gerne als Schmuck getragen. Arabische Händler haben diese Porzellanschnecke wahrscheinlich bereits im 7. Jahrhundert n. Chr. nach Afrika gebracht. Bis 1923 fungierte die Kauri in bestimmten Gebieten Afrikas als Zahlungsmittel, bis sie von den Kolonialmächten außer Kraft gesetzt wurde (Trümpler 1999: 43, 50).

63 Die kunstvolle Frisur der Fang, die sie auszeichnete, war zu Beginn des 20. Jahrhunderts eine mit Perlen, Kauri (siehe Anmerkung 62), Knöpfen und Messingnägeln reich verzierte Haartracht in Form eines Helmes. Die Haare wurden durch unterlegte Stützen aus Raphiamark oder Palmstreifen hoch frisiert und die Locken durch eingeflochtene Baststreifen zu Zöpfen umgebildet, die wieder untereinander verflochten ein gleichmäßig dickes Polster bildeten (Tessmann 1913, Band 1: 175-176).

64 Zu der Kleidung der Fang-Frauen siehe Tessmann 1913, Band 1: 173-174.

65 Jobelmann meint Angehörige der Ntum bzw. Ntumu, die zur ethnischen Gruppe der Fang gehören und im Süden Kameruns, in Äquatorialguinea und Gabun leben. Die Namen der Familienverbände der Ntum führt Tessmann in seiner Fang-Monographie auf (Tessmann 1913, Band 1: 45-46). Zu den Ntum siehe auch Dugast 1949: 76-79.

Die vier anderen Ntum waren auch verfolgt worden, aber erfolglos. Die Jungs hatten sich verpflichtet, bis zu[r] Station mitzukommen und dort als Arbeiter zu bleiben. Jetzt, für den Weg nach Nemajong noch keine Bezahlung erhalten, haben sie es sich anders überlegt und sind kurzerhand weggelaufen. Vorgestern schon hatten sie zu Herrn Teßmann gesagt, sie wollten umkehren, was ihnen natürlich nicht erlaubt wurde. Seit dem wurden sie schon streng bewacht, aber in der Dunkelheit haben sie es doch versucht.

6^{h} Abends. Haben wieder einen tüchtigen Marsch hinter uns. Heut früh 9^{h} aufgebrochen von [S. 29] Nemajong und durchmarschiert bis vorhin 5^{h} bis Mangalle[66]. Der Weg war im allgemeinen gut, einige potto-pottos (Sümpfe) machten Schwierigkeiten und Aufenthalte. Wunderschön war die Umgebung. Durch den dichtesten Busch und Sumpfdickichte gings so schnell wie in dem weichen Boden möglich. Mangalle liegt, wie alle anderen Dörfer auch, in einem Bananenhain.

6.X.

Sonntag, doch wird marschiert wie gewöhnlich. Ich hab wieder recht schlecht geschlafen auf den harten Balken, die ein Bett vorstellen sollen. Seitdem ich auf Negerbetten schlafe, habe ich bei jeder Bewegung, außer beim Gehen, recht häßliche Kreuzschmerzen in der Lendengegend.

Wir saßen gestern abend noch lange zusammen, bei Laternen, und sangen alle möglichen Lieder. Ich hab mir aus Berlin ein kleines Büchlein mit etlichen hundert Liedern mitgenommen. Auch zwei neue lernte ich kennen:

Kennst Du das Land wo die Bananen blühn,
Im tiefen Busch die Augen giftger Schlangen glühn,
Der Elephant die teuren Zähne fletscht,
Und jeder selbst aus Palmen Wein sich quetscht?
Kennst Du es nicht, so kannst Du leid mir tun,
Dies schöne Land, es heißet Kamerun.[67]

und: Im tiefen Urwald sitz ich hier, bei einer Kanne Wasser[68].

Dies geht noch nicht weiter, da es von mir selbst nachempfunden ist.

---

66 Tessmann schreibt in seinen Erinnerungen „Mangale“ (Tessmann, Mein Leben, Band 4: 4 (Archiv Völkerkundesammlung der Hansestadt Lübeck, T_Leben_4) bzw. Templin (Hg.) 2015: 77.

67 Frei nach Johann Wolfgang von Goethes Gedicht „Mignons Italienlied“ aus dem 1795/96 erschienenen Roman „Wilhelm Meisters Lehrjahre“, drittes Buch, erstes Kapitel (Goethe 2002: 145).

68 Frei nach dem so genannten Trinklied „Im tiefen Keller sitz’ ich hier“, das der zu seiner Zeit sehr berühmte Opernsänger Ludwig Fischer (1745-1825) 1802 komponiert hatte. Zu Fischer siehe Kürschner 1878.

½12h Mittags in Angalle angekommen. Der Marsch war unbequem, doch ging es durch landschaftlich hübsche Gegenden. In einem Dorf bekam ich vom Häuptling ein[e] sehr gut schmeckende kleine Melone geschenkt. Davon müßten wir später auf [der] Station ein pa[a]r Bäume haben, das wäre nett. Wenn doch die Station erst fertig wäre; ich glaub, ich komm mit meinem Schuhzeug nicht aus. Meine Stiefel fangen schon an, entzwei zu gehen. Bis jetzt hatten wir noch immer gutes Quellwasser zu trinken, aber schon gestern und auch heut wieder mußte das Wasser, um es trinkbar zu machen, [S. 30] gekocht werden. Die größeren, reißenden Flüsse führen so viel Lehm und andere Erde aufgelöst mit sich, daß ihr Wasser gelb bis dunkelbraun erschien und infolgedessen natürlich auch viele kleine Tiere und Krankheitskeime enthält. Würde man es so ohneweiteres trinken, würde man in kurzer Zeit Typhus oder Dyssenteri[69] bekommen. Aus kleinen Bächen und Quellen hab ich oft getrunken, besonders wenn sie über Sandboden, ein sehr guter Filter, liefen. Oft, sehr oft hab ich mich auf Märschen, besonders im Gebirge, ohne weiteres lang auf die Erde gelegt und das Gesicht ins Wasser gesteckt und getrunken, getrunken und den köstlichen Genuß des kalten, frischen, wohlschmeckenden Gebirgswassers so ganz ausgekostet. Mehrmals, an kleineren Wasserfällen hab ich in den Felsbecken, den natürlichen Badewannen, zugleich gebadet und getrunken. Krokodile, die dort vorkommen sollen, habe ich nicht bemerkt. Überhaupt hab ich bis jetzt recht wenig, od. vielmehr noch garkeine größeren Tiere gesehen. Von Elephanten und Büffeln nur Spuren. Alle möglichen Vögel sehr oft und viel. Nashornvögel, Pfefferfresser und Papageien, die Herr Teßmann während der Märsche geschossen, mehrmals gegessen, als Suppe oder gebraten. Sie sind recht zähe; als Suppe schmecken sie nicht anders, als jede andere Fleischbrühe. Bei allen Dörfern nisten in großen Scharen, wie in Europa die Spatzen, die gelben Webervögel.

Ein Häuptling schenkte uns heut sogar eine Ziege. Donnerwetter, müssen die Leute hier Angst vor uns haben! Allerdings, acht Gewehre, darunter 2 Drillinge und eine Doppelbüchse! Da kann man schon Angst kriegen.

½5 Nachmittags. Haben schon so früh in Luschock[70] Halt gemacht, weil uns 5 Träger, die in Nemajong zurückgelassene Lasten holen sollten und 6 Stunden hinter uns zurück geblieben sind, einholen sollten. Vorhin hab ich zum ersten Mal den Kampo-Fluß zu Gesicht bekommen und gleich in ihm gebadet. Er ist ein breiter, reißender Strom, der viele Schnellen [S. 31] bildet. Der älteste Häuptling und zwei seiner Minister aus Luschock waren

69 Dysenterie (griech.) ist eine durch Bakterien (Ruhr) oder Amöben (Amöbiasis) hervorgerufene Darmkrankheit. Vielfach werden auch andere Durchfälle mit der Bezeichnung „Dysenterie" benannt (Gerabek et al. [Hg.] 2005: 330-331).

70 Tessmann schreibt in seinen Erinnerungen „Luschok" (Tessmann, Mein Leben, Band 4: 5 (Archiv Völkerkundesammlung der Hansestadt Lübeck, T_Leben_4) bzw. Templin (Hg.) 2015: 77.

uns einige Stunden entgegengekommen, um uns ihr Dorf zum Übernachten anzubieten. In Luschock selbst gaben sie uns 4 Hühner[,] viele Eier und für unsere Träger Khanks und Planten zum Geschenk. Hühner bekommen und gebrauchen wir eine Menge. Herr Teßmann und ich essen jeder täglich zwei solche[r] Tierchen.

Wie ich hier schreibe, stehen ca. 20 Neger um mich herum und beschauen mich wie ein Wundertier. Es muß für diese Kerle auch hoch interessant sein, mich und meine Tätigkeit hier zu beobachten. Auf einem Koffer sitz ich und schreibe in dies Buch, das ich auf den Knien halte. Neben mir auf einem zweiten Koffer liegen meine Uhr, ein großer Kompas[s], ein Aneroid [= Barometer], mehrere Routenbücher und eine Karte von Kamerun. Für Herrschaften, die nichts davon kennen, gewiß sehr sehenswert. Hier gibts, da eine Quelle in der Nähe ist, wieder gutes, kühles Wasser, anstatt des warmen, gekochten.

Marjuno 7.X.

Nach einer sehr schlechten Nacht war ich gegen Morgen ein wenig eingeschlafen, als einer unserer boys hereingestürzt kam mit der Nachricht, daß unsere sämtlichen Träger fortgelaufen seien. Recht nett! Nun sitzen wir in diesem Nest fest ohne Träger und können nicht weiter. Wie lange wird dieser unfreiwillige Aufenthalt nun dauern? Wenn das so weiter geht, und die Wahrscheinlichkeit ist da, kann das noch ein nettes Zeitchen dauern, bis wir auf Station kommen, und ich kann nicht einmal zu Weihnachten nach Hause schreiben. Verdenken kann man es den Leuten ja nicht, daß sie ausreißen, denn in jedem neuen Dorf sind sie in feindlichem Gebiet und haben die Chancen, auf dem Rückweg, ohne unseren Schutz, getötet zu werden. Für uns aber ist es höchst unangenehm, nicht weiter gehen zu können.

11^{h}. Ich sitze hier vom Dache unserer Hütte vor dem Regen geschützt und kaue Zuckerrohr. Herr Teßmann ist auf die Jagd gegangen um etwas zu Mittag zu schießen. Zwei von unsern Soldaten sind auf die [S. 32] umliegenden Dörfer ausgezogen, um vielleicht Träger zu bekommen. Vorhin haben wir auch noch ein Schaf geschenkt bekommen. Der Viehbestand für unsere Station mehrt sich. Wenn wir nur erst soweit wären. Ich sehne mich ordentlich nach geregelter Arbeit. Die nächsten Märsche werden auch nicht gerade angenehm werden. Viele ausgedehnte Sümpfe und schwierige Flußübergänge stehen uns noch bevor und zuletzt noch feindliche Völkerschaften. Angenehme Aussichten, aber nur Mut, es wird schon schief gehen. – Die Moskitos haben mich in letzter Nacht sehr gequält; am ganzen Körper bin ich zerstochen, hauptsächlich Kopf und Hände. Es ist nur gut, daß ich gestern abend Chinin geschluckt habe, sonst hätte ich heute das schönste Fieber.

Die fünf zurückgelassenen Lasten sind vorhin angekommen, und mit ihnen zwei neue Träger. Hoffentlich kann es bald weiter gehen. Das untätige

Sitzen hier ist zu langweilig. Bücher kann man ja auch nicht auspacken, weil ja die Träger kommen, und wir dann weiter können.

5^h Nachmittags. Träger haben wir jetzt, zwar nicht genug, aber halt so viel wie möglich. Unsere zurückkommenden Soldaten erzählten, daß alle Leute aus den Dörfern ausrissen, wie sie merkten, daß sie Träger spielen sollten. Einige sind aber doch gekommen. Morgen gehts nun weiter.

Herr Teßmann ist dabei, unserm Träger-Hauptmann beizubringen, die Zahlen zu schreiben, damit er mir bei den Routen-Aufnahmen helfen könnte.

<u>d. 8.X.</u> ½5 Abends.

Soeben nach beschwerlichem Marsch in Alen angekommen. Haben zweimal den hier 100 m breiten Campo überschritten. Zuerst mit kleinen schmalen Flößen, auf denen nur je ein Träger mit seiner Last Platz hatte. Als erster wurde ich übergesetzt, bei der reißenden Strömung nicht ohne Gefahr, dann nach und nach die Träger und Soldaten. Als letzter kam Herr Teßmann. Das Ganze dauerte sechs Stunden. Während dieser Zeit durfte ich am Ufer stehen und Angst haben, daß keine Kiste oder [S. 33] Koffer von dem schmalen Floß ins Wasser fiel. 3^h Nachmittags war das fertig und weiter gings, streckenweise von Negern getragen, durch Sumpfdickichte bis zum zweiten, gleichbreiten Campo-Arm. Hier ging der Übergang bedeutend schneller, weil ein gutes Kanu die Sache vermittelte. Mit bewundernswürdiger Sicherheit lenkte ein baumlanger Tum-Neger das fast 8 m lange aber kaum ½ breite Kanu durch die Strömung.

Leider kann ich hier nicht baden, da der ganze Wasserbestand des Dorfes nur in ein pa[a]r Regenpfützen besteht. Ein Fußbad hab ich wenigstens genommen, das ist mir nach diesen Märschen Bedürfnis. Das hiesige sog. Trinkwasser ist dunkelbraun und nur in Form von Kaffee oder Thee zu genießen.

Eins fiel mir auf. Obgleich hier nur eine andere Familie desselben Stammes wohnt, sehen die Menschen doch etwas anders aus. Bei den Männern kann ich nicht recht beschreiben, worin die Verschiedenheit besteht; es liegt im Gesicht, doch finde ich keinen Ausdruck dafür. Die Weiber haben, ganz im Gegensatz zu denen in den früheren Dörfern, große stehende Brüste mit kleinen Warzen wie die Germaninnen und vor allem die Samoanerinnen. Dadurch sehen die, die kein häßliches Gesicht haben, und deren sind hier nicht wenige, geradezu schön aus. Alle anderen Mpangwe-Negerinnen, die ich bis jetzt sah, haben lange, schlaff hängende Brüste, außer den ganz jungen, die kleine lang kegelförmige, stehende Brüste mit großer Warze haben. Deshalb sind auch die bestgewachsenen sehr häßlich, obgleich andererseits garnicht unangenehme Gesichter vorkommen. Besonders die ganz alten Damen haben häufig nette Matronengesichter, manche sehen aber schlimmer wie Hexen aus.

d. 9.X.

Wieder alle Träger fortgelaufen. Es ist zum Auswachsen. Wieder ein Tag verloren dadurch. Unsere Karte von Kamerun versagt schon. Die Flüsse, Ortsnamen und Routen sind falsch eingezeichnet und stimmen in Nichts mit unseren Routen-Aufnahmen überein. Wenn blos nicht soviel Zeit verloren ginge!

1h Mittags. Hier sitz ich nun wieder in[S. 34]mitten eines Sumpfdickichtes auf einem Baumstamm und warte bis unsere Karawane zum vierten Mal über einen Campo-Arm gesetzt ist. Das war wieder ein Vormittag! Solche möcht ich nicht viele erleben. Zuerst, nachdem wir mit Mühe und langem Palaver[71] dreißig Träger zusammengesucht hatten, gings in strömendem Regen durch Sumpf, Sumpf, Sumpf. Durch die dichtesten Dickichte, unten Matsch bis zu den Knöcheln und kniehohes Gras und Gebüsch, oben Regen[,] Äste und Zweige und Lianen, die mir ins Gesicht schlugen. Dann auf Negerschultern durch einen reißenden Arm des Campo. Eine viertel Stunde schwebte ich da ein wenig über dem Wasser. Der Neger, der mich trug, und dem das Wasser bis zur Brust ging, war mehrmals nahe daran, umgerissen zu werden von der gewaltigen Strömung. Ich hatte nicht geringe Angst, denn wenn mein Träger gefallen wäre, wäre ich, der ich mich nicht hätte aufrichten können, rettungslos verloren gewesen. Die Strömung an diesen Stellen ist selbst den Alligatoren zu stark, weshalb sich keine herwagen. Wieder gings durch Raphia-Sumpf bis hierher.

½5h Nachmittags. Etwas späte Mittagsrast in Atoantem[72]. Der vierte Campo-Übergang ging in schmalen Kanous schneller. Atoantem ist ein entsetzlich krankes Dorf. Alle Männer, die hier herumlaufen, haben ekelhafte Hautkrankheiten, Syphilis, Elephantiasis[73] u.s.w. Deshalb, um nicht hier in einer Hütte schlafen zu müssen, ziehen wir so schnell wie möglich weiter. Gut. Lieber eine Nacht unter freiem Himmel, als sich mit so etwas infizieren. Addio Ato[a]ntem, so hübsch Du in Deinem Bananenhain liegst, Dir weine ich keine Träne nach.

6h. Nkoakom ist ein riesiges Dorf. Fast 10 Min. lang mit ein pa[a]r hundert Häusern. Vorhin passierten wir ein Dörfchen, das sich auch Nemajong

71 „Palaver“ bezeichnet in Afrika ein traditionelles Mittel, um Streitigkeiten und Konflikte in der Gesellschaft durch Diskussionen zu lösen. Zum Thema „Palaver“ siehe u.a. die Studie von Atangana 1966.

72 Tessmann schreibt in seinen Erinnerungen „Antoantem“ (Tessmann, Mein Leben, Band 4: 8 (Archiv Völkerkundesammlung der Hansestadt Lübeck, T_Leben_4) bzw. Templin (Hg.) 2015: 78.

73 Zur Elefantiasis der Hoden bei den Fang siehe Tessmann 1913, Band 2: 174.

benannte. Hier fängt die edle Fang-Familie der Essåmongun[74] an, die Menschenfresser sind. Uns werden sie wohl nichts tun, wir haben [S. 35] ja „viel Soldaten", wie die Negerfama vor uns her läuft.

d. 10.X.

Wieder erst großes Trägerfortlaufen. Wenn doch das erst aufhören wollte.

11ʰ. Der fünfte Campo-Übergang ist in vollem Gange. Da nur ein schmales Floß zu Verfügung steht, auf das nur jedes mal eine Last gelegt werden kann, dauert die Sache ziemlich lange. Die Ufer des Flußes sind sehr schön. Der Busch, hier von Raphia-Dickichten unterbrochen, reicht bis ins Wasser hinein.

Schmetterlinge sieht man hier sehr viel, darunter viele prächtige Falter-Arten. Bis zu fünfzig sammeln sie sich an den Stellen, wohin die Neger das durchgekaute Zuckerrohr geworfen haben. Dies ist eine sehr billige Delikatesse. Auch wir bekommen in jedem Dorf mehrere Stangen vom Häuptling geschenkt. Sie werden geschält und in kleine Stückchen geschnitten und gekaut. Den süßen Zuckersaft schluckt man hinunter und spuckt die Fasern aus.

Vorhin kamen wir durch das Dorf Ngabibag. Dessen Häuptling hat im Januar dieses Jahres anlässlich der Grenz-Expedition von Hauptmann Förster[75] eine deutsche Flagge erhalten „nachdem er über Bedeutung und Gebrauch derselben unterrichtet wurde", wie es in seinem Flaggen-Attest[76] heißt. Bei unserm Durchmarsch hing sie denn auch am Flaggenmast, schlapp wie ein Waschlappen bei der Windstille. Nach dieser Grenz-Expedition ist der Campo die natürliche Grenze zwischen Kamerun und dem spanischen Muni-Gebiet[77], und ich bin im Munigebiet, während Herr Teßmann noch in Kamerun ist. Auf den bis jetzt bestehenden Karten ist die Grenze an dieser Stelle südlicher. Wir sind soweit nach Osten gegangen, weil der direkte Weg feindlicher

74 Den Namen des zur Gruppe der Ntum (siehe Anmerkung 65) gehörenden Familienverbandes Esamǒngu̱n übersetzt Tessmann folgendermaßen: „der Baum ragt über, weil diese Familie (auch noch heute) alle andern an Stärke überragt" (Tessmann 1913, Band I: 45).

75 Hauptmann Oskar Foerster (1871-1910) leitete auf deutscher Seite die so genannte Südkamerun Grenzexpedition, die zusammen mit seinem französchen Kollegen Capitaine Antony Cottes die Grenzen zwischen deutschem und französischem, auch spanischem Kolonialbesitz von Dezember 1905 bis Oktober 1906 mit Hilfe geodätischer Daten exakt festlegte (Schnee [Hg.] 1920, Band I: 650).

76 Fahnen waren wie Häuptlingsbücher (siehe Anmerkung 114) und Pässe neben Verträgen formale Verpflichtungen auf einen Stationsleiter oder das Gouvernement. Häuptlinge nutzten diese Zeichen als Hinweise einer Allianz, von der sie sich Einfluss und Prestige gegenüber anderen Gruppen versprachen (Hoffmann 2007: 352).

77 Die südlich an Kamerun angrenzende Region des Flusses Rio Muni, die zur Kolonialzeit zu Spanien gehörte und Rio Muni (Gebiet) genannt wurde, ist überwiegend von Fang bewohnt. Heute wird dieses zu Äquatorialguinea gehörende Gebiet „Mbini" genannt.

Negerstämme wegen ungangbar ist. Diese lassen keine Karawanen durch ihr Gebiet. Hätten wir uns auch den Durchmarsch erzwungen, würden unsere Postboten doch nie durchgelassen werden.

An einer Pfütze beobachtete ich ein auffälliges Gebahren einer Libelle. Sie flog in der Nähe des Ufers in regelmäßigen schnellen Kreisen senk[S. 36]recht nach oben. Jedesmal, wenn sie nach unten kam, berührte sie mit der letzten Spitze ihres gekrümmten Hinterleibes das Wasser, dabei etliche Spritzer auf eine bestimmte Stelle am Ufer werfend. Was sie damit bezweckte, konnte ich nicht bemerken; ich sah weder an der Uferstelle noch an der Stelle im Wasser etwas besonderes.

Einen Marabu sah ich heut zum ersten Mal. Mit ruhigen kräftigen Flügelschlägen zog er langsam über den Campo hin nach Westen.

½6ʰ Abends. Akoassem[78]. Diese Neger sind wirklich eine Bande! Auf dem Marsch haben einige plötzlich ihre Lasten abgeworfen und sich seitwärts in die Büsche geschlagen. Es ist auch garnichts dagegen zu machen. Wir haben jetzt schon für je fünf Träger einen Headman[79], aber selbst so ist keine Ordnung hineinzubringen. Man kann in dem dichten Busch auch nur ca. 2 m weit sehen, sodaß man selbst fünf voreinandergehende Leute nicht übersehen kann. Dabei sind alle Augenblicke rechts und links vom Wege Elephanten-Brüche, in denen sich ein Mensch wunderbar gut verstecken kann. Die Zeitverluste dabei sind das Schlimmste. Das Wasser hier sieht dunkelbraun aus, ist aber geruch- und geschmacklos.

d. 11.X. Morgens 6ʰ.

Das war wieder eine unruhige Nacht! Gestern ganz spät Abends noch, war noch ein Träger ausgerissen, aber von den boys wieder eingefangen worden. Damit nun über Nacht nichts passierte, hab ich alle pa[a]r Stunden die Wachen revidiert. Zu diesem Zwecke bin ich natürlich nicht zu Bett gegangen, sondern hab angezogen, mit Stiefeln und Gamaschen, auf dem Bett gelegen. Die Leute in den Dörfern haben solche Angst vor unseren Soldaten, daß sie alle ausreißen und wir in keinem Dorf mehr Leute vorfinden. Nur der King sitz[t] einsam im Palaverhaus, bereit, uns alles mögliche vorzulügen.

Wir sind eben jetzt in feindlichem Gebiet und immer kampfbereit. Wir brauchen notwendig [S. 37] Träger, sie sollen gut bezahlt werden. Wenn sie sich uns aber nicht stellen, müssen wir sie uns suchen.

---

78 Tessmann schreibt in seinen Erinnerungen „Akoasseng“ (Tessmann, Mein Leben, Band 4: 9 (Archiv Völkerkundesammlung der Hansestadt Lübeck, T_Leben_4) bzw. Templin (Hg.) 2015: 79.

79 Ein Headman (Vorarbeiter) war für Europäer wichtig, um eine von ihnen gewünschte und aus ihrer Sicht genau definierte Ordnung und Disziplin aufrecht zu erhalten.

11^{h}. Noch immer sitzen wir hier und können nicht weiter, weil wir nicht genug Träger haben. Ich hab fleißig gearbeitet, die geschnitzten Ornamente auf einer Trommel gezeichnet und will jetzt anfangen, systematisch pigeon-englisch zu lernen. Nachher will ich wieder zeichnen. Es ist hier so still, so friedlich schaut alles aus, daß es mir eine Lust ist, hier zu arbeiten. Wären wir doch erst auf Station!

½5^{h} p. Soeben ist ein furchtbares Gewitter mit Platzregen niedergegangen. Weit stärker als die in Europa gewöhnlichen. Eine von unseren Trägerinnen[80] mußten wir heut nach Hause entlassen. Sie ist Mutter, hat aber ihr Kindchen daheim lassen müssen. Nun waren ihre Brüste übervoll und sie litt Schmerzen darunter. Die Posten, die gefühllosen Neger, haben natürlich nichts davon gemeldet. Ich bemerkte es bei einer Runde, wobei das arme Weib es mir durch Gebärden klarzumachen suchte. Ich ließ sie dann auch gleich laufen. Hoffentlich wars nicht irgendwie zu spät; einen halben Tagemarsch hatte sie immerhin zu machen, um zu ihrem Dorf zu gelangen.

Wir sitzen nun noch immer hier und können nicht weiter. Morgen werde ich mit 20 Lasten nach Ngoa zurückgehen und sie dort in einer Faktorei liegen lassen. Herr Teßmann geht mit den 10 anderen vor und ich hole ihn später wieder ein, da ich ohne Träger ja viel schneller marschieren kann. Ich weiß nur noch nicht, wie ich mit dem Palaver fertig werden soll. Die Mpangwe-Sprache kann ich garnicht und Pidjin-Englisch recht wenig. Mit Hilfe meines boys wirds hoffentlich gehen.

[S. 38] d. 17.X.

Ein gut Stück weiter sind wir inzwischen gekommen, aber unter welchen Schwierigkeiten! Pech über Pech hatten wir. d. 11. Abends liefen uns nicht nur sämtliche Träger, sondern auch 5 Soldaten fort. Donnerwetter, was war das nun wieder. Wir vermuteten zuerst Aufstandsgelüste, und Herr Teßmann wollte in der Nacht noch nach Akam zu Herrn Richter, den wir schon in Ngoa getroffen hatten, aufbrechen. Schließlich ließen wir von den drei boys, die uns geblieben waren, alle Lasten in ein Haus schleppen, wo wir die Nacht über wach blieben. Den nächsten Morgen, d. 12. brachen wir nach Akam auf. Herr Teßmann und ich mit je einem Gewehr, unsere drei boys mit je zwei Gewehren, und ein Träger mit einem Koffer, wohinein wir unsere wertvollsten Sachen gepackt hatten. Herr Richter wunderte sich nicht wenig, daß wir zurückkämen, Aufstand käme jedoch nicht in Frage, seine Leute

80 Nachdem das so genannte Trägerproblem im Süden Kameruns immer größer geworden war (siehe Anmerkung 47) zog man nicht nur junge kräftige Männer, sondern auch Frauen und Kinder zu diesen Diensten heran. Eine Folge des massenhaften Trägerdienstes durch Frauen war ein Rückgang der Geburten (Stoecker [Hg.] 1968: 39-40). Im Gegensatz zu Jobelmann berichtet Tessmann in seinen Erinnerungen nur von Trägern nicht von Trägerinnen.

wüßten von nichts, unsere Jungs seien nur aus Angst vor den ihnen feindlichen Stämmen ausgerissen. Ich stärkte mich an lange vermißtem Brod, Käse und Wein. Sogar Gänseleberpastete, Kaviar und Zuckergurken gabs. Ja, ja, diese Herrn Faktoristen! Nach dem Essen ging ich mit einem boy und einem Träger zurück nach Koassem um die Küchenlast zu holen. Den Hinweg machte ich in 1½ Stunden, zum Rückweg brauchte ich das Doppelte. An diesem Abend bekam ich heftige Kopfschmerzen, die die ganze Nacht anhielten und mich nicht schlafen ließen. Am nächsten Tag gingen wir zunächst nach Koassem zurück, wo unsere Lasten unberührt lagen, und von da eine Stunde lang in derselben Richtung weiter, bis es sich herausstellte, daß dieser Weg falsch sei. Also kehrt, weit, weit zurückgegangen, und eine andere Richtung eingeschlagen. Auf diesem Marsche bekam ich Malaria, erst schwach. Auch den nächsten Tag, an dem wir den Grenzstein passierten, konnte ich noch gehen wenn auch schon recht langsam. Ungefähr vier Stunden lief ich barfuß ein Bächlein entlang. In einem Dorf mußte [S. 39] ich eine Stunde rasten, ich konnte nicht mehr[;] im Palaverhaus legte ich mich auf eine Bank und schlief, während Herr Teßmann weiterging. Später ließ ich mich von zwei Negern nachbringen, ich konnte nicht mehr allein gehen. Für einen ¼-Stunden Weg brauchte ich 5/4 St. An diesem Abend hatte ich 39,9° Fieber. Am nächsten Morgen 39,5°, doch war ich so schlapp, daß ich nicht stehen konnte. Diesen ganzen Tag wurde ich in einer Hängematte getragen und war halb bewußtlos, sodaß ich auf dem ganzen Wege nur merkte, wenn ich auf einen Baum niedergesetzt wurde. So kam ich in Tzämmen[81] an. Hab vorige Nacht recht schlecht geschlafen. In meiner Hütte roch od. vielmehr stank es so nach Ratten, die die ganze Nacht lärmten, daß mir ganz übel wurde und ich dreimal ins Freie trat, weil ich Bauchkrampf hatte, aber nichts ausbrechen konnte, da ich in den letzten Tagen nur Thee und Kakao zu mir genommen hatte. Jetzt ist mein Fieber vorbei, über 40° ists nicht gegangen.

d. 22.X. Mabungo.

Hab wieder mehrere Tage Fieber gehabt, bin aber trotzdem viel marschiert. Halb bewußtlos hab ich immer ein Bein vor das andere gesetzt, nur um vorwärts zu kommen. Des Weges kann ich mich kaum entsinnen. Durch Gebirge gings wieder mit zerklüfteten Felspartien. Viel Elephantenspuren sah ich. Die letzten Märsche waren für mich sehr anstrengend. Mittags und Abends war ich meist so müde, daß ich, sowie ich saß, auf dem Koffer einschlief. Der Mangel einer ordentlichen Sitzgelegenheit macht sich mir auch sehr, sehr fühlbar. Dazu die schlechten, harten Betten! Ordentlich ausgeruht habe ich schon lange nicht mehr. Jetzt ist aber glücklicherweise bald Schluß. Von

81 Tessmann schreibt in seinen Erinnerungen „Tsämän“ (Tessmann, Mein Leben, Band 4: 16 (Archiv Völkerkundesammlung der Hansestadt Lübeck, T_Leben_4) bzw. Templin (Hg.) 2015: 82.

hier aus wird ein Platz zum Hausbau gesucht, und dann kann das geordnete Stationsleben losgehen. Dies Wanderleben hab ich jetzt auch wirklich satt.

Wenn wir doch die Post erst hätten! Ob sich zu Haus wohl etwas geändert hat? [S. 40] Ich sehne mich so sehr nach Briefen. Auch sonst möcht ich einmal wieder etwas ordentliches lesen.

Unsern Duala[82]-Koch haben wir fortgejagt; er hat uns mehrfach bestohlen. Einer der anderen boys kann ebenso gut kochen, sodaß wir dessen Verlust nicht fühlen.

Es regnet, regnet, regnet!

Ich möchte und muß wieder einmal baden. Hier ist leider keine gute Wasserstelle.

d. 23.X.

Sitze allein mit einem boy hier im Dorf. Herr Teßmann ist mit den anderen losgezogen[,] um einen Platz zum Hausbau zu suchen. Hab vorhin einen Kerl mit Tättowierungen gezeichnet. Gesicht, Brust, Rücken und Arme sind voll davon. Das ganze Dorf stand um mich herum. Jetzt ist mir das garnicht mehr unangenehm.

Ich lese jetzt eifrig Häckels[83] Welträtsel[84]. Es ist merkwürdig; ich konnte mich in Deutschland nie so in dies Werk vertiefen und Häckels Abhandlungen mit solchem Interesse folgen, wie hier und jetzt. Ich bin hier aber auch drin, in der Natur, auch herrscht hier solch sonntägliche Stille, daß es wirklich eine Freude macht, geistig zu arbeiten. Häckel schreibt auch zu schön! Es tut mir nur immer leid, nicht mehr Bücher hier zu haben, um gewisse Gedanken und Fragen weiter verfolgen zu können. Ich bin sehr froh, daß ich „die Welträtsel" und die Lebenswunder[85] mitgenommen habe.

---

82 Die heute akkulturierte Ethnie der Duala lebt im Südwesten Kameruns. Bereits in vorkolonialer Zeit spezialisierten sich die einstigen Waldbauern auf den Handel. Die deutsche Kolonialmacht zerstörte ihre monopolartige Stellung im Zwischenhandel, was zu Protesten und Widerstand führte (Eckert 1991, Hausen 1970: 157 ff., Stoecker [Hg.] 1968: 184 ff.). Zu den Duala siehe auch Dugast 1949: 9-13.

83 Der berühmte Biologe und Verfechter des Darwinismus in Deutschland, Ernst Haeckel (1834-1919), begründete den Monismus, eine Philosophie, die den Dualismus von Mensch und Natur, Materie und Geist aufheben sollte. Diese Richtung hatte Ende des 19. und Anfang des 20. Jahrhunderts viele Anhänger, u.a auch Tessmann (Fischer 1990: 101). Zu Haeckel siehe u.a. Krauße 1984.

84 Ernst Haeckel. Die Welträthsel. Gemeinverständliche Studien über Monistische Philosophie. Bonn 1899.

85 Ernst Haeckel. Die Lebenswunder. Gemeinverständliche Studien über biologische Philosophie. Leipzig 1904.

d. 25.X. Nßèlang[86].

2 Tage sind wir schon hier und werden noch länger hier bleiben. 5 Min. entfernt ist der Platz, an welchem unser Haus gebaut wird. Wunderschöne Gegend hier; hier läßt sichs schon ein pa[a]r Jahre aushalten.

Hab heut einen Plan des Dorfes aufgenommen. Schließlich mühselige Arbeit, da ein Metermaß mein einziges Meßinstrument ist. Hab hier einen kleinen Jungen als boy, der an jeder Hand sechs Finger hat. Sehr interessant; werd seine Hände zeichnen und Prof. Tornier[87] nach Berlin [S. 41] schicken. In der Mittagspause lese ich fleißig Häckel u.a. Herr Teßmann hat auch einige interessante Bücher hier. Wenn ich nur mehr Bücher mitgenommen hätte! Was soll nun werden, wenn die p[a]ar, die wir hier haben, ausgelesen sind? Da ich noch nicht photographieren kann, die Dunkelkammerlast ist zurückgeblieben, mache ich topographische Aufnahmen der Umgegend. Langweiliges, mühevolles Geschäft! Gestern mittag hat Herr Teßmann Reuter[88] vorgelesen; famos!

d. 27.X.

Sonntag, doch wird gearbeitet, wie sonst.

Der eigentliche Hausbau ist heut begonnen worden. Der ganze Platz ist ausgemessen, und die ersten Stützbalken sind eingerammt. Dabei wird immer noch Platz gemacht, d.h. der umgebende Busch wird teils ganz entfernt, teils gelichtet. Die Aussicht von meiner Veranda aus wird sehr hübsch werden. Im Vordergrund lichter Busch mit einzelnen hohen Bäumen, und dahinter bewaldete Hügel.

Gestern unternahmen Herr Teßmann und ich einen Kriegszug gegen mehrere Dörfer, die trotz ihrer Verpflichtungen keine Arbeiter geschickt hatten. Mehrere Ethnographika und viele Hühner und Eier bekamen wir als Tribut. Zwei Häuptlinge nahmen wir als Geiseln mit. Der Erfolg dieser Strafexpedition war, daß heut Morgen ca. 60 Mann zum Hausbau anrückten. Auf entsetzlichen Wegen gingen die Märsche gestern! Weit ausgedehnte Sümpfe

---

86 Tessmann schreibt in seinem Tagebuch „Nssälang“ (Tessmann, Mein Leben, Band 4: 21 (Archiv Völkerkundesammlung der Hansestadt Lübeck, T_Leben_4) bzw. Templin (Hg.) 2015: 85.

87 Gustav Tornier (1858-1938), der 1902 den Professorentitel erhielt, war seit 1895 Kustos der herpetologischen Sammlung des Zoologischen Museums Berlin (heute: Museum für Naturkunde – Leibniz-Institut für Evolutions- und Biodiversitätsforschung an der Humboldt-Universität zu Berlin). 1921 wurde er stellvertretender und von 1922 bis 1923 Direktor des Berliner Museums. Zu Tornier, dessen Arbeitsschwerpunkt u.a. die afrikanische Herpetofauna, insbesondere der damaligen Kolonien in Ost- und Westafrika war, siehe Bischoff 2001 und Adler (Hg.) 2007: 127-128.

88 Der in Mecklenburg geborene Dichter und Schriftsteller Fritz Reuter (1810-1874) gehört zu den bedeutendsten Vertretern der niederdeutschen Sprache. Zu Reuter siehe u.a. Batt 1967 und Bunners 1999.

und mehrere Flüsse mit halb zerfallenen, wackligen Brücken mußten überschritten werden. Es war schrecklich! Wenn das doch besser wäre!

d. 28.X.

Hab heute Vormittag allein eine kleine Strafexpedition gemacht, mit vier Soldaten, nach Makonanam. Ekliger Weg dorthin. Ein pa[a]r Ethnographika und mehrere Hühner waren die Beute. Der Erfolg wird sich morgen zeigen. Ganz wohl war mir bei der Sache nicht zu Mute. Man sitzt hier doch fortwährend auf einem Vulkan, der jeden Augenblick explodieren kann. Ich entlud eines von den alten Steinschloß-Gewehren, das die Menschenfresser hier führen und fand darin gehacktes Eisen. [S. 42] Von solchem Schuß getroffen und dann, halb zerfleischt von diesen Negern zu Tode gemartert zu werden, muß wenig schön sein. Ohne geladenes Gewehr und Revolver geht man deshalb schon garnicht aus. Die Eingeborenen müssen immer in Respekt gehalten werden, solange geht alles gut. Geht der aber verloren, kanns jeden Augenblick schief gehen. Deshalb immer grobes Auftreten, nur nicht freundlich!

d. 30.X.

Der Hausbau schreitet, wenn auch langsam, vorwärts. Das ganze Gerüst ist fertig, und die Leute sind dabei, die Matten für das Dach und die Wände aus den Blättern der Raphia-Palme herzustellen. Die Wege zu den umliegenden Dörfern sind durch die letzten Regengüsse so überschwemmt, daß die meisten Leute nicht zur Arbeit kommen. Gestern noch waren über hundert Arbeiter auf dem Bauplatz; heut kaum dreißig. Gestern mußte wieder einer unserer Küchenjungs mit 25 Kascheguschlägen[89] bestraft werden, da er gemopst hatte.

Ich hab heut Vormittag, wie auch gestern, den Plan einer zu Nßelang gehörigen Erdnuß- und Mais-Pflanzung aufgenommen. Dies ist ein sehr, sehr mühseliges und, da doch nichts fertig und alles falsch wird, undankbares Geschäft. Dies unaufhörliche Herumstiefeln und -stehen, vor allem aber das Zeichnen und schreiben im Stehen ermüdet sehr, besonders in der Hitze

89 Die entehrende Prügelstrafe, die in weiten Kreisen der deutschen Bevölkerung damals unpopulär war, war in den Kolonien, auch in Kamerun, die Regel, um Menschen anzutreiben oder zu bestrafen. In Kamerun galt die Regel, dass bei dem Vollzug der Prügelstrafe die Zahl von 25 Schlägen nicht überschritten werden sollte. Die Vollstreckung sollte allein mit einem vom Gouverneur genehmigten Züchtungsinstrument erfolgen, das in Kamerun und Togo ein Tauende war. Eine Verfügung des Staatssekretärs des Reichskolonialamtes, Bernhard Dernburg, vom 12.7.1907, dass die gerichtliche Vollstreckung der Prügelstrafe von einem Arzt zu überwachen sei, war für den Alltag der Mehrheit der Arbeiter bzw. Zwangsarbeiter ohne Bedeutung (Stoecker [Hg.] 1960: 217 ff., 276). – Tessmann bezeichnet die Peitsche aus Elefantenhaut nicht wie Jobelmann als „Kaschegu", sondern als „Kaschingo" (Tessmann, Mein Leben, Band 2: 215 (Archiv Völkerkundesammlung der Hansestadt Lübeck, T_Leben_2) bzw. Dinslage und Templin (Hg.) 2012: 314.

hier. Schon um 10^h Vormittags wird es unerträglich heiß, Mittags ist täglich 30-35° im Schatten. Es wird ärztlich empfohlen, von 11^h-3^h Mittagspause zu machen; wir arbeiten oft hier bis 1^h durch und fangen um ½3^h täglich wieder an. Das macht schlapp, und ich bin froh, wenn die Station erst fertig ist. Dazu hab ich recht schlechten Schlaf und manche Nacht gar keinen. In dem neben meinem gelegenen Hause sind zwei kleine Kinder, die die ganze Nacht hindurch husten und schreien, die Ratten, und welche Menge!, machen die ganze Nacht hindurch gewaltigen Lärm, und [S. 43] schließlich ist mein Negerbett hart und schmal.

Es ist unglaublich, welchen Skandal die Ratten Nachts anstellen können. Quietschend und raschelnd[,] daß man denkt, das Haus fällt ein, rasen sie die Matten-Wände entlang, führen unter großem Geschrei Kämpfe auf und wühlen zwischen den Kalabassen, wobei so manche umfällt. Mehrfach schon ist mir eine Ratte über Gesicht und Körper gelaufen. Die Moskitos quälen einen auch recht, wenn man so wach daliegt. Zu alledem kommt, daß ich keine einzige bequeme Sitzgelegenheit habe für den Tag. Das einzige für mich ist eine Kiste mit einer Decke darauf; das ist eine recht wenig bequeme Stellung, wobei die Muskeln nicht im geringsten ruhen können. Herr Teßmann hat solchen Triumpf-Stuhl, das ist schön. Solch Ding ist ein wirklich unentbehrliches Möbel hier und oft die einzige Gelegenheit, dem Körper eine angenehme Ruhelage für alle Muskeln zu geben. Hätte ich das gewußt, würde ich mir auch so ein Ding gekauft haben, teuer sind sie ja nicht. Überhaupt, wenn ich so manches gewußt hätte, hätte ich mich in so mancher Hinsicht besser ausgerüstet. Unterbein-Kleider z.B.[,] wovon ich ein ganzes Dutzend auf Herrn Teßmanns Rat mitgenommen habe, gebrauche ich garnicht; an Hemden und Socken dagegen könnte ich gut das Doppelte gebrauchen, besonders, da letztere schon entzwei gehen.

Nachmittags dauert die Arbeit meist nicht lange, da sehr bald ein Tornado hochkommt, der gewaltigen Regen bringt. Dann heißts täglich gegen 5^h, schleunigst ins Dorf flüchten, um nicht bis auf die Haut naß zu werden. Den Regen hört man schon von weitem ankommen am Rauschen in den Wäldern. Hört man dies, weiß man, in fünf Minuten ist er da, also schnell, schnell, ehe es zu spät ist! Gerade jetzt im Oktober regnet es am meisten; täglich ein pa[a]r Stunden. Wenig erfrischend ist solch Tornado, aber schön, sehr schön, besonders Abends. Blitz folgt auf Blitz, Donner auf Donner. Mitunter ists minutenlang hell. Dazu rauscht und platscht ein gewaltiger Regenguß. Wie klein wird man da in dieser gewaltigen Natur.

[S. 44] d. 31.X.

Wieder den ganzen Vormittag Pläne aufgenommen. In der Hitze scheußliche Arbeit. Wunderhübsche Tierchen seh ich aber dabei. Die reizenden Eidechsen gefallen mir vor allem. Die Agama-Arten[90], die ich von Berlin her aus dem Alkohol nur ganz grau grün kenne, schillern hier im Leben in vielen Farben. Rot bis gelb bis grün, dies bis dunkelblau, die ganze Skala ist an einem Tier vorhanden. Ein entzückender Anblick, wenn sie so sonnbeschienen in der vor Hitze flimmernden Luft daliegen und dann plötzlich weghuschen.

Unser Haus ist heut gedeckt worden, doch ists noch lange nicht fertig. Noch zweimal soviel Matten, wie für das Dach, werden für die Wände gebraucht und müssen erst hergestellt werden. Dann werden die Bänke, Tische und Betten, alles aus Palmstengeln, gebaut. Schön wird das Haus für hiesige Verhältnisse. Ein großes Wohnhaus mit riesiger Veranda als Wohn- und Arbeitszimmer. Innen 2 Schlafzimmer, an meines anschließend die Dunkelkammer, an Herrn Teßmanns anschließend die Faktorei für die Tauschwaren und die eingetauschten ethnographischen Gegenstände, und ein Keller für die Lebensmittel. Etwas entfernt vom Hause die Küche und 5 Häuser für die boys. Die Küche ist mit unserm Hause durch einen gedeckten Gang verbunden, damit wir die Speisen auch bei Regen unverdünnt bekommen. Das ist nötig; die Suppen grenzen sowieso täglich an Wassersuppen, ebenso der Kakao. Heut hat Herr Teßmann mal wieder einen Affen geschossen; da gibts eine kleine Abwechslung in dem ewigen Einerlei von Huhn in Form von Affenbeefsteaks, die wirklich sehr gut schmecken. Sonst gibts täglich zu Mittag und Abend je ein Huhn, gekochte Makabos und Makabo-Cakes oder Ngon[91] und als Nachtisch gebratene Bananen-Streifen. Alles schmeckt gut.

d. 1.XI.

November haben wir schon! Wie die Zeit vergeht! Zu Haus wirds jetzt schon winterlich, und wenn man denkt an die Wintersonnenwendfeier. Wie werd ich sie diesmal verbringen?

Das Haus wird Anfang nächster Woche fertig werden. [S. 45] Es fehlen nur noch einige Wände und die Inneneinrichtung. Leider konnte ich nicht einige Einzelstadien seines Entstehens photographisch aufnehmen, da die ganze Dunkelkammereinrichtung zurück bleiben mußte und auch erst in den nächsten Tagen kommt. Die Einweihung des Hauses wird feierlichst mit Hissen der lübschen (lübecksch.) Flagge[92] und Sekt begangen werden.

---

90 Die Agamen (Agamidae) bilden eine Familie innerhalb der Schuppenkriechtiere (Squamata), der formenreichsten „Reptilien"-Gruppe mit mehr als 6.000 rezenten Arten (Westheide und Rieger [Hg.] 2015: 351, 364).

91 Der Ngon ist eine zu den Kürbisgewächsen gehörige Pflanze mit großen länglichen Früchten. Anfang des 20. Jahrhunderts nimmt sie unter den Hauptnahrungspflanzen bei den Fang den vierten Platz ein (Tessmann 1913, Band 1: 93-98 sowie Tafel VIII [zwischen S. 92 und S. 93]).

92 Die Flagge von Lübeck ist waagerecht geteilt, oben weiß und unten rot und zeigt den lübeckischen Doppeladler. Zu dieser Flagge siehe Fink 1926.

Heut hab ich wieder einmal mit vier Soldaten eine Strafexpedition nach vier unbotmäßigen Dörfern unternommen und bin erst 4^h Nachmittags mit Beute reich beladen wieder[gekommen]. Von Morgens ½7^h bis dahin hab ich nur zwei frische Eier getrunken, zur größten Verwunderung der zuschauenden Fang, die Eieressen überhaupt nicht kennen. Mit desto größerem Appetit hab ich aber soeben ½5^h mein Mittagessen nachträglich verzehrt, besonders, da es sogar statt des täglichen Huhnes Affen-Beefsteak gab.

Vom Marsch mitgebracht hab ich 8 Hühner, 5 Busch-Gewehre und 4 Fang-Geiseln, beides wird gegen je 4 Hühner wieder herausgegeben, etliche Eier, dito Annanas [sic], die in Nßälang garnicht zu haben sind, mehrere Rollen Busch-Bindfaden und für die ethnogr. Sammlung eine Palaver-Trommel[93]. Die Annanas [sic], wovon wir hinter dem Hause eine Pflanzung anbauen werden, sollen noch das Haus einweihen helfen.

Der Weg, auf dem ich heut marschiert bin, ist als solcher einfach furchtbar. Fast alles überschwemmt, so daß ich mehr getragen worden als selbst gegangen bin. Stellen, die ich vor ungefähr einer Woche noch trockenen Fußes passiert habe, stehen jetzt 1½ m unter Wasser. Streckenweise haben die Fang sehr, sehr primitive Brücken über solche Überschwemmungsgebiete geschlagen. Diese sind sehr schmal und wackelig, und ihre Überschreitung, wenn sie über tiefe, reißende Flüsse führen, wirklich lebensgefährlich.

d. 2.XI.

Es ist mir eklich [sic], seit Wochen täglich denselben Anzug für die Märsche im Busch anziehen zu müssen. Er ist schon vom Schwitzen so klebrig feucht und wird garnicht mehr ordentlich trocken. Und schmutzig ist er, unbeschreiblich! Gestern hab ich mir noch dazu an einem Dorngebüsch ein Loch in die Beinkleider gerissen. Ich konnte den Anzug noch nicht [S. 46] waschen lassen, da noch keine Seife hier ist und den anderen, sauberen, will ich nicht für den Busch verwenden, um wenigstens Abends mich umziehen zu können.

d. 5.XI.

Gestern war großer Umzug in das neue schöne Haus und Einweihungsfeier. Der Umzug Morgens muß dem Auszug der Charlottenburger Studenten ähnlich gewesen sein. Auch hier viele Leute im sog. Gänsemarsch mit den einzelnen Sachen vom Dorf Nßälang zum Hause zogen. Bald darauf kamen auch die in Akoassem zurückgelassenen Lasten glücklicherweise zur rechten Zeit. So hatten wir den Phonograph und Champagner zur Feier da. Erste-

93 Diese Trommel ist nicht im Besitz der Völkerkundesammlung der Hansestadt Lübeck. Da in der Schadensaufstellung des Museums für Völkerkunde zu Lübeck 1942 (Archiv Völkerkundesammlung der Hansestadt Lübeck) von „einer vollständigen Sammlung von Musikinstrumenten" die Rede ist, kann davon ausgegangen werden, dass diese Trommel ursprünglich im Besitz des Lübecker Museums war und zu den Kriegsverlusten zählt.

rer hat dann auch den ganzen Abend gespielt[,] während wir vom anderen 3 Flaschen geleert haben. Jetzt wirds hier gemütlich werden und die Arbeit wird Freude bereiten. Hoffentlich bleib ich gesund.

d. 6.XI.

Hab mir heut von Tundanga[94] zum ersten Mal die Haare mit der Maschine schneiden lassen. Seh scheußlich aus so mit kahlem Kopf. Mag mich garnicht im Spiegel schaun.

Eine Strafexpedition unternahm ich heut bei strömenden Regen nach Alen. Die Überschwemmung ist etwas geringer geworden, doch bin ich sehr viel getragen worden.

Die Neger sind doch Tierquäler ersten Ranges. Ich sah heut zum ersten Mal, wie das Huhn zum Mittagessen getötet ward. Der Koch nahm es beim Kopf und wirbelte es wie einen Waldteufel ein pa[a]r Sekunden lang durch die Luft. Dann wurde es noch lebend gerupft. Erst jetzt, kurz vor dem Waschen, wurde ihm der Kopf abgeschnitten.

Ich friere heut so; ich glaub, ich bekomm Fieber.

„Nkolentangan" d.h. „Hügel der Weißen" ist unsere Station von den Nßälang-Einwohnern getauft, und von jetzt offiziell eingetragen worden. Sie liegt nämlich nicht auf einem Hügel.

[S. 47] Nkolendangan d. 7.XI.

War gestern den ganzen Tag so unwohl und fror so stark, daß ich dachte, ein Fieber wäre im Anzug, doch ist jetzt glücklicherweise alles vorbei.

Heut nacht war ich einmal aufgestanden und, weil mir dort etwas nicht richtig vorkam, auf die Veranda hinaus getreten. Nur im Hemd, aber mit Revolver. Es war nichts zu bemerken, aber nebelig wars, daß ich kaum 2 m weit sehen konnte. Jetzt, 6^h Morgens fängt das Nebelmeer an zu wallen und steigt allmälig [sic] auf. Ein wundervoller Anblick, wie so langsam alles klarer, die Landschaft immer tiefer wird. Die Hügel kommen erst gegen Mittag durch, es ist interessant zu sehen, wie die einzelnen Nebelschwaden über die Hügel hinübergeschoben werden.

Gestern wurden die Raupenkästen u.s.w. aufgestellt[,] auch die ersten Tiere angebracht, so daß es jetzt schon ganz naturwissenschaftlich hier ausschaut. Heute werd ich nun anfangen zu zeichnen und zu malen worauf ich mich sehr freue, wenn ich auch von letzterem noch nicht weiß, wie es werden wird. Heut wird endlich, endlich mein Anzug gewaschen, er klebt aber auch schon vor Dreck und riecht Übelkeit erregend, wie alle unreine Wäsche hier in dieser feuchten Hitze.

---

94 Gemeint ist „Ntuntanga", ein Mitarbeiter von Tessmann.

Der Photo-Apparat ist so verquollen, daß sich weder die Kassetten öffnen lassen, noch irgend ein Brett gegen das andere verschiebbar ist. Ich will ihn heut in die Sonne stellen, hoffentlich geht die Quellung zurück.

d. 8.XI.

Apparat ist wieder in Ordnung, hab soeben die erste Aufnahme gemacht; Fangs, die dem Phonographen zuhören.

Mehrere Raupen hab ich schon gezeichnet; die ersten wurden weniger, die dritte jedoch war meiner Ansicht nach schon gelungen und reproduktionswürdig. Herrn Teßmann gefällt sie nicht, er [S. 48] meint, ich soll noch eine probieren. Wenn auch die nichts werden sollte, sollte ich das Zeichnen lieber ganz lassen. ??? Jeder nach seiner Ansicht!

Gegen Abend noch eine Aufnahme vom Stationsgebäude gemacht und werde heut Nacht in der Dunkelkammer einige Stunden verleben dürfen, da sie am Tage nicht zu gebrauchen ist.

Es wäre zu gemein, wenn Herr Teßmann mich nicht mehr Zeichnen ließe, ich hab mich gerade darauf so sehr gefreut. Meine Zeichnungen werden doch brauchbar, wenn auch nicht künstlerisch ausgeführt, aber das kann Herr Teßmann doch auch für jährlich 1000 M nicht verlangen. Ein akademisch gebildeter Zeichner u. Maler wäre dafür nicht mitgegangen. Die Sache ist mir sehr ärgerlich.

d. 9.XI.

Hab Platten mit Müh und Not gehärtet und die photogr. Bäder hergestellt. Da Herr Lützen[95] Wa[a]ge und Flaschen mitzuschicken vergessen hat, konnte ich die Bromkali-Lösung nicht zurecht machen, weshalb ich nun hier keine guten Abzüge und selbst Negative werde bekommen können. Ebenso macht die Aufbewahrung der Bäder Schwierigkeiten.

Nachmittags hab ich eine Schwärmerraupe gezeichnet und halb fertig coloriert, wieder nicht zur Zufriedenheit Herrn Teßmanns. Was soll nur daraus werden?!

Täglich kommen jetzt Trupps von Fang, bringen Hühner, Eier, Ngon als Geschenke, auch Eidechsen u. dgl. und wollen dafür den Phonographen hören. Wir tun ihnen den Gefallen. Morgen ist nun endlich der erste richtige Sonntag! Aber heut kein richtiger Sonnabend Abend. Ich hab vorhin im Bimfille gebadet, mußte mich aber sehr beeilen, da ein Tornado im Anzuge war. Nach dem Bade hab ich mir vom boy noch zwei Sandflöhe aus dem linken Fuß operieren lassen. Die Neger können das aus großer Übung, sie selbst leiden sehr darunter, durchaus schmerzlos und schnell, obgleich es ziemlich

---

95 Der Fotograf Jens Lützen aus Berlin firmiert im Berliner Adreßbuch von 1907 als „Dozent a.d. Humboldt-Aka., Photogr. Lehransalt, W 50, Passauer Str. 13 pt. 9-7. Wohn. W 50 Nachodstr. 32 Gh. hpt" (ebd.: 1474).

tiefe Eiter[S. 49]höhlen im Fuß sind. Da die kleinen Schwellung[en] unter der großen Zehe nie schmerzten, hab ich sie nicht für Sandfloh-Weibchen gehalten und deshalb wenig beachtet. Heut nun beim Baden bemerkte mein boy sie und erbot sich sofort, sie zu entfernen. Dies ließ ich denn auch sehr gern sofort geschehen.

Wollte heut abend Abzüge der beiden Aufnahmen machen auf Velox-Papier, doch gelang keiner davon. Ich belichtete 40' Sek. bis 4 Min. Doch kam das Bild im Entwickler regelmäßig sofort tiefschwarz. Woran das liegen kann, weiß ich nicht; ich hab alles richtig gemacht. Ob es am Fehlen von Bromkali liegt? Es sind dies dieselben Erscheinungen, die ich schon einmal auf dem Kamerun mit Kapt. Zobel zusammen hatte.

Herr Teßmann denkt nun natürlich gleich, ich hätte Fehler gemacht, meint, die Platten sähen schon verdorben aus u.s.w. Dabei sind die Negative die denkbar besten; möglichst scharf und klar, überhaupt gut!

Sonntag, d. 10.XI.

Vormittags gezeichnet, da eine Raupe gestern nicht fertig geworden. Dann an Mama geschrieben, aber nicht fertig geworden. Am 20.XI gehen Leute nach Campo, um Post hinzubringen und für uns zu holen. Womöglich kommen meine Briefe erst im Februar in Berlin an; das wäre recht häßlich. Heut kam Bacon[96] von Alen, um bei Herrn Teßmann Abbitte für die Diebstähle zu leisten und seine Weiber einzulösen[97]. Er brachte aber zu wenig Ziegen und Hühner, weswegen wir nur zwei Weiber entließen. Mit 80 Mann kam Bacon angeturnt, welche, nachdem das Palaver erledigt war, dem Phonographen zuhörten und auch selbst hineinsangen.

Ich hab wieder Fieber, 38,6°. Will es diesmal genau registrieren.

[S. 50] d. 11.XI.

Fieber ganz vorbei. Temperatur unter normal; 35,5°. Kopfschmerzen. Vormittags mit Schok[98] zusammen einen Fischotter abgebalgt, dann Tonfixierbad filtriert mit wenig Papier und viel Geduld u. ohne Trichter. Großes langes Palaver gehabt mit Herrn Teßmann, wegen Mißverständnissen bei den Routenaufnahmen. Abzüge von den beiden ersten Aufnahmen gemacht. Die

---

96 Den Häuptling Bakon lernte Tessmann bereits im Juni 1906 kennen; siehe Tessmann, Mein Leben, Band 3: 72 (Archiv Völkerkundesammlung der Hansestadt Lübeck, T_Leben_3) bzw. Dinslage und Templin (Hg.) 2012: 389.

97 Der Kaufpreis einer Frau war sehr hoch. Alle gangbaren Tauschgegenstände wie u.a. Speere, Gewehre, Schafe, Tuch, Hüte und Perlen mussten darin enthalten sein. Er entsprach in etwa 750 Mark (Tessmann 1913, Band 2: 260). Insofern stellten Frauen für einen Fang-Mann ein großes Vermögen dar. Häuptlinge hatten zumeist viele Frauen (ebd.: 262).

98 Schok war ein Mitarbeiter von Tessmann. Er gehörte der Ethnie der Jaunde bzw. Ewondo (siehe Anmerkung 197) an.

erste, dem Phonographen zuhörende Fangs, ist stark überbelichtet, aber sehr scharf. Die Zweite, das Stationsgebäude, ist als Aufnahme fehlerfrei, doch sind auf der Copie wenig störende Flecken darauf. Eine Aufnahme von vier typischen Fang hab ich vorhin gemacht.[99] Darauf ist ein Essụ̈n, der Elephantenjäger, als schönster. Ratten haben wir jetzt auch schon im Haus; höchst unschön.

Abzüge darf man hier nicht machen, in den warmen Bädern und dem warmen und unreinen Waschwasser mißlingt alles. Die Schicht löst sich auf und geht ab.

Haben Abends noch sehr nette Phonogr. Aufnahmen gemacht. Temp. 9^h p. 36,8°.

d. 12.XI.

Den ganzen Tag starkes Fieber gehabt und zu Bett gelegen. Jetzt, Abends 9^h, ist es merkwürdiger Weise vorbei.

d. 13.XI.

Raupe gezeichnet und gemalt. Herr Teßmann nicht für gut befunden. Sagt, hätte keinen Zweck weiter zu machen, soll es aufgeben. Er selbst müßte sich natürlich nun Vorbehaltungen machen, inbetreff der Zeit, die ich hier bliebe. Auch mehr Gehalt kann er mir so nicht geben. – – –

Na dann hilfts eben nicht! Dann hinein in die Tretmühle der rein mechanischen Arbeit. Vielleicht, hoffentlich, kann ich ihm auf den Buschreisen etwas nutzen durch ethnographisches Sammeln.

Ich muß etwas schaffen, ich muß! Ich muß mir soviel verdienen um noch mit mindestens 1000 M. Vermögen schuldenfrei nach Hause kommen zu können.

Was soll das nur werden? Ich hoffe, meinen Eltern noch helfen zu können und [S. 51] mit soviel nach Hause zu kommen, um ein pa[a]r Jahre die Kunstschule besuchen zu können

Und nun? Wenn Herr Teßmann mich nach Haus schickt, sitz ich da; stellungslos, völlig mittellos und kann mich erschießen. Einen Revolver mit Patronen hab ich ja jetzt.

Ich hab Herrn Teßmann doch absichtlich vorgeredet, ich könnte das Verlangte leisten, im Bewußtsein meiner Unfähigkeit. Dies denkt Herr Teßmann jetzt jedenfalls. Ich war selbst in bestem Glauben an mich und freute mich so sehr auf diese Arbeiten. Und nun ists aus damit. Ich wundere mich nur, daß Herr Teßmann, den es auch sehr, sehr enttäuscht, so nett und liebenswürdig bleibt.

---

99 Dieses Foto ist im ersten Band von Tessmanns Fang-Monographie abgebildet (Tessmann 1913, Band 1: 5).

Das hätte ich nicht gedacht!

Sollte Marga[100] Recht behalten? Sie sagte, ich käme wohl nicht wieder.

Und doch bereue ich es nicht, mit hierher gegangen zu sein! Nein, nein! Auch wenn ich wirklich nicht wieder heimkehren sollte. Die Schönheit und Erhabenheit der Natur hier entschädigt mich für manches. –

Temperatur: Abends 6^h 36,9°. Starke Kopfschmerzen und Schüttelfröste.

Abends 7^h: Temp: 40°.

d. 14.XI.

Ganz schlaflose Nacht gehabt. Jetzt Morgens ½6^h noch 38° und Kopfschmerzen. Was soll das nur werden? Wenn das so weiter geht, werd ich wohl schon in den nächsten Monaten nach Hause fahren können. Und was dann?

d. 15. u. 16.XI.

Verhältnismäßig fieberfrei gewesen. Routen gegangen, photogr. Aufnahmen gemacht und Tätowierungen gezeichnet. Heut, d. 16. Abend kann ich wieder ein pa[a]r Stunden in der Dunkelkammer arbeiten. Das ist schrecklich; ich bin Abends immer so müde. Dann noch stundenlang vor dem Tisch stehen und Schalen schütteln und Platten untersuchen ist gar nicht angenehm. Und die Stunden, die ich von meiner freien Zeit dazu abgebe, rechnet [S. 52] Herr Teßmann nicht. Morgen ist glücklicherweise wieder mal Sonntag. Ich werde an Mutter schreiben.

Sonntag, d. 17.XI.

Noch immer kein echter Sonntag. Auch heut wieder Arbeit! Mehrere Stunden photogr. gearbeitet. Brief an Mama fertig gestellt.[101] Mehr nicht zur ersten Post! Hätt ich doch nur meine erste Post. Ich hab solche Angst vor Nachricht von Daheim. Was kann in der Zeit alles passiert sein. Hoffentlich ist alles gut in Ordnung.

Montag, d. 18.XI.

Hab Vormittags viel photogaphiert. Mehrere anthropologische Aufnahmen gemacht.

Jetzt sind hier Elefanten ganz in der Nähe, bei Eßamedudu. Essun will natürlich gleich hin. Bin neugierig, was wird. Möchte am liebsten selbst hin und schießen. Bin endlich ein pa[a]r Tage fieberfrei. Welche Wohltat, ohne Kopfschmerz zu sein. Bacon brachte heut etwas Honig. Schmeckt großartig; leider fehlen uns die Brödchen dazu. Nachmittags in Nßälang zwei Dorfidyllen aufgenommen. Phonographische Aufnahmen gemacht mit Herr[n]

100 Marga ist der Name von Jobelmanns Freundin in Berlin.

101 Siehe diesen Brief vom 17. November 1907 an Karoline Jobelmann auf S. 178-180.

Teßmann zusammen. Einen Weiberchor und ein Märchen, von einem Weibe erzählt.[102]

Der Weiberchor mußte, da er nicht laut genug singen konnte, in eine Hütte treten, die Tür wurde bis auf eine kleine Öffnung für den Phonographen-Trichter, verschlossen, und so mußte der Chor in den Trichter singen, d.h. brüllen. Diese Aufnahmen sin[d] doch immerhin recht schwierig.

½8^{h} Abends. Ein furchtbarer Tornado wütet zur Zeit. Minutenlang ists hell von Blitzen und donnert in einem fort. Dazu wolkenbruchartiger Regen. Herr Teßmanns Stube liegt gerade auf der Seite, woher der Regen kommt; nun regnet es durch sein Fenster hinein und auf sein Bett. Der arme Kerl. Und in dem Regen muß er nun um 9^{h} in das meteorologische Häuschen und zum Regenmesser laufen. Na, gut naß! Es ist also beschlossen, daß ich Mittwoch meine erste Buschreise antrete. Nach Malen [S. 53] gehts zuerst und von dort weiter zu den Omwang-Leuten[103], mit denen ich ein Palaver wegen zweier Elefanten-Zähne zu erledigen habe.

d. 19.XI.

Heut früh hab [ich] genäht. Ein Riß in der Hose geht garnicht zu reparieren; geht immer wieder auf, da sich die Webfäden auseinander ziehen. Will es morgen früh versuchen, indem ich ein Stück anderes Zeug unternähe. Vielleicht hält es dann länger. Auch meine Segeltuchschuhe hab ich notdürftig repariert. Freilich, sandflohdicht sind sie nicht mehr. Ein Loch in meinem Ponscho mußte ebenfalls ausgebessert werden. Ich bin sehr froh, dieses Stück mit in den Busch genommen zu haben; es hat mich vor manchem Regen geschützt. In Campo im Koffer würde es nur verschimmeln. Morgen früh tret ich nun meine erste selbständige Buschreise an. Die Mission ist verantwortungsvoll und nicht ganz ungefährlich. Mindestens zwei Tage werde ich unterwegs sein. Hoffentlich glückt es mir.

---

102 Diese Aufnahmen finden sich als Kopien der Walzen im Phonogramm-Archiv des Ethnologischen Museums Berlin unter „Tessmann Pangwe", sie wurden im Austausch von Lübeck nach Berlin gegeben (Brief von Margarete Schmidt, Lübeck, vom 13.2.1922 an das Phonogramm-Archiv, Berlin; ebd.). Vermutlich handelt es sich um Walze 5 („Chor von Weibern aus Nssälang, Alen und Beniale") und um Walze 6 („Märchen mit Gesang. Einleitung vorgetragen von einem Weibe").

103 Der Familienverband der Omwang, der ursprünglich zur Gruppe der Ntum (siehe Anmerkung 65) gehörte, rechnete sich nach Tessmanns Untersuchungen bereits 1908 zu den Fang, die damals von ihm als „Unterstamm" der Pangwe betrachtet wurde (Tessmann 1913, Band I: 48-49). Zum Siedlungsgebiet der Omwang siehe eine Karte bei Tessmann (ebd.: zwischen S. 48 und S. 49). Vgl. zu den Omwang bzw. Omvang auch Dugast 1949: 91-93, die diese Gruppe als Ethnie betrachtet.

Bei den Routenaufnahmen bin ich heut unglücklich gefallen und hab mir dabei einen dicken Schirmbaumdorn[104] 1½ cm tief in die rechte Hand gestoßen, wo er abbrach. Mit den Fingern konnte ich ihn zuerst garnicht herausziehen, erst mit den Zähnen gelang es mir, wobei aber die Borke und mehrere kleinere Splitter in der Wunde verblieben. Schnell rannte ich nach Hause, wo ich mir die Wunde, die schon zu schwellen angefangen hatte und heftig schmerzte, mit Sublimat[105] auswusch und die Holzpartikel entfernte. Danach wurde es besser, nur noch auf Druck reagierte die Stelle durch heftigen Schmerz.

d. 20.XI.

4^{h} Nachmittags. Bis jetzt ein ereignisreicher Tag. 8^{h} Morgens zog ich von Nkolentangan ab, zuerst bis Alen, von dort gings auf unbekannten Wegen nach Malen, einem Dorfe von 32 Häusern. In dem gleich dahinter liegenden Malen II, das nur 7 Häuser zählt, bekam ich ohne große Palaver den einen der bewußten Zähne ausgeliefert. Ein kleines Stück [S. 54] Elfenbein ists nur, das so gerade das Minimum der Ausfuhrgröße überschreitet. Deswegen allein hätte sich diese kleine Expedition nicht gelohnt. Darauf führte mich der Weg, wie vorher, durch dichten Urwald nach dem ziemlich großen Dorf Maane-Elún, dessen ganze Mannschaft uns mit Buschgewehren bewaffnet erwartete. Wie sie aber unsere Gewehre sahen, überlegten sie sich das Schießen noch. Wie ich von Ntundanga erfuhr, hatte anderes Buschvolk ihnen erzählt, ich wolle alle Hühner und Schafe wegfangen, deshalb wollten sie mich töten. Ein langes Palaver mußte ich machen, ehe sie beruhigt und, ihre Gewehre wegzulegen, zu bewegen waren. Bei der ganzen Sache, die verflucht ernst aussah, war mir garnicht ganz wohl und ich hatte die Hand mehr wie einmal am Revolver. Nachdem ich noch ein Huhn und einige Eier erreicht hatte, ging ich wieder durch Urwald mit endlosen Sümpfen, in denen ich wundervolle riesige Exemplare der Raphia-Palme, bis 12 m Umfang, sah, nach Anieschok. Von dort fast nur durch Raphia-Sumpf nach Bibbeï. Letzteres Dorf, wie die Alen-Leute behaupteten, der Weg nach Agonewä[106] führe über Bibbeï. In Wirklichkeit geht der Weg nach Agonewä weit vor Bibbeï im Ur-

---

104 Zum Schirmbaum (Musanga Smithii) ist im Deutschen Kolonial-Lexikon u.a. vermerkt: „Der Baum schießt im Kameruner Küstenwald auf Lichtungen in Menge auf und wird so zu einer Charakterpflanze des sekundären Waldes“ (Schnee [Hg.] 1920, Band III: 291). Tessmann berichtet, dass Ruhebänke aus vorläufigen Versammlungshäusern der Fang u.a. „aus längshalbierten Stämmchen des Schirmbaumes“ hergestellt worden waren (Tessmann 1913, Band 1: 66).

105 Sublimat (lat.) ist eine veraltete Bezeichnung für Quecksilber-II-chlorid, das als Desinfektionsmittel genutzt wird (Reuter 2004: 1800).

106 Tessmann schreibt in seinen Erinnerungen: Agonnewai (Tessmann, Mein Leben, Band 4: 34 (Archiv Völkerkundesammlung der Hansestadt Lübeck, T_Leben_4) bzw. Templin (Hg.) 2015: 92.

wald seitwärts ab. Hier in Bibbeï nun war einer meiner Träger ermüdet und sagte einem der dortigen Leute, er solle die Last tragen. Dieser wollte nicht und wurde frech. Da wurden meine Jungs und die Alen-Leute aber böse! Wie haben sie den Kerl verhauen! Mit Kaschegu und Holzpfählen haben sie ihn bearbeitet, daß er an mehreren Körperstellen aus leichten Hautwunden blutete. Da auch die anderen Bibbeï-Leute mit Buschgewehren und Spe[e]ren einzugreifen drohten, mußte ich auch hier mehrmals zu Gewehr und Revolver greifen, um wenigstens diese in Zaum zu halten. Den anderen Knäuel konnte ich doch nicht mehr lichten. Schließlich hatten sie dem Mann die Arme so am Oberkörper gefesselt[,] daß Arme, Brust- und Rückenmuskeln stark eingeschnitten wurden und schleiften ihn mit. Immer wieder warf er sich zu Erde und konnte erst durch [S. 55] Kascheguschläge, Fußtritte und Kolbenschläge seitens der Jungs zum Weitergehen bewegt werden. Ich wollte heut noch nach Agonewä, doch heißts jetzt, es sei noch sehr weit. So bleib ich hier in Bibbei zur Nacht, obwohl mir das der letzten Vorgänge an diesem Platz wegen nicht ganz ruhig erscheint. Hinterlistig sind die Neger ja, doch die Nacht scheuen sie zu sehr, um sie zu Tätlichkeiten zu benutzen.

Mein Gefangener sitz[t] unweit von mir gefesselt an der Erde. Ich hab seinen Dorf-Genossen sagen lassen, für 5 Hühner komme er frei. Bis jetzt ist kein Huhn eingetroffen. Wird es bis morgen nicht eingehalten, nehme ich ihn mit. Er wird dann natürlich teurer. Hoffentlich passiert heut Nacht nichts. Tagsüber weiß ich mir schon zu helfen und hab nicht Angst.

Auch ethnograph. Beute hab ich heute gemacht. Einen Fellgürtel mit einer Unzahl Anhängsel, wahrscheinlich Medizinen, und einem Schwert mit sehr hübsch verzierter Scheide. Weiter einige Schneckenkreisel, nicht aus Achatina[107], wie gewöhnlich, hergestellt, sondern einer anderen Gattung, meiner Vermutung nach Pupa[108]. Einen gut erhalte [sic]

d. 21.XI.

Soweit war ich gestern Abend mit Tagebuchschreiben gekommen, hatte schon Suppe gegessen und erwartete das ewige Huhn, da hörte ich vom anderen Bibbei her, aus dem der Gefangene stammte, großen Lärm und das näherkommende Geschrei von vielen Leuten. Gleichzeitig sah ich Bejen[109]

---

107 Die meisten Arten der Achatschnecke (Achatina) bevorzugen die Nähe des Wassers. Sie finden sich vor allem im tropischen Afrika und Amerika und haben dort zum Teil eine beachtliche Gehäusegröße (Brehms Thierleben 1878: 236-237).

108 Die relativ kleine Schneckenart „Pupa“ überschreitet eine Höhe von 25 mm nicht; zumeist beträgt ihre Höhe 10 bis 15 mm (Brehms Thierleben 1878: 238).

109 Tessmann schreibt in seinen Erinnerungen: Mbejen, Mbajen oder Mba-Jen. Er setzte diesen Mann als „Soldaten“ ein (Tessmann, Mein Leben, Band 4: 20, 46, 90, 118, 121, 125, 136, 146; Archiv Völkerkundesammlung der Hansestadt Lübeck, T_Leben_4) bzw. Templin (Hg.) 2015: 84, 97, 119, 133, 135, 137, 144, 149.

und Ntundanga mit ihren Gewehren dorthin laufen, und der Häuptling von Nßälang kam auf mich zu, zeigte auf mein Gewehr und den Revolver und bedeutete mir durch Zeichen, beides zu nehmen und zu kommen. Donnerwetter, das wird ernst, dachte ich und folgte ihm. Wie ich um die Ecke des Palaverhauses biege, sehe ich da schon die Omwang mit Buschgewehren auf mich zu kommen. Ich halte ihnen Gewehr und Revolver entgegen, worauf sie sofort seitwärts in den Busch laufen und von dort ein lebhaftes Feuer auf mich und die mir folgenden Alen-Leute eröffnen. Gleichzeitig höre ich rechts von mir Ntundangas Karabinerschüsse und einen Omwang verwundet [S. 56] aufschreien. Die Geschosse der Omwang sausten links und rechts an mir vorbei, ich hörte sie neben mir auf die Erde und in die Blätter einschlagen, eines streifte meine Hutkrempe, ein anderes verwundete einen neben mir stehenden Alen-Mann. Unter diesen Umständen feuerte nun auch ich auf gut Glück in den Busch dorthin, woher ich Schüsse fallen hörte, ohne einen Kerl sehen zu können. So gings einige Minuten. Ich hätte früher nie geglaubt, daß ich im wirklichen Ernstfall so ruhig bleiben würde. Schließlich zog ich mich ins Dorf zurück, hielt dem Gefangenen den Revolver unter die Nase und ließ ihm sagen, er solle sofort seinen Leuten das Schießen verbieten, oder ich würde ihn selbst töten. Er tat dies, und das Schießen wurde ruhiger, doch hörte es nicht ganz auf. Nun postierte ich die beiden Jungs in die dem Busch zugekehrten Hütten und hieß sie schießen, sowie ein Schuß von dort her fiel. Auf Treffer war, da von den Feinden keiner zu sehen war, natürlich nicht zu rechnen. So ging es noch ungefähr eine Viertelstunde lang, während welcher ich die Sachen aus dem Hause, in welchem ich schlafen wollte und aus der Küche holen und verpacken ließ. Die Alen-Leute und die Jungs wollten nämlich durchaus zurückgehen, während ich im Dorf übernachten wollte, da ich zu einem Nachtmarsche durch diese Sümpfe durchaus keine Lust hatte. Schließlich mußte ich mich aber den anderen fügen, ich konnte ja nicht allein bleiben, un[d] so zogen wir kurz nach 6^h, vor Eintritt der Dunkelheit ab. Die Makabocakes, die ich zum Abendbrot bekommen sollte waren, halbgar, auf der Pfanne in die Küchenkiste gepackt worden, ich rettete sie, indem ich sie mit der Hand abnahm und aufaß. Das halbgekochte Huhn nahm ich aus dem Kochtopf und aß es teils während des Schießens, teilweise auf dem folgenden Rückzuge. Den Gefangenen nahmen wir natürlich mit uns. Diesen nächtlichen Rückzug durch Urwald und Sumpf werd ich nie vergessen. Ohne mich, wie sonst, tragen zu lassen, ging ich selbst mit Schuhen und Strümpfen durch Flüsse und Sümpfe, oft bis an die Hüften im Wasser und bis zu den Knieen im zähen Morast. Im Walde stolperte ich oft über liegende Baumstämme und bin mehrmals hingefallen. [S. 57] Gesicht, Hände und Beine zerschunden und von Dornen zerrissen stolperte ich in der Dunkelheit vorwärts mehr tastend als sehend. Zuerst schien zwar der Mond, doch im Walde kann er nicht leuchten, das Blättergewirr läßt ihn nicht durch. Anies[ch]ok wurde heimlich, still und leise umgangen;

es beherbergt Omwang, und diese hätten auf uns geschossen. Durch Maane-Elun gings tapfer hindurch. Die Leute bildeten zwar wieder mit Gewehren Spalier, und auch aus mancher Hüttentür schaute eine Gewehr-Mündung hervor, doch als ich ihnen sagen ließ, ich wollte ihnen kein Palaver machen, fingen sie keinen Streit an. Ich wollte hier übernachten, doch die Alen-Leute und meine Jungs wollten durchaus weiter und ich konnte nichts ausrichten. Ebenso war es in dem schon schlafenden Malen. Bald dahinter brach auch noch ein Tornado mit wolkenbruchartigem Regen los. Nun wurde der Marsch erst schön. Stockdunkel der Wald, nur ab und zu durch Blitze erhellt, unten Sumpf, von oben furchtbare Mengen Wasser. In einigen Sekunden war ich bis auf die Haut durchnäßt. Einmal mußte ich über einen dicken Baum klettern, rutschte aus und fiel einige Meter tief ins Gebüsch. Ein Ast schlug mir ins Gesicht, wobei ich die Brille verlor, so daß ich nun garnichts mehr sehen konnte. Mich an meinem Vordermann festhaltend tastete ich weiter. Weiter gings in der Dunkelheit, gar kein Ende wollte der Marsch nehmen. Ich wurde immer müder; die Beine und Füße schmerzten mich und ich fror sehr in dem nassen Anzug bei dem kalten Winde. Endlich, endlich, es war gegen ½1^{h} Morgens kamen wir in Alen an. Die zurückgebliebenen Leute, Männer wie Weiber, erwarteten uns im Palaverhause. Nach Nkolentangan wollte ich nun in dieser Nacht nicht mehr, einesteils um Herrn Teßmann nicht unnütz aus dem Schlaf zu holen, andernteils weil der Weg durch viel Wasser und über schlechte Brücken führt. So schlief ich denn bis ½6^{h} Morgens in Alen. Ich ließ mir in einer Hütte mein Bett aufschlagen, wusch mich noch schnell, denn das war nach den Sümpfen sehr nötig, und schlief gleich fest ein. Um 7^{h} kam ich in Nkolentangan an, Herr Teßmann hatte schon davon gehört und erwartete mich. Schnell aß ich [S. 58] etwas Frühstück, ich war gewaltig hungrig, erzählte und legte mich dann zu Bett, wo ich bis Mittag schlief.

Ich hatte einen Marsch von 14 Stunden mit ganz kurzen Unterbrechungen und dem Gefechte dazwischen hinter mir. 14 Stunden auf diesen schlechten Wegen, das strengt an.

Das war also meine Feuertaufe. Glücklicherweise ist sie ohne ernstlichen Unfall vorübergegangen.

Nachmittags kam ein Bote der Omwang und sagte, ein Mann sei erschossen (von Ntundanga) und ob wir gegen 2 große Elefantenzähne den Gefangenen herausgäben und ihnen weiter kein Palaver machten. Das hat die Expedition also doch genützt, daß die Omwang jetzt Angst vor uns haben.

d. 22.XI.

Heut wieder lassen uns die Omwang sagen, sie wollten die Zähne doch nicht bringen, sie fürchteten uns nicht mehr. Auch Essun ist wiedergekommen. Die Omwang wollten ihn erschießen und haben ihn erfolglos verfolgt. Unter diesen Umständen werden wir doch noch einen Kriegszug gegen diese

Kerls unternehmen müssen. – Nachmittags schon wurde geübt im Gebrauch der Gewehre und im Zielen. Schön ists ja nicht, daß wir gegen Menschen ziehen auf Tod und Leben; aber es muß sein. Es ist Notwehr, Kampf ums Dasein! Tun wir es nicht, kommen uns die Omwang nächstens auf die Bude gerückt und das muß verhindert werden.

Ein sehr interessanter Schmetterlingszug ist heute hier zu beobachten. Seit Stunden ziehen weiße Schmetterlinge in dichtem Zuge zu Tausenden am Hause vorbei, alle in derselben Richtung.

Eine schöne Papaya (Melone) brachte ich heute mit. Sie hat zum Mittagessen wundervoll geschmeckt. Auch schönen Wabenhonig haben wir, von Alen-Leuten gebracht. Er schmeckt so schön würzig, doch kann man nicht viel auf einmal essen, da er sehr am Gaumen beißt.

Vielleicht ziehen wir heut Abend schon gegen die Omwang.

Eine Stunde später: Heut Abend 11^h gehts los gegen die Omwang, um Bibbei morgen bei Tages[S. 59]anbruch zu erreichen und zu züchtigen. Wie wird es ablaufen? Hoffentlich gut. Es ist traurig, aber nötig; sonst geht unser Ansehen bei den anderen Leuten flöten und wir sind hier unmöglich und können täglich einen Überfall fürchten. Dies aber darf nicht sein. Die Leute müssen Angst vor uns haben, anders ist nicht mit ihnen zu verkehren. Das ist nun einmal so, und wir müssen danach handeln, sosehr sich das gebildete Europäer-Gefühl dagegen sträubt.

Hoffentlich kommen wir morgen alle gesund nach Hause.

Abends 6^h. Heut Abend geht es noch nicht los. Wir wollen erst Nachricht der Omwang abwarten. Haben ihnen 1 Patrone als Zeichen der Kriegserklärung gesandt.

d. 23.XI.

Die Omwang sandten heut die beiden Zähne, da diese doch zu klein sind, als daß sie ausgeführt werden dürften, haben wir sie nicht angenommen, sondern den Omwang zurückgesandt und ihnen sagen lassen, sie sollen morgen selbst kommen und Abbitte leisten, außerdem 15 Schafe und Ziegen und 30 Hühner Kriegsentschädigung zahlen. Kommen sie nun morgen nicht, müssen wir doch noch gegen sie ziehen.

Hab Abzüge gemacht von Aufnahmen von neulich. Eine Platte wieder ganz verdorben. Die Schicht ist im Wasser nach dem Fixieren halb abgegangen. Schade, die Aufnahme, ein Dorfidyll aus Nßälang, war so gut geworden.

Beobachtete in nächster Nähe der Station einen ca. 10 m breiten Zug von Treiber-Ameisen. Zu Millionen und Aber-Millionen wanderten diese Tiere vorbei. Alle in geordneten Zügen. In der Mitte die Arbeiter und an den Seiten die Soldaten mit ihren riesigen zangenbewehrten Köpfen. Einen Carabiden[110], den ich hineinwarf, fraßen sie sofort vollständig auf. Wie gelähmt blieb er in Mitten der Ameisen stehen, während diese von allen Seiten ihn überfielen und an ihm hochkletterten. Ich denke mir, daß die Ameisen die Käfer durch Bisse in die Beingelenke lähmen und zwar durch die [S. 60] Ameisensäure, die sie durch die Bisse in die Wunde einführen. Vor diesen Tierchen muß selbst der Mensch fliehen, der sonst kein Tier fürchtet. Ameisenbisse sind etwas sehr Unangenehmes, wenn auch nicht anhaltend schädliches.

Sonntag, d. 24.XI.

Heut laß ich mir von Ntundanga Taschen für den Revolver und für Gewehrpatronen aus Affenfellen machen. Er sitzt mir gegenüber am Tisch und näht sie nach meinen Angaben. Die nur getrockneten Felle riechen eklig, und infolgedessen schwirren eine Unzahl Fliegen um diesen Platz.

In einem fort kommen Leute und wollen den Phonographen hören, wofür sie Eier bringen. Frisch sind diese in den seltensten Fällen. Die meisten wurden zurückgegeben.

Wir haben nun selbst über 50 Hühner und essen doch seltener Eier als in Deutschland.

Sonntags bekommen wir immer vielen Besuch aus der Umgegend. Die Häuptlinge der umliegenden Dörfer, die von unsern Jungs erfahren haben, daß nur an diesem Tage der Phonograph viel spielt, kommen, sitzen hier herum, unterhalten sich und hören und gucken uns zu.

Jetzt hab ich einigen von den Jungs mal Nadel und Faden geschenkt, um ihre zerrissenen Kleider zu nähen, nun kommen sie alle und wollen Nadeln geschenkt haben. Ntundanga wollte mir gestern sogar für eine Sicherheitsnadel ein anscheinend frisches Ei geben. Das hört jetzt aber auf; so billig bin ich nicht mehr. Die Jungs können wohl mal mit meiner Nadel nähen, auch Faden will ich ihnen gerne geben, aber die Nadel geschenkt bekommen sie nicht mehr; soviel hab ich selbst nicht.

Zur Zeit findet wieder große Schießübung statt. Wenn die Omwang heut nicht kommen, müssen wir in nächster Nacht gegen Bibbeï aufbrechen. Wir sind jetzt allgemein im Kriegszustand, da unter solchen Umständen von allen Seiten Feindseligkeiten zu fürchten sind.

½2^{h} Nachmittags. Die Omwang waren hier, haben vernünftig geredet und als Anfang 4 Ziegen und 7 Hühner gebracht. Das Palaver ist also erledigt.

---

110 Der mit gut entwickelten Beinen ausgestattete Laufkäfer (Carabidae) gehört zu den über 40.000 Arten der so genannten Adephaga (Westheide und Rieger [Hg.] 2013: 651, 696).

Ich lese jetzt fast täglich in Benz[S. 61]manns[111] moderner Lyrik[112]. Das gibt mir jetzt immer etwas Anregung, auch ein wenig an Anderes zu denken. Auch Reuter lese ich; merkwürdiger Weise verstehe [ich] alles. Das hätt ich garnicht gedacht.

9h Abends. Hab soeben mit Herrn Teßmann zusammen Sterne beobachtet, dabei zum ersten Mal das südliche Kreuz gesehen. Es ist ein wundervoller Sternenhimmel hier. Wie das funkelt und gleißt. Man glaubt alles viel deutlicher zu sehen als in Deutschland. So wie dort nur in den schönsten Winternächten.

Ich glaub, ich werd mich, wenn ich von dieser Expedition gesund heim kehre, doch noch nach Amani[113] in Deutsch Ost-Afrika melden. Ich hab so alles Mögliche überdacht und bin bis jetzt zu dem Entschluß gekommen. Doch hängt ja schließlich alles noch von mir unbekannten Verhältnissen ab. Wer doch in die Zukunft blicken könnte. Was wird sie mir bringen?

d. 26.XI.

Herr Teßmann und ich haben gestern wieder einen tüchtigen Marsch von im Ganzen 14 Stunden [gemacht]. Morgens ½7 gingen wir los über Alen, Mabungo nach Agonnenai, wo uns die Leute wieder nicht durchlassen wollten und großes Palaver machten. Einige hatten bei unserm Kommen große dornenbewachsene Knüppel vom Schirmbaum gehauen, um uns damit zu erschlagen. Wie wir in das Dorf einzogen, wurden jedoch sie schnell mit den Gewehren zusammen versteckt. Nach langen Redereien zogen wir weiter nach Majungo, wo wir mit dem Häuptling ein Hühnchen zu pflücken hatten. Dieser hat nämlich ein von uns gesandtes Buch[114] zerrissen und ein Etikett einer alten Konservenbüchse als Antwort zurückgeschickt. Solche Frechheit durfte nicht ungestraft bleiben, und so zogen wir denn mit unserer gesam-

---

111 Der studierte Rechts- und Staatswissenschaftler Hans Benzmann (1869-1926) war zudem Lyriker und publizierte u.a. Balladen- und Liedersammlungen (Killy [Hg.] 1995a: 433).

112 1904 erschien das von Hans Benzmann herausgegebene Buch „Moderne deutsche Lyrik" in Leipzig. Eine Rezension dieses Werkes von Ernst Kreowski findet sich in „Die Neue Zeit", Wochenschrift der Deutschen Sozialdemokraten, 1904, Heft 32: 191-192.

113 Das Kaiserlich Biologisch-Landwirtschaftliche Institut Amani war 1902 in den Usambara-Bergen gegründet worden. Es war ein Forschungsinstitut mit botanischen, chemischen und zoologischen Laboratorium (Schnee [Hg.] 1920, Band I: 38). Vorläufer dieser Station war eine 1896 bei Kwai angelegte Versuchsstation, die untersuchen sollte, ob diese Region für Ackerbau und Viehzucht geeignet sei (Fitzner 2013: 235).

114 So genannte Häuptlingsbücher waren Kennzeichen formaler Verpflichtungen auf einen Stationsleiter oder das Gouvernement. Als Zeichen einer Allianz wurden sie von Häuptlingen für Einfluss und Prestige gegenüber anderen Gruppen genutzt (Hoffmann 2007: 352). Laut Tessmann war ein „Buch" auch eine schriftliche Bestätigung der friedlichen Gesinnung (Tessmann, König im weissen Fleck, Manuskript 1940: 139 [Archiv Völkerkundesammlung der Hansestadt Lübeck, T_König]).

ten Macht hin. Mit Bezahlung einiger Ziegen, Enten und Hühner sowie etlicher Ethnographika war die Sache erledigt. Zwei Einwohner des Dorfes, die noch persönlich frech wurden, wurden als Gefangene mitgenommen und [S. 62] müssen nun bei uns arbeiten, bis sie eingelöst werden. Von dort gings nach dem uns befreundeten Nkan. Der Weg sollte kurz sein, doch nahm der Urwald kein Ende. Endlich, nach 3stündigem scharfen Marsch kamen wir an. 6^h, die Dunkelheit trat ein. Im Dunkeln gings nach Mabungo und weiter über endlose überbrückte Sümpfe nach Alen und nach Hause. 9^h kamen wir zu Hause an. Hatten seit morgens 6^h nichts gegessen und nur unterwegs aus Bächen getrunken. ½10^h konnten wir unsern Heißhunger an einem desto reichlicherem Abendbrot stillen.

Sogar heut Vormittag hat Herr Teßmann Champagner spendiert in Erinnerung an die gestrigen Strapazen. Dazu gabs Cakes mit Honig.

Der Häuptling von Makonanam kam heut mit einem sehr hübschen Reformkleid[115] angetan zu uns. Woher er das wohl hat.

Soeben ist wieder ein toller Tornado losgebrochen. Ich bin, da es eben 2^h war, noch schnell zum Wetterhäuschen gegangen, um zu beobachten. Da es schon in Strömen regnete, rannte ich die 30 Schritt, kam aber ganz erschöpft und außer Atem wieder im Hause an. Es ist garnicht schön, wie kachektisch [= hinfällig] mich die Malaria schon gemacht hat. Ich merkte das schon neulich beim Turnen. Die kleinste Anstrengung bringt mich außer Atem.

8^h Abends. Hu, ist das heut Abend kalt. Wärmen kann man sich auch nicht. Und eine ganze Stunde muß ich noch aufbleiben; muß um 9^h noch das Wetter beobachten. Gegen Abend hab ich noch den großen Götzen gezeichnet, den die Omwang aus Malen auf mein Verlangen geschickt haben. Die Zeichnung will Herr Teßmann nach Lübeck an das Museum schicken und anfragen, ob wir ihn mitbringen sollen. Der Götze ist ein schweres Ding, aus einem dicken Baumstamm geschnitzt und übermanns hoch. Der fast 75 cm lange Kopf [S. 63] hat wie der Janus-Kopf 2 Gesichter. Die Figur war der mittlere Stützbalken im Palaverhaus zu Malen. Ich möcht ihn bei Gelegenheit auch für mich noch einmal zeichnen.

d. 27.XI.

Hab den Götzen zu Ende gezeichnet. Herrn Teßmann hat die Zeichnung sehr gefallen (endlich), und so soll ich denn jetzt alle gesammelten Ethno-

---

115 Das schlichte, locker fallende, den Körper nicht einengende so genannte Reformkleid, das bereits in den achtziger Jahren des 19. Jahrhundert von Ärzten, dann von der Frauenbewegung propagiert wurde, ersetzte nach und nach das wenig Bewegungsfreiheit lassende übliche Gewand. Zur Geschichte der Reformkleidbewegung in Deutschland siehe die Dissertation von Stamm 1976. – Wahrscheinlich hält Jobelmann den Boubou, das weit ausladende afrikanische Gewand West- und Zentralafrikas, für ein Reformkleid. Zum Boubou siehe u.a. Gardi 2000.

graphika und auch solche, die ich in Dörfern nicht erwerben kann, zeichnen. Auch photogr. Aufnahmen hab ich gemacht, typische Ansichten von Erdnuß- und Mais-Farm. Die Flurkarte wird auch allmählich richtig und fertig. Nächste Woche wird Herr Teßmann nun wohl auf Reisen gehen. Dann bin ich allein auf Nkolentangan.

28.XI.

Vormittags hab ich Routenaufnahmen gemacht für die Flurkarte. Auf dem Heimwege bin ich beim Papaya-Baum eingekehrt und hab eine schöne reife Melone gegessen. Ich war so durstig! Schon in Alen; ich ließ mir dort eine Kalabasse Wasser geben, schauderte aber zurück als ich das Wasser sah und roch. Ich mußte meinen Durst schon bis zu Hause überwinden, und das über eine Stunde. Die Melone kam mir dann hilfsbereit entgegen. Unterwegs machte ich folgende Beobachtung: Ein kleiner Vogel in Finkengröße verfolgte einen viel, viel größeren Adler. Der Kleine flog immer unter dem Adler und piepste wahrscheinlich sehr ängstlich und biß mehrmals nach dem Großen, was diesen sehr zu stören schien. Ob der Adler etwas in den Krallen hatte, konnte ich nicht sehen.

d. 29.XI.

hab ich eine Farm aufgenommen und Nachmittags gezeichnet. Abends bekam ich Kopfschmerzen und Schüttelfröste, weshalb ich bald zu Bett ging.

d. 30.XI.

Heut früh ist Herr Teßmann auf Wanderung gegangen. Zu tun hab ich jetzt sehr viel, da ich neben dem täglichen Einkaufen von Käfern, Schmetterlingen, Reptilien, Fischen u.s.w. auch noch meine Routenaufnahmen und Zeichnun[S. 64]gen zu erledigen habe. Auch heut hab ich heftige Kopfschmerzen und schwaches Fieber, trotzdem ich gestern Chinin genommen habe. Was das ist, daß bei Chinin so gar nicht helfen will, weiß ich nicht!

Donnerstag nachmittag hatten wir eine sehr hübsche Überraschung. Ich saß gerade an meinem Tisch und machte Entwickler zurecht, da sah ich auf und sah von Nßälang her Herrn Richter aus Akam ankommen. Auch Herr Teßmann war sehr erfreut, als ich ihm das sagte. Wir gingen Herrn Richter nun entgegen und hießen ihn willkommen.

Das wurde ein sehr vergnügter Abend! Vor Allem wollte Herr Richter natürlich den Phonographen hören. So etwas ist in dieser Gegend ja auch eine sehr große Seltenheit. Wir fragten ihn, ob er schon Post bekommen hätte; er bejahte diese Frage, doch hatte er nur Briefe und keine Zeitungen bekommen. So konnten wir nicht Neues aus Deutschland von ihm erfahren. Wie kann nur ein Mann hier so von aller Kultur abgeschlossen ohne Zeitungen auskommen! Das verstehe ich einfach nicht!

Bei unserm besonders feierlichen Abendessen begab es sich, daß Schok, der servierte, Herrn Richter, der schon fertig war, den Knochenteller vorhielt. Schok dachte, Herr Richter wollte Hühnerknochen ablegen. „Danke ich mag nicht von dem Gericht, ich bin vollkommen gesättigt"! Allseitiges Gelächter. Auch Schok lachte, als er merkte, was er angerichtet hatte.

Nach dem Essen tanzten Herr Richter und Herr Teßmann. Das sah höchst komisch aus. Herr Richter in Schlafhosen und Hemd und Herr Teßmann in Khaki. Abends gab[s] Kaffee mit Cakes. Zum Essen Rotwein und dazwischen Champagner. Von all diesem kam es, daß Herr Richter und ich die ganze Nacht nicht schlafen konnten. Wir lagen in unsern Betten und unterhielten uns sehr interessant. Über Kunst und Künstler, über die Sicherheit jetzt, die Unsicherheit hier unter den Fang, und vieles Andere. Endlich, gegen 3^h Morgens fanden wir Schlaf, doch ich [S. 65] recht unruhigen. Den anderen Morgen stand ich wie gewöhnlich ½6^h auf, recht müde von der halbdurchwachten und von Scharen von Moskitos gestörten Nacht. Diese Moskitos sind eine recht unangenehme Plage. In einem fort summen und brummen sie und immerfort muß man nach ihnen schlagen, will man nicht arg zerstochen werden und der Malaria-Ansteckung ausgesetzt sein. Schläft man ein, stechen sie natürlich doch ungestört. Am Vormittag des nächsten Tages marschierte Herr Richter wieder ab, und ging auf die Gummisuche.

Wir gelten hier zu Lande für den Gouverneur. Das kommt wohl davon, daß wir offensichtlich keine Händler sind, aber auch unsere immer uniformähnliche Kleidung, und die immer in Khaki und roten Mützen mit Karabiner erscheinenden Soldaten und Jungs tragen sehr viel dazu bei.

Heut konnte ich aber auch garnicht arbeiten. Immerzu kamen Jungs mit Fischen und anderen Tieren. Ich muß dann sogleich den Eingeborenen Namen und den Fundort feststellen, dies dauert, da ich nicht Fang kann, ziemlich lange, und die Viecher konservieren, was auch meistens schwierig und langwierig ist. So bin ich denn halt recht wenig zum Zeichnen gekommen. – Es ist schändlich, ich muß jetzt fast täglich bis 9^h Abends durcharbeiten. Erst in der Dunkelkammer und dann in der meteorologischen Hütte. Da bin ich halt meist recht müde, aber das hilft nichts; es muß sein.

Recht ländlich kommts mir hier oft vor; besonders wenn ich die Augen schließe. Diese wunderbare Ruhe der Natur und das Hühnergegacker und Hahnengeschrei erinnert mich meist an Barth[116]. Wann werd ich dort wohl wieder einmal hinkönnen?

116 Barth an der Ostsee war der Wohnort seines Großvaters Louis Douzette.

Sonntag, d. 1.XII.07.

Es ist zu merkwürdig mit mir; gestern noch hatte ich fast 39° Fieber und heut hab ich 35°, also weit unter normal. Das ist [S. 66] bei mir schon öfter so gewesen. Ich kann mir diese Erscheinung garnicht erklären.

Heut ist nun schon der erste Dezember. Bald ist Weihnachten, und in Deutschland wirds schon kalt.

d. 2.XII.

Heut Vormittag hab ich eine Erdnuß- und Maisfarm fast ganz aufgenommen. Es ist sehr schwer und langwierig, teilweise auch langweilig, solche Farm mit all ihren Grenzen und Grenzchen abzuschreiten. Jede Grenze muß auf Richtung un[d] Meterzahl hin abgegangen werden. Und es sin[d] ihrer so viele in einer großen Farm. Eine Erdnußpflanzung der Fang ist von allen Seiten von der Maispflanzung umgeben, diese grenzt an den Busch. In einer solchen Pflanzung nun hat jeder Mann im Dorfe sein Stückchen Land, das von dem anderer abgegrenzt ist. In der Erdnußfarm bestehen die Grenzen aus einreihig gepflanztem Mais, sind also, sobald der Mais hoch ist, gut zu erkennen. Im Mais bilden hingelegte Baumstämme, Äste und Zweige, manchmal auch eine Reihe Baumstümpfe die Grenzen zwischen dem Eigentum einzelner Leute. Diese Grenzen sind sehr schwer, manchmal garnicht zu erkennen, besonders zur Zeit der Blüte und der Ernte. Sie sind von Unkraut überwuchert und mit anderem herumliegenden Gestrüpp zu verwechseln. Dann gehen sie so kreuz und quer durcheinander, daß ich oft den Ausgangspunkt nicht wiedergefunden habe und noch einmal von vorne anfangen durfte. In die Karte eingetragen sehen die Farmen nachher sehr hübsch und übersichtlich aus; welche Arbeit aber dahinter steckt, sieht man nicht, wenn man sie nicht kennt.

Auch photogr. Aufnahmen hab ich heut gemacht. Den Pflaumenbaum in Nßälang I, die Brücke über den Bimfille bei Bienemajong[117] und ein Stück eines alten Bananenhaines bei Alen. Die beiden Fang-Jungs, Abüscho und Ondo[118], die mir Apparat und Stativ trugen, sind bei allen drei Aufnahmen mitgenommen. Ich will dies von jetzt an immer machen. Es [S. 67] zeigt bei solchen Vegetationsaufnahmen die Größenverhältnisse besser.

Einen Ersatz für den fortgelaufenen Ntundanga hab ich heut gefunden in einem Niggerjungen aus Komakak. Er kam zu mir und bot sich zur Arbeit an. Da er englisch spricht, hab ich ihn gleich genommen, solche Leute kann ich hier gebrauchen. Ngoas Englisch ist mir so wie so unverständlich und ich

---

117 Jobelmann meint „Biänemayong".

118 Zwei Abbildungen, die Ondo zeigen, der dem Familienverband der Omwang (siehe Anmerkung 103) angehört und aus Angónneuai stammt, finden sich in Tessmanns Fang-Monographie (Tessmann 1913, Band 1: 11).

hab ihm schon gesagt, er soll lieber „Seife“ sagen als „schof“ für „soap“ oder „Löffel“ als „schfun“ für „spun“ und dergleichen.

Den neuen Jungen, Mbǎ, will [ich] mir etwas zum photogr. Gehülfen abrichten; wenigstens soll er mir den Apparat fertig aufstellen können.

z.Z. ist wieder ein tolles Gewitter im Gange. Die Fang haben gar keine Angst davor. Sie sind es halt gewohnt, da es um diese Jahreszeit fast täglich gewittert und eigentlich nie einschlägt; d.h. in die Dörfer. Im Urwald wird wohl mancher Baumriese den Gewittern und Tornados zum Opfer fallen.

Heut hab ich hier, krafft [sic] meines Rufes als Gouverneur, ein Palaver erledigt, wofür mir auch, sogar vorher schon, ein Schaf überreicht wurde. Worum es sich eigentlich handelte, ist mir noch nicht ganz klar, ist ja auch gleichgiltig, jedenfalls handelte es sich wie immer um ein Weib. Ich kriegte schließlich heraus, daß ein Mann aus Mabungo an Leute der Familie Omwang Bezahlung herauszugeben hatte, aber nicht wollte. – – – – – –

Donnerwetter, der Blitz eben hat ganz in der Nähe eingeschlagen. Da, schon wieder! Einen ziemlich starken elektrischen Schlag erhielt ich. – – Das hört garnicht auf, dies war schon der vierte. Die ganze Gegend ist hell und so knallende Donner, daß ich ordentlich schon vor dem nächsten bange.

Hier in Nkolentangan wird es nicht einschlagen, in der nächsten Umgebung ist zu viel Wasser und Wald[,] auch haben wir auf dem Stationsplatz einen riesig hohen alten [S. 68] abgestorbenen Baum als Blitzableiter stehen lassen. Wenn es aber in diesen einschlägt und er fällt hier herüber, kann er leicht aufs Haus fallen und das Dach einschlagen.

Und in diesem Wetter muß ich nachher um 9^h hinüber zur meteorologischen Hütte und beobachten!

d. 3.XII.

Gestern Abend ist mir das furchtbare Gewitter dazwischen gekommen, so daß ich nicht fertig schreiben konnte.

Diesen Mann also, der nicht bezahlen wollte, behielt ich hier in Nkolentangan bis ein anderer die Bezahlung für ihn geholt hatte, wonach das Palaver erledigt war, und beide Parteien mehr oder weniger befriedigt abzogen. Die Bezahlung bestand in 100 Stücken des sog. Buschgeldes und 4 Gewehren.

Das sog. Buschgeld besteht aus handgroßen Eisenplatten in Speerspitzenform, von denen jede den Kurswert eines Pfennigs besitzt.

Von zweien der Platten, die ich gestern entwickelte, ist im Wasserbade die Schicht abgegangen. Es waren so gute Aufnahmen! Und so etwas nennt sich Tropen-Emulsion! Hab heut neue Aufnahmen gemacht.

Mein schönes Abendbrot, auf das ich mich immer so freue, ist mir heut verdorben worden. Das Huhn mit Sauce oder besser Beiguß war mit Petroleum versetzt und schmeckte ekelhaft. Und dabei kann ich den Koch nicht einmal ordentlich anschnauzen, so viel Englisch kann ich noch nicht. Ich habs ihn schließlich zu[r] Strafe selbst essen lassen, doch scheints ihm sehr gut geschmeckt zu haben.

Ich hab in den letzten Tagen täglich ein[e] Melone zu Mittag gegessen. Teils meines etwas verhobenen Magens wegen, die Papaya ist sehr Pepsinhaltig, teils weil täglich eine reif war, und sie mir zum verkommen lassen zu schade sind. Die gute Wirkung auf den Magen hab ich verspürt. [S. 69] Auch Fische hab ich in letzter Zeit mehrfach gegessen; Hechte und Welse, beide in Ngon gekocht, schmecken ausgezeichnet.

Manchmal sehne ich mich so recht nach einem tüchtigen Butterbrot mit Wurst oder Käse, besonders wenn ich im Reuter von solchen lese. Dort kommt öfter so etwas vor.

Ntundanga sollte heut wiederkommen, hat es aber natürlich unterlassen. Der Kerl hat mir auch noch ein Paar Socken gestohlen, dieser ....!

d. 4.XII.

Herr Teßmann ist heute mit vielen Ethnographika beladen zurückgekehrt. Ich hab gezeichnet. Der von mir zeichnerisch zusammengestellte Zettelkatalogum wird sehr hübsch. Fast wird es mir leid tun, ihn später abgeben zu müssen.

Herr Teßmann ist nun auch seine zweite Uhr entzwei gegangen. Meine ist z.Z. die einzige auf Nkolentangan. Ich hab sie Herrn Teßmann gegeben. Hoffentlich geht sie nun nicht auch noch entzwei. Eine müssen wir der meteorologischen Untersuchungen wegen haben.

d. 6.XII.

Gestern und heut Abzüge und Routenaufnahmen gemacht und gezeichnet. Die Aufnahme von Ngon-Farmen ist furchtbar anstrengend; immer die [sic] Klettern und Springen über Bäume, Äste und Zweige. Dabei soll man die Grenzen in Metern abmessen oder möglichst genau schätzen. Im Urwald ist heut ein[e] morsche Baumbrücke unter mir zusammengebrochen. Hätte ich mich nicht an einer Liane festgehalten, wäre ich in den Fluß gefallen und jedenfalls ertrunken. Ich will jetzt nicht mehr ohne boy so weit fortgehen. Es kann mir unterwegs irgend etwas passieren, ich kann unglücklich fallen oder irgend etwas anderes, und ich liege dann auf dem Wege und keiner weiß etwas, denn die Wege werden recht wenig begangen.

Die Omwang haben noch immer nicht be[S. 70]zahlt. Herr Teßmann schickte ihnen heute wieder die Patrone und ließ ihnen sagen, wir kämen, wenn sie in zwei Tagen nicht bezahlt hätten.

Dann wird es wohl doch noch zu einem Kriegszuge kommen. Hoffentlich läuft alles gut ab. Ich werde in letzter Zeit immer von solchem Angstgefühl beherrscht, auch Nachts schrecke ich vom kleinsten Geräusch auf. Auch vor der nächsten Post hab ich Angst; ich fürchte, sie wird mir schlechte Nachricht bringen; ich hab solche Ahnung. Ob all dieses von meiner zunehmenden Nervosität kommt? Ich fürchte.

d. 7.XII.

Heut Abend 10^h gehts also los gegen die Omwang. Nachtmarsch, dann Morgens 5^h Angriff auf Be̍bai. Patronen und eiserne Ration, Schokolade und Wasser, sind schon ausgegeben.

Es muß sein, wir müssen unser Ansehen wahren, wenn wir noch längere Zeit hier bleiben wollen! Es geht nicht anders. Hoffentlich geht alles gut ab. Um den schönen Sonntag, der mir nun wieder verloren geht, tut es mir leid. Er ist hier wirklich der einzige Tag in der Woche, an dem ich ein wenig zu mir selbst komme.

d. 9.XII.

Das war ein toller Tag gestern. Sonnabend Abend um 9^h zogen wir bei Fackelschein ab und marschierten die ganze Nacht durch Urwald, Busch und Sümpfe. Lautlos glitt die Schlange unserer Karawane durch die Dörfer. Kein Mensch sollte uns bemerken. Auch die Fackeln wurden hier gelöscht. Vor Maane-Elun hörten wir im Dorfe Sprechen und schickten deshalb eine Schleichpatroullie aus, ob der Durchzug sicher sei. Bald kam die bejahende Nachricht zurück und mit doppelter Vorsicht zogen wir weiter. In etlichen Hütten wurde an den Türen gerüttelt, doch scheint uns niemand bemerkt zu haben. Es ist nur gut, daß die Hunde hier in den Häusern schlafen, sonst wäre so etwas garnicht möglich. Mehrmals mußten wir, die wir die Spitze der Karawane bildeten, halt machen, um die anderen nachkommen zu lassen. Herr Teßmann schlief bei diesen Gelegenheiten mehrmals ein, sodaß ich Mühe [S. 71] hatte, ihn zu wecken. Ich selbst wurde merkwürdiger Weise garnicht müde. Um ½7^h Morgens kamen wir vor Be̍bai an und eröffneten sofort ein Feuer auf das Dorf, bei dem auch mehrere Omwang fielen. Die anderen flüchteten, einige mit Gewehren, in den Busch. Da Be̍bai aus drei größeren Dörfern besteht, konnten wir natürlich nicht alles Gebiet mit den Gewehren bestreichen und dadurch nicht hindern, daß die Leute aus dem dritten Dorfe sich ihre Gewehre holen konnten. Wie die Leute also fortliefen, stürmten wir nach und machten im zweiten Dorfe halt. Plötzlich wendet sich Ngoa nach links und schießt in eine Hütte, woher gleich darauf groß Geschrei ertönt. Wie wir zuschaun, ists einer von unsern Leuten, ein schwarzer Händler, der sich uns angeschlossen hatte. Er war vorgelaufen und in die Hütte gegangen, um zu plündern. Ngoa hatte ihn in der Dunkelheit der Hütte nicht erkannt und ihn für einen Omwang gehalten. Dieser Vorfall ist nun sehr bedauerlich, aber doch nur Schuld des Verwundeten selbst. Das Geschoß ist ihm durch die rechte Brust gegangen. Wir plünderten nun das Dorf auf Ethnographika hin und steckten die Häuser an. Es herrschte ein[e] furchtbare Hitze in dem brennenden Dorfe, ich wollte einen geschnitzten Schemel, der in Mitten der Dorfstraße stand holen, doch konnte ich nicht so weit kommen, so heiß war es dort. In einem Palaverhaus lag der Tote, den Ntundanga bei unserm ersten Gefecht erschossen hat auf einer Bank aufgebahrt; ganz aufgedunsen und steif von Gasen und ganz unbedeckt, nur ein grüner Zeugstreifen lag ihm über den Leib. Die Omwang schossen mehrmals vom Busch aus auf uns, doch ohne zu treffen. Um ½8^{h} zogen wir wieder ab. Der Rückmarsch ging mit dem in einer schnell gemachten Hängematte liegenden Verwundeten und den mit der Beute beladenen Jungs ziemlich langsam. An einer Stelle wurde plötzlich von links ein ziemlich heftiges Feuer eröffnet. Wir warfen uns sofort nieder und erwiederten [sic] es. Auch hierbei wurde glücklicher weise auf unserer Seite keiner verwundet. Auf Seiten der Omwang jedenfalls auch nicht, [S. 72] denn in dem dichten Buschwald konnten wir nichts sehen und nur auf gut Glück dorthin schießen, woher die Schüsse auf uns gefallen waren. Als die Schießerei aufgehört hatte gingen wir weiter. Von den Jungs hörten wir, daß jedenfalls im Raphia-Sumpf auch uns aufgelauert würde. Diesen konnten wir nicht umgehen, also durch! Natürlich ohne uns tragen zu lassen, bis an die Hüften im Wasser, Gewehr im Anschlag und Revolver bereit ging es mit so wenig Plätschern wie möglich durch. Jeden Augenblick konnte es hinter einer Palme hervorblitzen und wir waren ohne jede Deckung. Nichts passierte. Durch Anieschok gingen wir tapfer mit umgehängten Gewehren durch, trotzdem es auch von Omwang bewohnt wird. Einige Leute, die sich auf dem Dorfplatz befanden, rissen bei unserm Kommen aus. Hinter diesem Dorf endlich verließen wir das feindliche Gebiet und durften nach langen, bangen Stunden aufatmen. Wenn die Omwang mehr Klugheit und Mut besäßen und das Gelände besser auszunützen verständen, könnten sie uns und unsere kleine Truppe mit Leichtigkeit vernichten. So aber verstehen sie es aber zum Glück für uns nicht.

Über Mandumo, Eßamedudu und Benjale ging es nach Hause. Die Essätop[119] in Mandumo sind auffallend schöne Menschen. Ich weiß es nur von den Männern, von den Weibern hab ich kein einziges gesehen. Der letzte Weg war wieder sehr schlecht; fast nur Sumpf. Die Bäche haben sehr schlechte Brücken, teilweise nur im Wasser schwimmende Baumstämme, sodaß man bei der Überschreitung doch bis zu den Knieen ins Wasser kommt. Von einer solchen Brücke rutschte Herr Teßmann ab und fiel in den Bach. 1^{h} Mittags kamen wir in Nkolentangan an, müde und hungrig. Sofort ließen wir uns ein tüchtiges Mittagbrod machen. Während dieses brachten Leute aus Nßälang schon Medizinen für den Verwundeten, den wir hier bis zu seiner Genesung pflegen wollen. Aus acht verschiedenen Pflanzen wird ein Trank gebraut,

119 Der Familienverband der Esatǒb gehört laut Tessmann zu den Ntum (Tessmann 1913, Band 1: 46). Zu den Ntum siehe Anmerkung 65.

womit der Verwundete gewaschen wird. Dazu kommen bestimmte Gesänge zur Aufführung. Der Verband, den wir ihm gemacht haben, wird natürlich gelassen, obgleich ihm [S. 73] die Fang keine Bedeutung beilegen.

Nach dem Essen bestellte ich noch Kaffee und Schmalzkuchen zu 4^{h}, und legte mich aufs Bett, wo ich sofort einschlief. Gegen ½6^{h} wurde ich durch Ngoas Klopfen wach, er sagte, der Kaffee wäre fertig, aber Herr Teßmann schliefe im Hause. Ich geh in Herrn Teßmanns Zimmer um ihn zu wecken, find ihn aber nicht, ich sah auf die Veranda nach seinem Liegestuhl, find ihn aber auch nicht. Da frag ich Ngoa, wo Herr Teßmann sei. In seinem, Ngoas, Hause, sagt er. Da lag denn Herr Teßmann auf einer Bank, so wie man halt liegt, wenn man im Sitzen eingeschlafen und umgefallen ist. Um ihn herum standen die Jungs und wagen nicht, Erweckungsversuche zu machen. Ach „Kinder", sagte ich, „gießt ihm doch Wasser auf den Kopf". „Oh, Massa, auf daß er uns durchhaut"! Da mußt ich dann selbst heran und Herrn Teßmann wecken; ich gab mir auch –, ohne Wasser,– die beste Mühe, doch gelang es mir erst nach zehn Minuten. Herr Teßmann hatte mit den Jungs wieder Sprachstudien machen wollen und war dabei vor Erschöpfung eingeschlafen. Während des folgenden Kaffeetrinkens ward mir die Freude, meine auf dem nächtlichen Marsch von Bėbai nach Hause vor 14 Tagten verlorene Brille wiederzusehen. Ein Mann aus Alen brachte sie mir. Sie sieht nicht so aus als ob sie schon so lange im Busch gelegen hat und wird jedenfalls schon vor längerer Zeit gefunden sein. Ich bin jedenfalls sehr froh, sie wieder zu haben.

Jetzt wurde ich aber doch sehr müde, die Augen wollten mir zufallen, und ich wäre, hätte ich mich hingelegt, sofort eingeschlafen. Dies durfte nicht sein, denn ich mußte bis 9^{h} aufbleiben um die meteorolog. Beobachtung zu machen. Auch hatte ich noch viele Schmetterlinge zu konservieren.

Heut früh hab etwas länger geschlafen, ich war zu müde. Vormittags haben wir die Beute besehen; es sind sehr wertvolle Sachen darunter, wie z.B. die verarbeitete Schuppe des Riesenschuppentiers[120], das aus dieser Gegend noch garnicht bekannt ist. Etliche Stücke, die für uns keinen Wert haben, wie Zeuge, Messingdraht und Nägel haben wir unter unsern Jungs und die [S. 74] Helfer verteilt. Die Verteilung haben wir aber ihnen selbst überlassen; sie artete denn auch in groß Geschrei und Keilerei aus.

Im Laufe des Vormittags kamen wieder Leute aus der Umgebung um dem Kranken Medezin zu bringen. Singend kamen sie an; ein Vorsänger mit ei-

120 Schuppentiere (Manidae) sind Ameisen- und Termitenfresser. Ihre nur acht rezenten Arten sind in den Tropen Afrikas und Südost-Asiens verbreitet. Zu ihnen gehört die wohl hier gemeinte Smutsia gigantea (Westheide und Rieger [Hg.] 2015: 634-635).

nem furchtbaren Baß, der einen Knochen (Elephanten-ulna[121]) trug und ihn ansang und ein großer Chor. Hier nahmen sie unsere Trommeln, stellten sich vor dem Krankenhaus auf und fingen an. Ein gewaltiger Trommellärm, dazu ein grauser Gesang des Baßes, begleitet mit unbeschreiblichen, gliederverenkenden Bewegungen des Armes, in dem er den Knochen hielt. Unter Gebrüll warf er nun den Knochen auf die Erde und tanzte um ihn herum. Daß er bei diesem Tanz ganz geblieben ist, wundert mich; einer Gliederpuppe wären Kopf und Glieder in alle Himmelsrichtungen geflogen. Zuletzt wurde der Knochen benutzt und der Verwundete damit bespritzt. Hiermit war die Prozedur beendet, und die ganze Bande zog unter Gesang wieder ab.

d. 12.XII.

Zwei Tage hab ich wieder nichts arbeiten können, da ich von heftigem Fieber und Kopfschmerz geplagt zu Bett lag. Besonders gestern war es sehr schlimm. Nachmittags fing die Temperatur plötzlich mit rasender Geschwindigkeit an zu steigen; gegen ½6^{h} hatte ich 41,6°. Ich hatte große Angst es würde so weiter gehen und trank süßen Thee in Mengen. Jetzt fiel die Temperatur ebenso schnell wieder und Abends konnte ich mit 38,5° schon wieder den meteorolog. Beobachtungen nachgehen. Heut bin ich ganz fieberfrei, fühle mich aber noch recht matt und habe Kopfschmerzen.

Vormittags hab ich Routenaufnahmen gemacht. Wie ich nach Hause kam hatt' ich ekliche Magenschmerzen und mußte mich bald darauf übergeben. Darauf trank ich Wasser, doch auch dies kam gleich wieder zum Vorschein. Jetzt werd ich mich gleich aufs Bett legen; das beruhigt etwas.

d. 14.XII.

Vorgestern Nachmittag kam plötzlich unerwartet früh die Post. War das eine Freude! Und doch hatte ich gewaltiges Herzklopfen als ich die Briefe von [S. 75] Mutter erbrach; ich hatte ja seit Wochen Angst, schlechte Nachrichten von zu Hause zu bekommen. In dieser Vermutung bin ich glücklicher Weise getäuscht worden. Zu Haus ist alles gesund und besonders Vater geht es bedeutend besser.

Soviel Briefe und Karten hab ich bekommen von allen Lieben in Deutschland. Mutterchen hat mir eine große Weihnachtskiste gesandt, die ich aber erst Heiligabend öffnen werde. Von Marga, dem lieben Mädel hab ich zwei Briefe und ihr Bild bekommen. Die letzten der Briefe sind von Oktober. Mit nächster Post erhoffe ich wieder soviel.

Ich war in diesen Tagen recht unwohl, z.Z. ists besser, hoffentlich kommts nicht wieder.

---

121 Die Ulna (lat.), Elle, bezeichnet einen der beiden Unterarmknochen bei Säugetieren. Beim Elefanten ist die Ulna stärker ausgebildet als der Radius [= Speiche] (Westheide und Rieger [Hg.] 2015: 495).

d. 19.XII.07.

Hab krankheitshalber wieder lange nicht geschrieben. Hab mehrere Tage an heftigen Magen und Kopfschmerzen gelegen. Sonntag hab ich an die Eltern geschrieben.[122]

Die andern Briefe werd ich Laufe des nächsten Monats beantworten. Sonntag nachmittag war hier großes Ringkampffest[123], wozu alle Männer und Jungs der Umgegend gekommen waren. Es war ein höchst interessantes Bild, all diese festlich mit Federn geputzten Kerle hier herum tanzen zu sehen. Hab auch zwei Aufnahmen gemacht.[124]

Am 17. war Herr Fischer aus Ngoa hier. Es ist ein sehr interessanter Herr, mir bedeutend sympatischer als die anderen Herrn, die ich bisher hier kennen lernte. Ist auch Mitglied vom „Kosmos“[125].

Heut war großes Packen. Morgen früh soll die Post wieder abgehen.

Ein schwarzer Faktorist brachte uns heut eine Kalebasse Palmwein. Schmeckt tadellos erfrischend. Muß noch länger stehen um mustergiltig zu werden.

[S. 76] d. 20.XII.

Heut früh ist also die zweite Post von hier abgegangen. Eine Kiste voll gesammelter Sachen, alles mögliche, und Briefe. Von mir nur zwei; an die Eltern und Marga.

Hab den ganzen Tag Routenaufnahmen gemacht. In Ndschäbot lernte ich zwei neu[e] Eingeborenen-Speisen kennen. Die eine, ndschum[126] ist Spinatähnlich und schmeckt, stark gepfeffert, sehr gut. Die andere wird aus Kassada hergestellt. Die Knollen werden geschnitten zwei Tage in Wasser gelegt und dann gegessen. Schmeckt frisch und kühl ganz angenehm, größtenteils nach nichts.

So allmählich werde ich jetzt endlich mit den Aufnahmen der Umgegend fertig.

---

122 Siehe den Brief an seinen Vater vom 15. Dezember 1907 auf S. 180-181.

123 Zum Ringkampf der Fang siehe Tessmann 1913, Band 2: 318-319.

124 Bei den Fotos handelt es sich vermutlich um die beiden zusammengefügten Abbildungen in Tessmann 1913, Band 2: 318.

125 1903 gründete die Franckh'sche Verlagsbuchhandlung in Stuttgart die Gesellschaft der Naturfreunde, kurz Kosmos-Gesellschaft genannt. Für einen Jahresbeitrag von 4,80 Mark erhielten die Mitglieder seit 1904 kostenlos die auch im Buchhandel erhältliche Zeitschrift Kosmos und fünf weitere Publikationen. 1914 hatte die Kosmos-Gesellschaft über 100.000 Mitglieder (Daum 1998: 185-186, 325).

126 Ndschum ist in Kamerun der gebräuchliche Name für eine Abart der Solanum aethiopicum, von der die Blätter gegessen werden (Tessmann 1913, Band 1: 104).

d. 22.XII.

Wieder ein Sonntag. Ich hab außer den täglichen zool. u. meteorolog. Arbeiten, Reuter gelesen und Häckels „Lebenswunder" studiert. Wie froh bin ich, die beiden Häckels mitgenommen zu haben; ich hab viel Anregung, Belehrung und Befriedigung durch sie. Wenn ich wieder in Deutschland bin, möchte ich zu gerne weiter studieren. Einen Plan, was alles, hab ich schon zurecht gemacht. Vor Allem möcht ich die Kunstschule besuchen um mich als wissenschaftlicher Zeichner weiter ausbilden zu können. Dann möcht ich ein präparatorisches Praktikum in einem bakteriologischen Institut ein gleiches in einem ärztlichen Institut und außerdem ein zoologisches und mikroskopisches Praktikum, am liebsten bei Prof. Plate[127] in Berlin, mitmachen. Dies zuerst; gewöhn ich mich dann jetzt noch an das Tropen-Klima, so möchte ich mich noch für die zoolog. Station in Amani, D.O.A. vorbereiten und mich dorthin melden. Sonst eine hübsche Stellung in Europa. Ob das gehen wird, wenn ich so mittellos nach Haus komme? Hoffentlich werd ich militärfrei; die zwei Jahre Dienst würden mich zu sehr zurückbringen.

Na, hoffen wir das Beste und seien wir auf das Schlimmste gefaßt. Nachher kommt [S. 77] doch alles so, wie es kommen soll. Ich wäre glücklich, könnte ich meine Pläne ausführen.

Doch wann komm ich nach Haus? Was steht mir inzwischen noch bevor? Hoffentlich geht alles einigermaßen glatt ab.

Ich hab in den letzten Tagen recht unangenehme Zahnschmerzen, hab auch schon zwei Nächte deswegen schlecht geschlafen. Ich pinsele mir den hohlen Zahn öfters mit Eugenol[128] ein, hilft kurze Zeit, Schmerz kommt wieder. Was soll ich da nur machen? Zahnschmerzen sind eklig. Hab auch gar kein Lysoform[129] hier zum Mundausspülen, das hat mir in Berlin immer so gut geholfen.

d. 23.XII.

Hab heut die ganzen Farmen von Makonanam aufgenommen. Nette Arbeit! Von 7^h Morgens bis 2^h Nachmittags hats gedauert. Das ewige Gehen, Stehenbleiben, Zeichnen und Schreiben im Stehen ist furchtbar anstrengend,

---

[127] Der Zoologe Ludwig Hermann Plate (1862-1937) war u.a. ein Schüler von Ernst Haeckel (siehe Anmerkung 83). Von 1896 bis 1897 war er Assistent am Zoologischen Institut der Universität Berlin. 1898 wurde er Lehrer an der Tierärztlichen Hochschule in Berlin und Titular-Professor. 1901 wurde er Kurator am Museum für Meereskunde und 1905 Professor an der Landwirtschaftlichen Hochschule in Berlin. 1909 übernahm er das Amt des Direktors des Zoologischen Institutes und des neu gegründeten „Phyletischen Museums" (siehe Anmerkung 170) in Jena (Zirnstein 2001, Jahn [Hg.] 1998: 925).

[128] Eugenol, das in Gewürznelkenoel natürlich vorkommt, wird in der Zahnheilkunde als antiseptisches und schmerzstillendes Mittel genutzt (Reuter 2004: 1472).

[129] Lysoform bezeichnet das Warenzeichen eines Desinfektionsmittels.

körperlich und geistig. Aus Makonanam wollte ich mir einen Jungen mitnehmen, der mir die Farm zeigen sollte; natürlich kam gleich eine ganze Bande von ungefähr 10 Jungs mit. Alle wollten sehen, was für Zauber ich da in das Buch mache. Auf dem Nachhausewege sah ich in einem Palaverhaus die Leute gerade Maissuppe essen. Ich kostete auch; schmeckte nicht schlecht, war nur angebrannt. Ich fragte meinen Jungen, ob er das auch machen könnte; nein, das wäre Weiberarbeit. Schade, hätte die Suppe gern einmal ordentlich zubereitet gegessen.

Und morgen ist Weihnachten! Ohne Schnee, bei + 33° Cel.

[S. 78] d. 25.XII.

Weihnachten in Afrika! Hätt ich das im vorigen Jahre gewußt!

Weihnachten in den Tropen! Hübsch, reizend, aber doch nicht wie zu Hause! Gestern Nachmittag um 3^h fing unser heilige[r] Abend an bei hellstem Sonnenschein und 34° Hitze. Rechte Weihnachtsstimmung hatte ich noch nicht, die kam erst abends. Wir hatten geflaggt, das Haus mit Ölpalmenzweigen und Lianen-Girlanden geschmückt, die beiden Pfosten am Eingang der Veranda überdies mit rotweißem Tuch umwunden. Ich packte Mutterchens Kiste aus und hatte die schönsten Hoffnungen. Die gute Mutter! Wollte mir Freude machen mit Äpfeln und Pfefferkuchen, und ist alles verdorben angekommen. Gefreut hab ich mich doch sehr über die Kiste; nicht über das Verdorbensein, sondern über das, was sie hat werden sollen. Die Äpfel waren alle faul, verschimmelt und von Maden durchsetzt. Das kommt vom Einlöten! Dadurch war ein Paket wundervoller Pfefferkuchen und zwei Pakete Katharinchen[130] ganz von Schimmel zersetzt und ungenießbar. Dies alles mußte ich sofort wegwerfen. In einem besonderen Blechkasten hatte Mutter mir schöne Pfeffernüßchen und Theekuchen verpackt. Auch diese waren feucht und rochen mufflich. Ich hab sie sofort in der Sonne getrocknet und gestern und heut aufgegessen. Sie schmeckten zwar nicht so, wie sie sollten, aber doch gut, weil sie halt ein Weihnachtsgeschenk vom Mutterchen waren. Die Chokolade allein ist nicht verschimmelt, doch schmeckt sie nach faulen Äpfeln. Schadet nichts, gut schmeckt sie doch. Das einzig tadellose sind die beiden Kalender und das Büchschen Sardinen. Erstere sind famos, letzteres soll mir die Sylvesternacht verschönern.

Ja, das Auspacken dieser Kiste war betrübend und doch hats mich so gefreut und gerührt.

Damit es ein bischen weihnachtlich ausschauen sollte, hab ich mir die hübschen Karten von den Eltern und Geschwistern und die aus Barth an die Wand gesteckt.

---

130 Vermutlich meint Jobelmann die Lebkuchensorte „Thorner Katharinchen“, die nach der polnischen Stadt Thorn und der Heiligen Katharina benannt worden war.

[S. 79] Nach dem Auspacken zog ich mich um; d.h. weißen Anzug und Tennishemd an und ging wieder auf die Veranda. Hier hatte Herr Teßmann inzwischen schon hübsch machen lassen. Eine reine Tischdecke (seit unserem Einzug in Nkolentangan!) und ein pa[a]r Flaschen Schaumwein auf dem Tisch. Nun wurden die Jungs zur Bescherung gerufen. Die Soldaten bekamen neue Anzüge, die boys, die Raupen- und Pflanzen-Jungs Tücher. Dazu wurden Weihnachtslieder gesungen und von Phonographen gespielt. „Stille Nacht, heilige Nacht", „O du Fröhliche" und „O Tannenbaum". Die Jungs sangen tapfer mit so gut sie konnten. Inzwischen hatten wir schon Besuch aus den umliegenden Dörfern bekommen, der den Phonographen hören wollte. Wir ließen dann auch viel hören und währenddeß manche Flasche knallen. (Hoffentlich gewöhne ich mir später in Deutschland das Trinken ebenso schnell wieder ab, wie ich es mir hier angewöhnt habe.) Später verschwand Herr Teßmann und ein pa[a]r Jungs auf einige Zeit in seinem Zimmer. Ich las in dem neuen Kalender als plötzlich Ngoa auf mich zu kommt und spannungsvoll sagt, ein großer Häuptling komme, von weit her, um mich zu besuchen. Ein Weilchen noch, – dann kam Herr Teßmann an als Fang, über und über geputzt mit Gegenständen aus unserer ethnograpischen Sammlung, tatsächlich nackt und barfuß, mit Affenfell-Mütze, breitem Gürtel mit Schwert, an den Armen Ringe und eine Menge Medezinen und mehrere Speere in den Händen. Ihm folgten drei Fang-Jungs mit gleichem Schmuck und mit Buschgewehren bewaffnet, die mir Körbe voller Geschenke brachten. Diese bestanden wie gewöhnlich in Hühnern, Eiern und allerlei Früchten. Nun hielt Herr Teßmann eine lange Rede auf Fang an mich, die ich mir von Ngoa Stück für Stück in Englisch verdolmetschen ließ. Er erzählte ungefähr folgendes: Er sei ein großer Häuptling. Sein Gebiet sei weit von hier. Er habe von mir gehört und sei gekommen, um mich zu besuchen. Er wolle mein Freund werden und hätte mir viele Geschenke mitgebracht. [S. 80] Dies alles natürlich nicht in so kurzen Worten, sondern in einer richtigen halbstündigen Fang-Rede mit endlosen Wiederholungen und stetem Auftrumpfen und Bestärken mit dem Speer. Zuletzt wollte dieser große Häuptling, wie alle Fang, ein Buch über seine Gutheit haben und den Phonographen hören. Ich sagte zu allen Ausführungen so ausführlich wie möglich „ja" und hieß dann den Häuptling am nächsten Tage wiederkommen. Hierauf zog er ab und bald kam Herr Teßmann wieder. Das war ein hübsches Zwischenspiel; den Jungs hat es natürlich auch viel Spaß gemacht, ebenso den anderen Fang, wenn auch einige so ausschauten, als ob sie das bischen Verspottung ihrer, das ja doch schließlich in diesem Spiel lag, wohl bemerkt hätten.

Nach dem diesmal besonders guten Abendbrot mit Rotwein und Californischen Früchten, als es schon dunkel geworden war, wurde unser Weihnachtsbaum angesteckt, d.h. die Illumination des Hauses begann. Seit Wochen schon hatten die Raupen-Jungs im Urwald Harz sammeln müssen.

Jetzt war das in leere Milch- und Kakao-Büchsen verteilt, und diese vor dem Hause aufgestellt worden.

Diese Beleuchtung sah wunderhübsch aus und erst jetzt kam etwas richtige Weihnachtsstimmung über mich. Bis etwas nach 9^h blieben wir dann noch auf, doch als ich schon im Bett lag konnte ich noch lange nicht einschlafen; ich dachte nach Hause, wie Eltern und Schwesterchen unter dem Weihnachtsbaum sitzen. Ach hätt ich doch dabei sein können.

Heut, am ersten Feiertag ist auch hier festliche Stimmung. Das Haus sieht so hübsch aus mit seinem Palmenschmuck, es ist so schönes Wetter und so ruhig ists. Kein Fang stört uns mit Palaver. Ich hab ein pa[a]r Aufnahmen gemacht und werd heut abend noch die Illuminations aufnehmen. Hoffentlich gelingt die Aufnahme.

Abends. Hab plötzlich heftiges Fieber bekommen [S. 81] und werd sogleich zu Bett legen. Es ist schrecklich, nicht mal zu Weihnachten hab ich Ruhe vor dieser häßlichen Krankheit.

d. 27.XII.

Gestern hab ich den ganzen Tag mit Fieber und fast unerträglichen Kopfschmerzen zu Bett gelegen. Diese fortwährende Krankheit ist mir ganz furchtbar. Wenn das so weiter geht, werd ich wohl früher nach Hause kommen wie mir lieb ist.

Heut früh ist nun Herr Teßmann abmarschiert, und ich sitze hier allein auf Nkolentangan mit einem Soldaten und zwei Schrotspritzen. Nicht einmal sicher kann ich mich hier fühlen, da ich kein brauchbares Gewehr hab.

Abends 9^h. Hab wieder tolles Fieber. Konnte kaum aufbleiben, mußte aber, um die letzte meteorolog. Beobachtung nicht zu vergessen. Jetzt fertig, nun aber zu Bett.

Wollte so nicht an Mutting schreiben, ist auch wieder nichts draus geworden.

Schrecklich, diese ewigen Krankheiten!

d. 29.XII. Sonntag.

Fühle mich garnicht wohl; hab heftigen Magen Darm Katarrh und etwas Fieber. Will heut an Mama schreiben.[131] Hoffentlich wirds ein netter Brief, über den Mama sich wieder einmal freuen kann; die beiden letzten sind wohl kaum danach gewesen. Gestern hab ich auch am Nachmittag Fieber gehabt. Hab gestern einen Galago[132] und eine Viverre abgebalgt. Bei den vielen

---

131 Siehe seinen Brief an Karoline Jobelmann vom 29. Dezember 1907 auf S. 181-182.

132 Die Galagos oder Ohrenmakis gehören zu den Halbaffen. Die Heimat dieser Nachttiere ist Afrika. Siehe eine Abbildung in Brehms Thierleben 1876: 269.

Fliegen hier eine schreckliche Arbeit. Den Jungs, die ich hier habe, kann ich das auch nicht überlassen, die sind zu dumm dazu.

Hat nun unser Elephantenjäger vor einigen Tagen einen ganz kleinen Elephanten geschossen, und da bringen mir heut die Leute das stinkende Fleisch auf den Hof; ich sollte es verteilen. Pfui Deibel! Ich hab sie rausgeschmissen und sie sich selbst um das Fleisch hauen lassen. Elephantensuppe vom frischen Rüsselfleisch hab ich vor einigen Tagen selbst schon gegessen; schmeckte nicht anders als andere Fleischbrühe, was mich etwas enttäuschte.

[S. 82] d. 30.XII.

Wieder schlaflose Nacht, ekelhafte Zahnschmerzen. Dito den ganzen Tag. Auch jetzt. Die nächste Nacht kann gut werden! Und kann nichts dagegen tun, hab kein Gegenmittel. Wenn das so weiter geht, halt ichs nicht mehr lang aus. Das ist zum Verrücktwerden! O, wär ich doch wieder zu Haus.

d. 1. Januar 1908.

Hab gearbeitet gestern bei Müdigkeit und Zahnschmerzen. Und hab Heimweh gehabt. Nachmittags saß ich so da und schaute dem neuen Jahr entgegen und überdachte das alte und dachte, was ich so im neuen Jahre tun und wie ich manches anders machen wollte, und fühlte mich so allein und hatte so Heimweh, so Heimweh.

Gestern Abend bekam ich plötzlich noch Besuch. Der Kaufmann Herr Meier aus Akonanje, seit dem 23.XII.07. schon unterwegs, suchte und fand in mir Sylverstergesellschaft. Eine große Freude bereitete er mir. Ich hatte in den letzten Tagen fast garnichts mehr gegessen, mir schmeckte nichts mehr, ich hatte keinen Appetit und verdorbenen Magen. Herr Meier hatte nun Reis und andere Hülsenfrüchte bei sich, Sachen, die ich seit einem halben Jahre nicht gesehen hab. Nun gabs zum Abendbrot Milchreis und dann Huhn mit Reis. Wie mir das schmeckte! Wie hab ich da gegessen! Den Abend haben wir uns mit phonographischem Konzert und Unterhaltung vertrieben, dazu Thee mit Citrone getrunken. So sind wir ins neue Jahr hinübergegangen. Bis ½2^{h} blieben wir auf. Ich konnte, trotzdem ich sehr müde war, vor schrecklichen Zahnschmerzen keine Ruhe finden. So bin ich denn auch heut wieder gewaltig müde, kann mich kaum aufrecht halten. Was soll daraus nur [S. 83] werden? Ich kann doch nicht zum Zahnarzt gehen! O, wär ich wieder zu Haus! Ich hab solche Angst vor der nächsten Nacht.

Heut früh zum Kakao gabs Reiskuchen mit kalifornischen Früchten; eine schöne Abwechslung. Zum Mittagessen Löffelerbsen mit Speck. So, wie gestern und heut hat es mir lange nicht gemundet; trotz Zahnschmerzen. Herr Meier hat aber auch einen tüchtigen Koch, der drei Jahre bei einer weißen Frau in Kribi gelernt hat.

d. 2.I.08.

Heut früh ist Herr Meier wieder abmarschiert. Er hatte noch die große Güte, mir eine Büchse Reis, etwas Linsen für ein Gericht und ein großes Stück Mettwurst zu überlassen. Nun kann ich noch ein pa[a]r Mal etwas Gutes essen. Ich will doch Herrn Teßmann bitten, daß er auch diese Hülsenfrüchte bestellt, sie sind doch so nahrhaft und wir müßten ein wenig mehr Abwechslung im Essen haben. Aber freilich, er wirds nicht wollen, es ist ja so teuer, und zum Reis braucht man ab und zu Milch, die ist auch teuer. Für Herrn Teßmann wär es auch besser, er ist doch immer am Magen leidend.

Hab letzte Nacht etwas, wenn auch wenig und unruhig, geschlafen. Heut hab [ich] wieder Zahnschmerzen und quälenden Kopfschmerz.

Ich begleitete Herrn Meier bis Alen. Beim Durchgang durch die Dörfer zog die ganze Einwohnerschaft hinter uns her, auch die Weiber. Das hab ich bis jetzt noch nirgends so gehabt.

In fünf bis sechs Wochen will Herr Meier wiederkommen, dann gibts wieder was Gutes zu essen.

Heut noch brachte ein Mann einen Fuß von dem Elephanten, der bis jetzt im Wasser gelegen hatte, unsern Jungs zum essen. Das Fleisch war natürlich angefault und wimmelte von Maden, und das wollen die Nigger, wenn auch gekocht, essen! Pfui Deibel!

Die Hühner waren sehr hinter den Maden her und liefen und sprangen den Jungs beim Zerschneiden des Fleisches über Hände und Messer. So frech sind die deutschen Hühner auch nicht. [S. 84] Ngoa erzählt mir soeben, ein Alen-Mann habe eine große Antilope getötet und nicht hierher gebracht, trotz Herrn Teßmanns Aufforderung. Auch Bakon mache Palaver. Ich kann jetzt nicht hingehen und die Leute zur Rechenschaft ziehen. Ich hab kein brauchbares Gewehr und keine Soldaten. Die Sache muß schon aufgeschoben werden bis Herr Teßmann zurückkommt. Hoffentlich wird bis dahin die Lage nicht ernstlicher. Ich sitze hier macht- und mittellos.

Ich hab so Kopfschmerzen, wenn ich bloß werd schlafen können.

d. 3.I.08.

Hab vor Kopfschmerzen wenig schlafen können und bin daher sehr müde und matt. Der Tag heut ist schmerzlos. Wenn ich nur ein wenig ruhen könnte, aber ich hab so viel zu tun. Hab heut Vormittag ein pa[a]r photographische Aufnahmen gemacht, Fang mit den beiden Saiteninstrumenten mwŏ̈t[133] und

[133] Die Harfenzither der Fang, mv̱ọ̆t, besteht aus einem Raphiablattstiel, „von dessen Rinde 4 dünne Streifen als Saiten losgelöst sind“, und einer Kürbis- oder Tonschale (Hornbostel 1913: 327-328). Das Foto von Jobelmann findet sich vermutlich auf S. 328 bei Hornbostel.

nda̯ong[134] und einen speerwerfenden. Heut kommt hier wieder ein riesiger Schmetterlingszug durch. Milliarden von Weißlingen fliegen seit heut früh von Ost nach West hindurch. Dasselbe Schauspiel hatte ich hier schon vor Wochen.

d. 4.I.08.

Wieder recht unruhige Nacht gehabt. Auch tagsüber Kopf- und Rückenschmerzen. Nachmittags Fieber. Hab heut meine letzten Linsen aufgegessen. Haben wirklich fein geschmeckt. Ngoa hat im Dorf gehört, Herr Teßmann sei nicht weit von hier und komme jedenfalls morgen zurück. Dann gehts wieder los mit dem ewigen Huhn und Makabo.

Der Schmetterlingszug hat heut den ganzen Tag fortgedauert, aber nicht so stark wie gestern.

Sonntag, d. 5.I.08.

Ngoa sollte mir zu heut früh Milchreis kochen und tut – Zwiebeln hinein, wo ich ihm gestern ganz besonders aufs Herz gebunden habe, Zitronenschale hineinzutun. Der Reis schmeckte unter diesen Umständen natürlich nicht besonders gut, und ich hab Ngoa nicht schlecht [S. 85] angefahren deswegen, trotz meiner Kopfschmerzen. Und womit entschuldigt er sich? Kein Mensch äße Zitronenschalen, er dächte, das wäre nicht gut.

Ja, zum Donnerwetter, essen will ich die Zitronenschalen auch nicht, aber mitkochen soll er mir sie!

Nachher hab ich ihm lang und breit auseinandergesetzt, daß er in Milchreis nur Zitronenschale hineintun dürfe. In Wasserreis könne er Zwiebeln oder Zitronenschale mitkochen, aber auch nicht beides zusammen, wie er es mir vor einigen Tagen gemacht hatte. Heut Mittag soll er mir nun Reiskuchen backen; hoffentlich versteht er das wirklich so gut, wie er angibt. Es wäre schade, wenn er mir die auch verderben sollte. Ich selbst will mir ein Omelette mit kalifornischen Früchten backen. Sollte Herr Teßmann dann heut Abend wieder hier sein, gibts ja doch wieder Huhn.

In letzter Nacht hab ich wieder garnicht geschlafen. Ich hatte keine besonderen Schmerzen, aber solch heißen Kopf und heftiges Herzklopfen. Auch jetzt am Tage, habe ich eine heiße Stirn und sehr heißen Nacken, ohne Fieber. Heißen Nacken hab ich sonst nur bei Fieber. Ob das nun eine aufziehende Krankheit ist, oder nur allgemeine Wirkungen des Klimas? Ich wollt, hier wär ein Arzt, der uns immer gleich sagen könnte, was los ist. Der nächste Arzt ist 10 Tagemärsche von hier in Komakak. Ach ja, ich wollt, hier wäre manches anders.

---

134 Vermutlich meint Jobelmann die Bogengitarre ndŏṅa, die mit den Fingern gezupft wird und nur als Soloinstrument Verwendung findet (Hornbostel 1913: 326). Ein Foto eines Fang mit dieser Gitarre findet sich bei Hornbostel (ebd.: 327).

d. 6.I.08.

Herr Teßmann kam wirklich gestern vormittag noch vor 11 Uhr zurück. Hat große Tagemärsche gemacht. Heut vormittag hab ich die Durchschnitte seiner Routenaufnahmen berechnet; es waren über 80. Heut Nachmittag hab [ich] die Tabelle der meteorolog. Beobachtungen vom Dezember berechnet. Blödsinne Arbeit diese Rechnereien, geradezu stumpfsinnig. Besonders bei Kopfschmerzen, die ich wieder habe. Hab auch in voriger Nacht wieder kaum geschla[S. 86]fen vor Kopfschmerzen. Ich hab sie jetzt hauptsächlich im Hinterkopf und kann daher gar nicht ordentlich im Bett auf dem harten Kopfbalken liegen. Leg ich mich auf die Seite, bekomm ich Zahnschmerzen, durch den Druckreiz, der auf die Zahnnerven in der Schläfengegend ausgeübt wird. Der Schmetterlingszug dauerte auch heut noch fort. Es müssen Milliarden von Tieren sein, die täglich vorbei fliegen, dabei alles Männchen, kein Weibchen darunter.

– – – –

– – – –

d. 19.I. Sonntag.

Seit 12 Tagen hab ich an Fieber zu Bett gelegen; heut ists zu[m] erstenmal etwas besser. Rasende Kopfschmerzen hatt ich oft dazu.

Donnerstag werd ich nun zur Küste getragen werden und dann mit dem nächsten Dampfer nach Hause fahren. So schnell soll meine Afrikafahrt zu Ende sein!

d. 21.I.

Übermorgen gehts nun los. Hab schon gepackt und will mir nur noch eine Hängematte aus Säcken zusammennähen. Nach vielen Berechnungen bin ich nun dahin gekommen, daß ich, ohne wie ich vorher glaubte, Schulden an die Expedition zu haben, noch 6,84 M von der Exped. bekomme. Dann hab ich Verschiedenes wie z.B. den Blechkoffer an Herrn Teßmann verkauft, sodaß ich im Ganzen 34,34 M ausgezahlt bekomme. Das ist mein ganzes Verdienst!

23.I.08.

Morgens 8 gings fort von Nkolentangan. Da ich getragen werden muß, geht der Marsch sehr langsam vor sich. Nur bis Ayenne bin ich gekommen. Dort wohnte ich im Hause eines schwarzen Gummihändlers der mich sehr freundlich einlud. Abends kam zufällig Herr Fischer auch in [S. 87] das Dorf, um dort zu übernachten. Das war uns beiden eine freudige Überraschung. Wir aßen zusammen Abendbrot und saßen nachher bis nach 12 Uhr zusammen.

Am Morgen d. 24. tranken wir noch zusammen Kaffee und gingen dann nach verschiedenen Seiten auseinander. Auch an diesem Tage kam ich nur bis Füllajong. Abends hatte ich heftiges Fieber, sodaß ich sehr früh zu Bett ging.

Heut am 25. bin wieder nicht sehr weit gekommen. Nur bis Ntang. Morgen möchte ich nun aber wirklich nach Akam kommen, Sonst komme ich zu spät zu[r] Küste.

Am 26.I. kam ich mit Müh und Not nach Feajong od. Füllajong. Ich hab den Namen des Dorfes nicht genau verstanden. Meine Träger machten mir immerzu Palaver; sie wollten umkehren, mich nicht tragen und alles mögliche andere. Im Dorfe vor Feajong kam mir schon ein höchst europäisch gekleideter Nigger entgegen, der mich sogar deutsch ansprach. Er begleitete mich dann bis Feajong, wo er mir Unterkunft erreichen half. Die Bewohner des Dorfes selbst stellten sich zuerst ziemlich feindlich und schienen über meinen Besuch durchaus nicht sehr erfreut zu sein. William, wie mein Begleiter sich nannte, hatte mir ein einigermaßen wenig schmutziges Haus gezeigt, in dem ich die Nacht verbringen wollte und vor welchem ich jetzt hielt, um meine Lasten herankommen zu lassen. Wie der Kukuma (Häuptling) mein Vorhaben erkennt, läuft er gleich ins Palaverhaus und schlägt die Kriegstrommel. Binnen weniger Sekunden war der Platz vor mir angefüllt mit bewaffneten Männern. Alle hatten ihre Gewehre. Ihnen gegenüber stand ich allein; ein Drilling mit fünf Patronen und mein Revolver war meine Bewaffnung. Sehr wohl [S. 88] war mir nicht bei dieser Situation. Ich ließ ihnen durch William sagen, daß ich nicht gekommen sei, ihnen Palaver zu machen. Ich wolle nur die Nacht über in dem Hause schlafen und morgen früh weiterziehen. Der Häuptling aber solle mir Makobo [= Makabo] und Bananen, für meine Leute Khanks und Planten bringen. Außerdem hätte ich hier so ein „small ngon" mit 10 Patronen, damit könnte [ich] 10 Mann sehr schnell töten. Hierbei zeigte ich ihnen meinen Revolver, dann auch den Drilling mit 3 Rohren und ohne jeden Hahn od. dgl. Zuerst machten sie noch groß Gerede, sie wollten Bezahlung für das Haus und die Nahrungsmittel, und das Weib, dem das Haus gehörte, könnte nun nirgends schlafen u.s.w. Ich ließ ihnen sagen, daß ich für die Sachen nichts bezahle, das bekäme ich selbstverständlich alles geschenkt. Schließlich beruhigten sie sich, brachten das Verlangte, blieben aber doch auf dem Platze stehen und sahen nun zu, wie ich es mir bequem machte. Von Herrn Fischer hatte ich eine Büchse Bouletten mit Möhrrüben und Schoten bekommen, die ich mir vom boy jetzt zurecht machen ließ. Höchst interessant für die Fang. Für mich eine lang entbehrte Delikatesse, nachdem ich monatelang nur Huhn, Huhn und immer wieder Huhn genossen hatte. Ach, und wie gut schmeckte es mir, als es schön heiß gemacht war. Solchen Genuß hatt ich lange nicht gehabt. Die leere Büchse schenkte ich einem Fang, der sich mit noch drei anderen ins Auslecken teilte. Auch ihnen schien es gut zu schmecken. Alle Männer des Dorfes, zu denen sich noch etliche Weiber und Kinder vorsichtig gesellt hatten, standen um mich herum und schauten zu, wie ich aß und trank. Nachher reinigte ich meinen Revolver, welcher Vorgang die Fang sehr interessierte. Ganz genau schauten sie zu. Da ich den Leuten erzählt hatte, der Revolver hätte 10 Schüsse, so mußte ich ihnen also auch 10 Patronen [S. 89] ad oculos [= vor Augen] aus der Trommel nehmen können. Das small ngon hat in Wirklichkeit aber nur fünf. Ich nahm also fünf Patronen in die Faust und entfernte dann offensichtlich die fünf anderen aus dem Pistol. So konnte ich den Fang dann 10 Patronen in der Hand vorweisen, worüber sie alle sehr erstaunt waren.

Von dem anstrengenden Marsch sehr müde ging ich früh zu Bett. Fürchtend, daß sich die Leute in ihrer Gesinnung doch noch ändern könnten, schlief ich in voller Kleidung, doch verlief die Nacht sehr ruhig.

Wie ich am anderen Morgen die Träger zusammenrufen will, um weiterzugehen, stellte sich heraus, daß keiner mehr im Dorf ist. Über Nacht sind sie einfach ausgerissen, weil es ihnen keinen Spaß machte, die Lasten und mich zur Küste zu bringen. Da saß ich dann und konnte nicht weiter. In dieser üblen Lage kam mir William mit kräftiger Hilfe entgegen. Nur durch seine Fürsprache bekam ich einige Träger. Nach langem Reden und Widerreden mit dem Kukuma und den Ältesten des Dorfes ließen sich einige Männer dazu bewegen als Träger mit mir zu kommen. Ich versprach ihnen hohe Bezahlung, wenn sie bis Akam mitkämen. Dort hoffte ich mit Herrn Richters Hilfe Träger bis zur Küste zu bekommen. Die Leute wollten ja denn auch mitkommen. Unterwegs scheinen sie es sich aber überlegt zu haben. Schon im nächsten Dorfe ließen sie mich sitzen. Diesmal hatte ich keinen William bei mir und kein Mensch außer dem Häuptling war im Dorfe. Die ganze Einwohnerschaft, Männer, Weiber und Kinder war in der Farm zur Erdnußernte.

Wieder langes Palaver mit dem Kukuma, der sich nach einiger Zeit durch etwas Tabak bewogen fühlte, mir ein pa[a]r Männer aus der Farm zu rufen. Auch diese wollten nur bis zum [S. 90] nächsten Dorf gehen, waren aber wenigstens so anständig, es vorher zu sagen. Im nächsten Dorf dasselbe Palaver; alle Leute in der Farm, das Dorf wie ausgestorben. Da aber hier der Häuptling selbst nichts ausrichten konnte oder wollte, ließ ich zwangsweise durch meinen boy Leute aus der Farm holen, preßte sie also zu Trägern. Eigentlich hatte ich kein Recht dazu, aber was sollte ich denn sonst machen; ich mußte doch weiter. Man ist hier eben auf solche, manchmal gewaltmäßigen Selbsthilfen angewiesen.

Diese Leute zwang ich also bis Bebai mitzukommen. Dort, das erste Dorf in Kamerun, hoffte ich Träger zu bekommen; die deutschen Häuptlinge sind schon entgegenkommender.

So ging es denn weiter; immer auf denselben schrecklichen Buschwegen, die ja gar keine Wege sind. Um mich tragen zu lassen, hatte ich nicht genug

Leute; mußte also selbst gehen. Körperlich recht schwach noch und mit heftigen Schmerzen in den Waden und Knieen, wurde es mir recht schwer.

In der Nähe der Kameruner Grenze geht der sog. Weg eine Stunde lang durch einen Bach. Ungefähr an der Mitte des Baches steht der Grenzstein. Bei unserm Hinaufmarsch mußte ich der Routenaufnahmen halber den ganzen Bach entlang barfuß auf den harten Kieseln laufen. Diesmal ließ ich mich doch tragen. Und siehe da, genau vom Grenzstein ab führt ein verhältnismäßig guter, breit ausgeschlagener Weg ins schöne Kamerun hinein.

Das war ja schon erfreulich; auf besseren Wegen hatte ich auch Aussicht, schneller vorwärts zu kommen.

In Bebai, dem nächsten Grenzdorfe hatte der höchst europäisch gekleidete Kukuma die deutsche Flagge mir zu Ehren gehißt und zeigte mir auch wieder seinen Flaggenattest.

Er stellte mir auch sofort Träger bis Akam. Zur Küste, meinte er, könnte er mir keine Leute mitgeben, das wäre zu weit, jetzt in der Trockenzeit müßten die Männer neue Farmen schlagen. Na, das sah ich denn ja auch ein und machte mich wieder auf den Weg. Auf dem besseren Wegen ging es nun auch schneller vorwärts und gegen ½5^{h} Nachmittags kam ich in Akam an, wo mich Herr Richter schon erwartete.

Meine Träger mußte ich nun entlassen und saß wieder fest. In einer Hinsicht war mir dies ganz recht. So konnt ich mich doch bei guter Kost etwas erholen. Abends in den Dörfern hatt ich doch nie was Rechts zu essen, da mein boy natürlich nicht ordentlich kochen konnte. Ich blieb denn auch einige Tage in Akam. Herr Richter versprach mir, mir zu Trägern zu verhelfen, konnte aber vorläufig die 16 Mann, die er zu seinem Gummi brauchte, selbst nicht bekommen. Nach ein pa[a]r Tagen kam Nachricht von Herrn Fischer aus Ngoa, ich möchte doch zu ihm nach Ngoa kommen, er sende in den nächsten Tagen eine größere Gummi-Karawane nach Kampo und werde dabei wohl auch für mich Leute bekommen können.

So zog ich denn nach Ngoa, wo ich auch wieder ein pa[a]r Tage Aufenthalt hatte, da Herr Fischer noch nicht alle Träger zusammen hatte. Auch diese Tage haben sehr zu meiner Erholung beigetragen. In Ngoa gabs wundervollen Schinken und schönes Brod zur leiblichen und viele gute Bücher, von denen Herr Fischer ebenso wie ich gut Freund ist, zur geistigen Nahrung. Herr Fischer ist übrigens auch Kosmosmitglied und Monist[135], wie ich auch, und interessiert sich ebenfalls sehr für Naturwissenschaften.

135 Ernst Haeckel (siehe Anmerkung 83) hatte den Begriff „Monismus“ geprägt, um damit eine philosophische Richtung zu benennen, die den Dualismus von Materie und Geist, Mensch und Natur aufheben sollte. 1906 gründete er die so genannte Monisten-Liga, deren Mitglieder den darwinistischen Evolutionismus auf alle Lebensbereiche übertrugen. Tessmann beispielsweise hat diesbezügliche Ideen übernommen und weitergeführt (Fischer 1990: 101).

An einem Tage hatten wir in Ngoa Besuch von einem alten Häuptling, der seine drei jüngsten Weiber mitgebracht hatte. Dies waren wirklich hübsche Mädchen, schöne schlanke [S. 92] Gestalten mit netten, durchaus nicht negerhaften Gesichtern. Es waren aber auch keine Fang. Leider hab ich unterlassen, mich nach ihrer Stammeszugehörigkeit zu erkundigen. Herr Fischer selbst war leider alle diese Tage unwohl, hatte leichtes, an einem Tage schweres, Fieber. So waren mir diese Tage doch nicht das, was sie mir hätten sein können. Herr Fischer ist nämlich ein reizender Mann, mit dem ich mich sehr gut verstehe. Ich glaube, wir würden gute Freunde werden, wenn er nicht so sehr viel älter als ich wäre. Er ist fast 50 und könnte mein Vater sein. In brieflicher Verbindung möchte ich aber doch mit ihm bleiben.

Am 31.I. Vormittags kamen auf einmal meine fünf weggelaufenen Träger wieder und brachten mir einen Brief von Herrn Teßmann. Sie behaupteten nach Nkolentangan zurückgegangen zu sein und den Brief von Herrn Teßmann selbst für mich empfangen zu haben. Aus dem Briefe selbst aber konnte ich ersehen, daß Herr Teßmann noch gar nichts genaues über ihr Ausreißen wußte und mir einen sechsten Träger mit dem Brief schicken wollte. Diesen haben die fünf getroffen, Angst vor Herrn Teßmann gekriegt, ihm den Brief abgenommen und sind schleunigst zu mir zurück gekommen. Na, ich hatte sie wenigstens wieder und konnte am nächsten Morgen mit Herrn Fischers Gummikarawane zusammen weiter ziehen.

1.II.08.

Morgens gings ab von Ngoa. Herr Fischer begleitete mich noch ein Stück Wegs, ehe wir uns verabschiedeten. Auf guten und schlechten Wegen kamen wir an diesem Tage bis Bembiöng. Die Häuptlinge in den einzelnen Dörfern kannten mich vom Hinaufmarsch her wieder und brachten Hühner und Eier.

2.II. kamen wir bis Mangale. Die Träger fingen wieder an, Palaver zu machen, wollten zurückgehen, mehr Bezahlung haben u.s.w. Nur durch Versprechungen waren sie zu halten.

[S. 93] 3.II.

Mittags ½12^{h} kamen wir in Nemajong an. Dort in der Faktorei, die damals im September Herr Kühne innehatte, saß jetzt ein ziemlich gebildeter Neger, Bata[136]-Kerl. Ich wollte wieder einmal was ordentliches essen und machte deshalb schon so früh am Tage Halt. Ich ließ mir von der Neger-Frau Reis kochen und aß ihn zusammen mit Büchsenfleisch. Der Nigger selbst und seine Frau aßen mit mir zusammen an demselben Tisch ordentlich mit Löffel, Messer und Gabel, allerdings Planten, Erdnußbrei und ein sehr scharf gepfeffertes Fischgericht. Ich kostete auch davon und muß sagen, es hat

[136] Mit „Bata“ ist vermutlich die am Atlantik liegende Stadt im heutigen Äquatorialguinea und nicht die gleichnamige Ethnie gemeint.

mir geschmeckt. Das Fischgericht war mir allerdings zu scharf; nach jedem Bissen mußte ich ein Glas Wasser trinken. Den Nachmittag über ließ man mich allein. Beim Abendbrot wars dieselbe Geschichte, wie zu Mittag. Ich entnahm der Faktorei noch einige Büchsen Fleisch und anderes Essen auf Expeditionskosten und stellte dem Nigger darüber eine Quittung aus. Hierbei ersuchte er mich in ebenso frecher, wie höflicher Weise, die beiden Büchsen Fleisch, die ich bei ihm gegessen habe, auch mit aufzuschreiben. Nette Gastfreundschaft, das! Dem Gast das Verzehrte auf Rechnung zu setzen!

Am 4.II. kam ich wieder ins Gebirge. Auf höchst eigenartiger Brücke überschritten wir den Bewume. In der Mitte des Flusses steht ein Baum, der seine Wurzeln schon sehr hoch in der Luft zum Wasser entsendet. Vom Ufer aus sind nun zu dem Baum hin Baumstämme gelegt. So geht die erste Hälfte der Brücke so steil nach oben, daß man ohne Geländer überhaupt nicht gehen könnte. Dann gehts ebenso steil nach unten bis zu einem Inselchen im Flusse, das auch als Stützpunkt für die Brücke benutzt ist. Von hier aus gehts dann ziemlich gerade zum anderen Ufer. Die ganze Brücke ist eine gefährliche Kletterpartie. Besonders in der Mitte um den Baum [S. 94] herum zu kommen ist ein Kunststück. Die wunderschönen Landschaften im Gebirge sind dieselben geblieben, fast alle erkannte ich wieder. Viele damals reißende Bäche fand ich diesmals allerdings nicht, denn damals befanden wir uns inmitten der großen Regenzeit, und jetzt ist seit 2 Monaten kein Regen gefallen. Abends in Panemakok angekommen war ich so hungrig, daß ich eine Büchse Krebssuppe mit hineingekochten Makabo und zwei Büchsen Fleisch hintereinander aufgegessen, dazu eine Kanne Thee getrunken habe.

Der nächste Tag, 5. II., brachte uns einen sehr anstrengenden Marsch über verschiedene Berge. Viele Flüsse waren auf unbequeme Weise zu überschreiten, und die Wege durch und über die Felsen oft recht beschwerlich und ermüdend. Auf solchen Wegen sind wirklich die armen Träger mit ihren bis 75 Pfund schweren Lasten nicht beneidenswert. Wir gelangten bis Mwinne, wo ich endlich das mir so nötige Bad im Fluß nehmen konnte. Da mein boy vergessen hatte, meine Waschschüssel mit einzupacken, konnte ich unterwegs sehr selten ordentlich waschen. Über Gesicht und Hände bin ich Morgens eigentlich nie weggekommen und auch dazu selten.

Unterwegs kaufte ich mir für etwas Tabak Khanks und Erdnußbrei von Fang-Weibern. Ich bekam zu großen Hunger und mußte etwas essen; es hat mir auch gut geschmeckt. Die Khanks sind den Europäermagen zwar nicht sehr zuträglich, doch wenn man Hunger hat, ißt man auch so etwas. Sie sind auch nur zum sattmachen, da sie fast gar keinen Nährgehalt, nur etwas Stärkemehl, haben.

In Mwinne, wo ich mir einen Khank für den nächsten Tag kaufte, sah ich in dem Hause, in dem die Khanks gekocht wurden, wie ein Weib eine Menge lebender Raupen auf einen Stock spießte und diesen dann ins Feuer legte.

Ich ließ sie fragen, wozu sie [S. 95] die Dinger rösten wollte. „Zum Essen"! War die Antwort. Pfui Deibel! Ja, der Geschmack ist eben verschieden. Die Fang können nicht verstehen, wie wir Weiße Eier und Milch genießen können; sie selbst essen Raupen und faulendes Fleisch.

Nach weiterem anstrengenden Marsch kamen wir Abends am 6. II. in Ebabömwode an. Ein hübsches neues Dorf, das noch recht sauber aussieht. Die Nähe der Küste mit ihren größeren Europäer Kolonien merkt man hier schon recht. Manche Häuser haben hölzerne Türen, Fenster mit Holzläden und Veranden davor.

Männer, die einige Jahre als boy oder Arbeiter an der Küste waren, dort sich etwas verdient und europäische Bauweise gesehen haben, bauen sich solche Häuser. Ebensolche Leute trafen wir am nächsten Tage viele. Alle beladen mit schönen neuen Sachen, wie Zangen, Kochtöpfen, Eimern, Messingkesseln u.s.w. kehren sie in ihre Heimat zurück.

Den Übergang der Küstenzone zur Gebirgszone sah ich auch an diesem Tage, d. 7.II. recht deutlich an der Flora; hauptsächlich an den Brotfruchtbäumen[137]. Zuerst einzeln, dann häufiger treten sie in die Landschaft und an der Küste selbst sind sie allgemein neben der noch häufigeren Kokospalme, die aber nur an der Küste vorkommt. Es wehte mir hier schon ein ganz anderer Wind entgegen, als bisher. Viel frischer und schärfer: Seewind! „Nun aber schnell, ordentlich zumarschiert, nun ist Campo nicht mehr weit."

Gegen Mittag kam ich auf gute, deutsche Chausseen, bald an des Stationsleiters, Herrn Kerbers Farm vorbei. Hier waren viele Arbeiter unter Aufsicht von schwarzen Soldaten beim Wegebau. Immer weiter, weiter.

Da, um eine Waldecke herum, lag vor [uns] eine riesige Lichtung und in der Ferne [S. 96] sah ich die weißen Häuser von Campo und die deutsche Flagge über der Station.

Nach etwa zehn Minuten konnte ich auch den Ocean sehen, dessen Brandung ich schon lange hörte.

Eine viertel Stunde später traf ich in Campo selbst ein und begab mich sofort in die Küderlingsche Faktorei[138] wo ich gleich von Herrn Graak begrüßt wurde. An Herrn Laudes Stelle ist ein Herr Dobbertin getreten, dem ich in den folgenden Tagen als einen sehr netten, mir nahe stehenden Menschen

---

[137] Möglicherweise meint Jobelmann nicht den besonders in der Südsee kultivierten Brotfruchtbaum (Artocarpus alilis), sondern den Afrikanischen Affenbrotbaum (Adansonia digita), auch Baobab genannt.

[138] Die Firma Küderling & Co., mit Hauptsitz ab 1903 in Hamburg, war seit den 1890er Jahren in der deutschen Kolonie Kamerun als Im- und Exporteur aktiv. Neben der Einfuhr europäischer Importwaren betrieb sie den Export einheimischer Güter wie Kakao, Tabak und Kaffee nach Europa (Kolonial-Wirtschaftliches Komitee [Hg.] 1898: 14).

kennen lernen sollte. Herr Gütschow[139] selbst war nicht anwesend, nach Batanga, was mir [nicht unangenehm war], da mir, wie allen Herren, die ich bisher gesprochen habe, Herr Gütschow sehr unsympathisch ist.

Zum Mittagessen war ich noch zur rechten Zeit gekommen. Dies war mir sehr lieb, denn ich war hungrig. Zum Dampfer aber, und das war die Hauptsache, war ich zu spät gekommen. Am nächsten Tage sollte er von Kribi abgehen, wohin ich noch hätte gehen müssen. Das aber ist ein Weg von zwei Tagen.

Z.Z. wohnten auch bei Küderling der berühmte Elefantenjäger Herr W. Schladitz[140] und der Vertreter der Plantagengesellschaft Süd-Kamerun[141], Herr Linke-Timler[142].

Da ich ja nun Aussicht hatte, drei Wochen auf den nächsten Dampfer warten zu dürfen, hatte ich mir schon vorgenommen, in dieser Zeit die Umgegend zoologisch und ethnographisch zu durchstreifen oder aber in der Faktorei mitzuarbeiten, um mir dadurch noch etwas Geld zu verdienen, denn mit 29 M von Herrn Teßmann wär ich wohl kaum nach Berlin gekommen.

Am Nachmittag desselben Tages noch kam Herr Schladitz zu mir und fragte mich, ob ich am Abend einmal zu ihm kommen wollte, er wollte Verschiedenes mit mir besprechen, hätte aber jetzt gerade keine Zeit. Ich sagte [S. 97] natürlich zu. Mit keinem Wort hatte er angedeutet worum es sich handele.

Abends sollte ich es erfahren. Zuerst fragte Herr Schladitz mich aus ob in der Gegend von Nkolentangan in Elfenbein und Gummi etwas zu machen wäre, was ich teilweise bejahen, teilweise verneinen mußte. Dann fragte er mich, ob mir sehr viel daran gelegen wäre, jetzt schon nach Hause zu fahren. Durchaus nicht, meinte ich, ich sei von Herr[n] Teßmann ja allerdings als krank nach Hause geschickt, sei aber auf Nkolentangan nur durch die ungenügende, schlechte Kost und die allgemeinen sehr unhygienischen Verhältnisse krank geworden und habe mich auf den Märschen schon sehr erholt. Allerdings sei ich stark malaria-infiziert, doch glaube ich, mich unter günstigeren Verhältnissen schnell wieder ganz zu erholen. Dann erzählte ich ihm näher, unter welch ungünstigen Verhältnissen wir auf Nkolentan-

---

139 Herr A. Gütschow war Leiter der Küderling-Faktorei in Kampo; vgl. das Foto Abb. 8 (S. 238), das ihn zeigt.

140 Werner Schladitz wird der neue Chef von Hans Jobelmann werden; vgl. S. 96 ff. und siehe die beiden Fotos, Abb. 14 und Abb. 15 (S. 244 und S. 255), die Werner Schladitz zeigen.

141 Die 1901 gegründete Plantagengesellschaft „Süd-Kamerun" gehörte mit 3.000 ha Land zu den Betrieben mittlerer Größe (Hausen 1970: 310).

142 Tessmann lernte Otto Linke-Timler (oder Linke-Timmler), der aus Colmar im Elsass stammte, 1904 in Mokundange kennen, wo er Pflanzungsleiter der Bibundigesellschaft war (Dinslage und Templin [Hg.] 2012: 205). Siehe das Foto, Abb. 7 (S. 237), das ihn zeigt.

gan gelebt hätten, was unsere Nahrungsmittel gewesen seien u.s.w. „Ja", sagte er, „wenn Sie so gelebt haben, wundert es mich nur, daß Sie nicht längst drauf gegangen sind. Wenn Sie das solange und noch so gut ausgehalten haben, sind sie bestimmt tropenfähig["]. Darauf sagte er mir, er habe am Campo (ntem) eine angehende Gummi- und Kakao-Pflanzung[143] Meloko. Er lasse sich dort z.Z. ein Steinhaus bauen und Busch für die Anpflanzungen schlagen. Da er nun fast immer auf größeren Jagdwanderungen sei, brauche er für Meloko einen zuverlässigen Mann, der die Arbeiten beaufsichtigen, die Anordnungen gebe und überhaupt ganz Meloko in Ordnung halte. Wenn ich Lust hätte, sollte ich doch einmal 14 Tage zur Probe mit nach Meloko kommen und die Sache vorläufig übernehmen. Morgen abend gehe er nach Meloko, ich sollte dann gleich mitkommen, und in den nächsten Tagen gehe er auf Jagd in den Busch, und ich sei also gleich diese 14 Tage schon allein auf [S. 98] mich angewiesen. Für diese 14 Tage wolle er mir 50 M geben. Meine Arbeit sei keine anstrengende, auch hätte ich genug freie Zeit, meinen zoologischen Studien nachzugehen. Ich sagte natürlich mit Freuden zu. Hier bot sich mir ja eine Aussich[t], unter guten Verhältnissen und mit besserem Gehalte, als bei der Mpangwe-Expedition noch einige Jahre in Afrika zu bleiben; andernfalls, sollte Herr Schladitz mich nicht behalten wollen, konnte ich mich doch in dieser Zeit gewinnbringend beschäftigen. Ich ging also darauf ein, und wir machten fest, daß ich am nächsten Tage mit nach Meloko ginge

So packte ich denn meine Sachen wieder ein, ich hatte es mir schon bequem gemacht in Campo.

In Herrn Link[e]-Timlers Boot ging es am nächsten Abend den ntem aufwärts. Wundervoll diese dreistündige Fahrt im Mondschein. Kräftig und taktmäßig handhabten sechs boys die Riemen und so flog das Boot nur so hin. Man fühlte deutlich, wie beim Einsetzen der Riemen ins Wasser die Gig[144] aus dem Wasser gehoben wurde. Hinter uns die vom Mondschein silberne Fahrrinne. An den Seiten die Silhouetten des Urwaldes, vor uns Finsternis. Ab und zu ein Aufplätschern, wenn ein auf den Klippen schlafendes Krokodil von uns aufgeschreckt sich ins Wasser stürzte. Einmal hörten wir im Busch Elefanten brechen und aufbrüllen. Dazu der Ruf des Baumschliefers[145] und manchmal der Gesang der Schnecke[146]. Dann fingen unsere Ruderer an ihre melancholischen Gesänge anzustimmen, um sich munter und im Takt zu

---

143 Um 1900 lag der Schwerpunkt der Pflanzungen im Anbau von Kakaobäumen. 1899 standen 1.915000 Bäume auf 2.200 ha unter Kultur (Fitzner 2013: 80).

144 Als „Gig" (engl.) wird ein schmales Ruder-Beiboot bezeichnet.

145 Der nachtaktive Baumschliefer (Dendrohyrax), der zu den Schliefern (Hyracoiden) gehört, lebt in Afrika bzw. hat seinen Ursprung in diesem Kontinent. In den Regenwäldern West- und Zentralafrikas ist der größte Baumschliefer, Dendrohyrax dorsalis, zu finden (Westheide und Rieger [Hg.] 2015: 488-492). Zum Baumschliefer siehe auch Hahn 1959:15-16.

146 Siehe dazu eine Passage in dem Brief von Jobelmann an seine Mutter vom 24.X.1908 (S. 199).

halten. Und über Allem doch die nächtliche Ruhe in der Natur und der silberne Mond, der hier viel heller und größer scheint als in Deutschland. Ein echt afrikanisches Konzert in all seiner Schönheit.

Spät in der Nacht kamen wir in [S. 99] Nassovia, dem Sitz Herrn Linkes, an, wo wir übernachteten und am andern Tage, Sonntag d. 9.II. auf Herrn Schladitzs Kanu, das mit Lebensmitteln und anderen Sachen nachkommen sollte, warten wollten. Nassovia ist eine sehr schöne Anlage. Vom Wasser geht ein Weg ein pa[a]r Minuten lang durch einen Kakaohain zum Leitungshause. Dies ist ein schöner, großer Bau mit vielen Räumen und großer Veranda ringsum. Dort läßt es sich schon wohnen! Einen großen Hof fassen Wellblechbaracken ein, in den[en] die Räume für die boys, Küche, Vorratsräume und Ställe für zwei Pferde, sehr viele Schafe und eine Unzahl Hühner sich befinden. Auch Tischler und Schlosserwerkstatt befindet sich dort. „Süd-Kamerun" ist ja eine ungeheuer große Anlage mit zwei Vorwerken[147]. Es sind dort drei Deutsche und hunderte von schwarzen Arbeitern beschäftigt. Nach einem guten, durchaus europäischen Abendbrot schlief ich in einem dito Zimmer in einem vorzüglichen Bett und zum erstenmal unter einem Moskito-Netz sehr gut.

Sonntag Vormittag wurde ausgezeichnet gefrühstückt. Ich selbst hatte mir Hummermayonaise dazu gemacht, die zwar sehr gut schmeckte, aber nicht die richtige Form hatte. Hummer hatten wir in Dosen, die Mayonaisensauce machte ich nach dem Kochbuch. Außerdem gabs Lachs, verschiedene Fischkonserven und Zuckergurken, die ich sehr gern esse und erst hie[r] in Afrika kennen gelernt habe. Dazu Rotwein. Sehr gutes Brot ist selbstverständlich. Zu Mittag wieder hochfein: Suppe, Fisch, Rehbraten, Kompot, Kaffee, Brot, Butter u. Käse. Weiß- u. Rotwein und Liqueur.

Wir warteten von Stunde zu Stunde, das Kanu wollte nicht kommen. Schließlich gegen 4^h Nachmittags brachen wir auf. Wieder eine einstündige Bootsfahrt den Ntem weiter hinauf [S. 100] und dann noch ein einstündiger Marsch durch Busch und Wald nach Meloko. Die Pflanzung ist sehr jung noch und erst im Entstehen begriffen. Das Steinhaus ist halbfertig. Der linke, fertige Flügel enthält Herrn Schladitzs Zimmer und den sog. store. An die andere Seite werden noch zwei Wohnräume angebaut, deren einen ich hoffentlich beziehen werde. Vorläufig wohne ich noch im alten Buschhaus. Ich hab ein gutes Bett mit Moskitonetz, ordentliche Tische und eine Kommode, die zugleich Waschtisch ist.

Montag, d. 10.II. war ich nicht recht wohl; ich hatte mir an den guten Sachen in Massovia den Magen verhoben. Herr Schladitz zeigte mir Alles. Wie

---

147 Als Vorwerk wird in der Landwirtschaft „ein vom Hauptgutshof abgetrennter Teil des Gutes mit eignen Wirtschaftsgebäuden und eigner, wenngleich in Anhängigkeit von dem Hauptgut stehender Betriebsleitung" bezeichnet (Meyers Konversations-Lexikon 1897b: 419).

man Gummi kauft, was und wieviel die boys, die Handwerker und die Farm-Arbeiter täglich zu essen bekommen u.s.w.

Die Verpflegung hier ist tadellos. Gutes Brot, alle zwei Tage frisch, gute Butter, Wurst, Schinken, Käse, Fruchtgelee u.s.w. Mittags Suppe, Fleisch mit Gemüse und Rotwein dazu. Abends ein warmes Fleischgericht, Brot und Aufschnitt, danach Thee. Und von Allem reichlich. Da werd ich mich schon erholen.

Dienstag, d. 11.II.

Vormittags wollte ich Chinin nehmen, messe aber vorsichtshalber vorher noch einmal mein[e] Temperatur und siehe da – 37,2° Fieber! Auf- od. absteigend? Nach einer halben Stunde messe ich wieder, – 39,5°. Also aufsteigend. Kein Chinin nehmen! Nach noch einer Stunde maß ich schon 40,2° und legte mich sofort zu Bette. Das fing ja gut an. Gleich die ersten Tage krank. Herr Schladitz verordnete mir nun eine Schwitzkur, wie ich sie noch nicht mitgemacht habe. In viele Wolldecken eingerollt mußte ich Unmengen heißen, starkgezuckerten Thee mit Citrone trinken, und ich schwitzte so denn auch, daß der Schweiß [S. 101] unten durch die Matratze durchlief. Doch wollte das Fieber nicht weichen. Es fiel auf 39° aber nicht weiter. Also weiter geschwitzt!

Mittwoch d. 12.II.

Fieber, Schwitzkur. Temperatur Abends 41,8°. Fühle mich aber sonst ganz wohl.

Donnerstag d. 13.II.

Fieber und Schwitzkur. Temperatur Abends 38,5. Endlich sinkt die Hitze.

Freitag d. 14.II. früh 6^h Temp. 36,6°. Sofort Chinin, ehe das Fieber wieder steigt.

Mittags, nach Chininwirkung Temp. 36,5°. Endlich über den Berg. Bin gleich aufgestanden. Herr Schladitz wollte auf Jagd und ich ihn nicht länger aufhalten. Er wollte schon seit zwei Tagen gehen, meinte aber jedesmal, er könne mich doch nicht so liegen lassen.

Ich bin in diesen Tagen wirklich rührend gepflegt worden. Herr Schladitz ließ mir nichts abgehen und kam selbst sehr oft, um nach mir zu sehen. Beko, der gute Junge flößte mir [mit] einer Sorgfalt, die [ich] einem Neger nie zugetraut hätte, in einem fort Tee ein. So hab ich in zwei Tagen ohne etwas zu essen acht Kannen Tee getrunken, jede Kanne zu zehn Tassen.

Nachdem mir Herr Schladitz noch die nötigen Anordnungen gegeben, auch mich mit Nahrungsmitteln versorgt hatte, marschierte er ab und ich allein hatte Meloko unter mir. Vierzehn Tage will Herr Schladitz fortbleiben. Mit Getränken bin ich überreichlich versorgt; so hab ich z.B. acht Flaschen Rotwein für die kurze Zeit. Bier, das Herr Schladitz mir auch angeboten, hab ich dankbar abgelehnt. Der Rotwein wird mir gut tun, denk ich, wenn ich mir auch sonst nicht viel daraus mache.

Zu tun hab ich nicht sehr viel. Ich brauche nur ab und zu nach den Arbeitern zu sehen, habe also Zeit genug, mich mit mir selbst zu beschäftigen, zu lesen und zu schreiben.

[S. 103] d. 25.II.

Vierzehn Tage bin ich jetzt schon auf Meloko. Ich fühle mich sehr wohl und wurde durch die reichliche gute Nahrung täglich mehr gekräftigt. Es ist wunderschön hier. Von der Veranda aus habe ich eine entzückende Aussicht auf den Ntem und den umliegenden Busch. Hab den Hausbau beaufsichtigt und die Reinigung einer Gummibaum-Pflanzung. Mein Zimmer ist bald fertig; ich hoffe, vor der nächsten Regenzeit noch einziehen zu können.

Heut Abend wird nun wahrscheinlich Herr Schladitz zurückkommen. Hoffentlich ist er mit mir zufrieden und behält mich hier. Ich wünschte es zu sehr.

Neulich wollte ich auf ein großes Krokodil, das den Fluß hinunter schwamm, Jagd machen, konnte aber kein Kanu bekommen. Die Neger fürchteten sich zu sehr, als daß sie mich zum die [= zu dem] Vieh hin rudern wollten. Schade, ich hätte es gerne geschossen. Auf den Inseln und Klippen, die der Ntem jetzt zur Trockenzeit aufweist, sieht man manchmal Krokodile oder Flußpferde. Schade, daß ich so wenig Jäger bin; die Jagdlust ergreift mich hier oft.

Die Mpangwes der Umgegend haben mir auf Verlangen schon manches Tier gebracht, leider aber oft verstümmelt, so daß sie für mich wertlos waren. In meiner Kiste hab ich drei Schildkröten lebendig, die ich, wenn sie sich halten, lebend mit nach Hause nehmen will. Heut brachte mir ein Musseki[148] einen lebenden Lappentaucher[149], dem er aber fast alle Flügelfedern ausgerissen hatte, so daß ich ihn nicht brauchen konnte.

Solchen Schmetterlingszug, wie ich ihn in Nkolentangan öfter sah, kann ich heute auch hier beobachten.

---

[148] Tessmann schreibt in seiner Monographie der Fang, dass an bestimmten Stellen der Grenzgebiete „Vermischungen zur Bildung neuer Stämme“ geführt haben und nennt als ein Beispiel die „Mussekji – zwischen Pangwe und Benga [siehe Anmerkung 169] am unteren Kampo“ (Tessmann 1913, Band 1: 4). Vermutlich meint Jobelmann mit der im Folgenden von ihm „Mussetschi“ bezeichneten Gruppe diese genannte.

[149] Die Lappentaucher werden zu den Tauchern, den so genannten Fischvögeln, gezählt. Ihr Leib ist breit und plattgedrückt, der Hals lang und dünn und der Kopf klein. Nur in größter Bedrängnis verlassen sie das Wasser und gehen an Land (Brehms Thierleben 1879: 606 ff.).

[S. 104] 3.III.08.

Hab wieder einige Zeit nicht schreiben können. Hatte viel im Hause und auf [der] Pflanzung zu tun, auch war ich einige Tage in Campo.

Herr Schladitz kam den nächsten Tag schon zurück. Kurz vorher waren Herr Linke-Timler und Herr Gütschow gekommen und hatten auch Post mitgebracht.

Von Mutter erhielt ich teilweise recht wenig gute Nachricht; Vater und die Schwestern sind krank gewesen, Dorchen kann nach den Masern nicht recht mehr hören. Da wird es wohl jetzt zu hause traurig aussehen. Die Arztrechnung ist hoch und Papa hat während seiner Krankheit Verluste gehabt.

Da bin ich den[n] doppelt froh, jetzt nicht nach Haus zu müssen. Wäre ich jetzt gereist, wäre ich zu Haus den Eltern auch noch zur Last gefallen und hätte bestenfalls im Museum gleich eine neue Stellung für 38 M monatlich bekommen.

Von Marga hab ich jetzt schon 2 Monate keine Nachricht. Hoffentlich ist dort nichts passiert. Von Lotte und Henry Jakob hab ich einen gemeinschaftlichen Brief aus dem Kaufhaus des Westens.

Ich bleibe auf Meloko vorläufig, wenn ich gesund bleibe, 2 Jahre.

Vorläufig bin ich Pflanzungsassistent, werde aber in einigen Monaten eine zoologische Station gründen. Herr Schladitz will mir dafür ein besonderes Haus bauen lassen. Ich will sammeln und präparieren, auch biologisch arbeiten und Herr Schladitz wird die größeren Säugetiere und Vögel jagen. Die Ausbeute soll an verschiedene Museen, vor allem das Berliner, und Händler verkauft werden. Allmälig wollen wir die Sta[S. 105]tion so ausbauen, wie das Zenkersche[150] Unternehmen in Bipindi[151]. Zenker hat damit sehr viel verdient und auch der Wissenschaft genützt. Und verdienen wollen wir auch daran, denn die Sache macht viele Unkosten. ⅔ des Verdienstes bekommt Herr Schladitz, der alle Unkosten trägt, ⅓ ich.

An das Berliner Museum hab ich schon um Sammelausrüstung geschrieben, mit nächster Post sollen andere Verbindungen angeknüpft werden.

Ich freue mich sehr auf die Arbeiten.

---

[150] Der aus Leipzig stammende Georg Zenker (1855-1922) besaß in Bipindi (siehe Anmerkung 151) eine Pflanzung mit einer Sammelstation von Pflanzen und Tieren, die er dort präparieren ließ und sie dann wie auch gesammelte Ethnographica an deutsche Museen verkaufte. Zu Zenker siehe Tessmann, Mein Leben, Band 2: 320-321 (Archiv Völkerkundesammlung der Hansestadt Lübeck, T_Leben_2) bzw. Dingslage und Templin (Hg.) 2012: 320-321 sowie Perrois 2006: 34 und LaGamma (Hg.) 2007: 69-70 (Foto von Zenker auf S. 69).

[151] Zur Kolonialzeit war Bipindi ein Handelsplatz am linken Ufer des Lokundje (Fitzner 2013: 116).

Vor einigen Tagen ist in Puno der Pflanzungsassistent Herr Krause an Blutvergiftung gestorben. Er hatte ein Geschwür am Ellbogen, in das durch Scheuern irgend welche Unreinlichkeit hineingekommen ist. Traurig, aber mehr für die Eltern, als für ihn selbst.

d. 5.III.

Gestern Abend, gegen 8 Uhr entstand am Ntem großer Lärm, ich hörte erregtes Palaver, Rufen, Schreien. Aus dem Zimmer, in dem ich vor Moskitos geschützt Briefe schrieb, auf die Veranda hinaustretend, sah ich Fackeln an unserer Landungsstelle wie auch auf der spanischen Seite. Dies kam mir ungewöhnlich vor und ich fragte den boy, was da los sei. Ein Weib ist im Fluß gestorben, war die Antwort. Wie kam denn das?

„Ihr Mann wollte mit ihr auf die andere Seite des Flusses fahren, sie wollte aber auf dieser Seite bei ihrer Mutter bleiben. In der Mitte des Flusses machte ihr der Mann Palaver, und da geht sie ins Wasser und ist sofort tot", erzählt mir Obarra.

Ich nahm mir eine Laterne und ging auch hinunter. Da stand nun die ganze Gesellschaft, unsere Handwerker, boys und [S. 106] Farmarbeiter und noch mehrere Männer und Weiber aus dem nächsten Dorfe. Mit Fackeln und Laternen bewaffnet standen sie da und besprachen den Fall, nur einige suchten das Ufer ab.

Auch die Mutter der Ertrunkenen war da. Sie war ganz sinnlos vor Leid, wollte durchaus ins Wasser und auch sterben wie ihre Tochter. Zwei Männer konnten sie kaum halten, so riß und zerrte sie, um ins Wasser zu können. Sie warf sich hin, schrie auf, krallte sich in den Sand und strebte immer wieder dem Wasser zu.

Heute früh nun suchen mehrere Männer nach der Leiche, suchen die unterhalb liegenden Klippen und Inseln ab und mit langen Stangen den Grund.

Ich glaub kaum, daß sie die Leiche finden. Einesteils ist der Ntem zu reißend, als daß sie auf einer Stelle bleibt, andernteils wird sie längst von Krokodilen und großen Fischen aufgefressen oder zum mindesten verstümmelt sein.

d. 6.III.

Heut Vormittag ist die Leiche wieder aufgetaucht, ganz aufgedunsen schwamm sie auf dem Wasser und setzte sich bald am Ufer im Gezweig eines Baumes fest. Nur der Rücken war über Wasser, so konnte ich nicht sehen, wie weit sie angefressen war. Am linken Arm, das war zu sehen, war die Haut von Fischen abgefressen. Leute aus dem nächsten Dorfe haben sie geholt und im Busch vergraben. Sie wollten sie erst im Wasser ganz nahe dem Ufer vergraben, das hab ich aber energisch verboten, denn aus dem Fluß beziehen auch wir unser ganzes Wasch- und Trinkwasser.

Heut ist schon Freitag, und Herr Schladitz ist noch nicht zurück von Campo. Er wollte Mittwoch schon [S. 107] wieder da sein. Hoffentlich kommt er heut noch.

d. 15.III.

Hab solange nicht geschrieben, ist auch nichts bemerkenswertes darzugekommen. Herr Schladitz ist schon wieder fort auf einem großen 6-8 wöchentlichen Jagdtripp weit ins Innere. Unterwegs will er auch Herrn Teßmann besuchen. Ich möchte wissen, was Herr Teßmann wohl sagen und denken wird, wenn er von Herrn Schladitz hört, daß ich hier bin.

Ich hab vorläufig recht wenig zu tun. Die Arbeiter zu beaufsichtigen ist keine große Sache. So hab ich viel Zeit zum Lesen und Schreiben. Ich wollt, meine zoologischen Sachen wären erst hier, daß ich ordentliche, geregelte Arbeit bekomme.

Hab in den letzten Tagen die Sammel-Anleitung des Berliner Museums[152] durchgelesen und mir Exzerpte gemacht. Ich freue mich wirklich auf die interessanten Arbeiten, die ich beginnen kann, sobald die Ausrüstung hier ist.

d. 19.III.

Jetzt setzt die Regenzeit aber heftig ein. Gestern waren zwei Tornados mit Wolkenbruch ähnlichen Regengüssen. Es wird höchste Zeit, das Schutzdach über den unfertigen Teil des Hauses zu bauen.

d. 21.III. Abend.

Soeben hab ich Björnsons[153] „Flaggen über Stadt und Hafen“[154] zu lesen beendet. Ein großartiges Buch. Wie viel hab ich versäumt, dadurch daß ich bisher noch nichts von Björnson gelesen habe.

So eine Schule, wie er sie beschreibt, wünsche ich meinen Schwestern und allen jungen Mädchen.

---

[152] Vermutlich meint Jobelmann die „Anleitung zum Sammeln, Konservieren und Verpacken von Tieren für das Zoologische Museum in Berlin“, die 1902 in einer 2. Auflage und 1907 in einer 3. Auflage erschienen ist. Das Vorwort zur dritten Auflage wurde im Juli 1907 von Direktor August Bernhard Brauer (siehe Anmerkung 231) verfasst. Das umfangreiche Heft (103 Seiten) in kleinem Format (19 x 12,5 cm) umfasst zahlreiche Artikel von unterschiedlichen Autoren zu verschiedenen Tiergruppen. Das Kapitel zu den Säugetieren beispielsweise wurde von dem Zoologen Paul Matschie (1861-1926) geschrieben.

[153] Der norwegische Dichter Bjørnstjerne Bjørnson (1832-1910) erhielt 1903 den Nobelpreis für Literatur. Bjørnson, der als Nationaldichter betrachtet wurde, thematisierte Themen und Probleme seiner Zeit. Er wandte sich gegen erstarrten Konservatismus und Autoritätshörigkeit (Brøndsted et al. 1984: 20-33).

[154] Der 1884 erschienene Roman „Det flager i Byen og på Havnen“ kam 1904 in deutscher Sprache heraus.

d. 23.

Hab heut früh 6h schon Jagdglück gehabt. Wie ich zum Hause gehen will, die Arbeiter zusammen zu blasen, es regnete in Strömen, kommt plötzlich etwa 2 m vor mir eine große Schlange aus dem Busch. In der ersten Überraschung blieb ich stehen, anstatt [S. 108] sofort zurück zu springen. An dem dreieckigen Kopf erkannte ich sofort die Giftschlange. Sie floh schnell über den Weg. Ich ergriff einen Bambu[s]stock und gab ihr ein pa[a]r Schläge in den Nacken. Beim ersten Schlag bäumte sie sich und blieb darauf still liegen. Auf die anderen reagierte sie nicht mehr. Ich hatte ihr gut das Rückgrat zerschlagen, ohne die Haut zu verletzen. Als [ich] sie jetzt genauer ansah, merkte ich, daß es eine Bitis nasicornis[155] sei. Sie hat wundervolle Farben und Zeichnungen; daß die sich im Alkohol nicht halten ist sehr schade. Es ist ein großes ausgewachsenes Exemplar mit fast ½ cm langen Hörnern auf der Schnauze. Von dieser Art möchte ich mehrere Tiere nach Hause schicken an das Aquarium.

d. 26.III.

Jetzt pflanze ich auch schon selbst. Gummi und Baumwolle hab ich in die Hauptallee gesetzt. Herr Linke-Timler schickt mir Pflanzen, Samen und brieflich Anleitung zum Aussetzen und so lerne ich allmählich Pflanzer. Es macht mir viel Vergnügen. Es ist komisch, jetzt komme ich eher in die gärtnerische Praxis als Helmuth[156]. Daran hätt ich früher nie gedacht.

Heut schickte mir Herr Linke eine große Sendung Gemüsesaamen und eine gedruckte Anleitung zur Anlage eines Gemüsegartens in den Tropen. Dazu eine Menge wundervoller Mandarinen und viele Zitronen.

Wenn ich doch nur meine Post erst hätte, ich hab große Angst, von Mutterchen wieder schlechte Nachricht zu bekommen. Papas Krankheit und die anderen schlechten Verhältnisse zu Hause sind zur Zeit meine einzige Sorge, und zwar eine große. Ich selbst fühle mich hier geborgen und am rechten Platz.

[S. 109] 27.III.

Hab mir heut aus einer Achatina 2 Löffel[157] und einen Kreisel schneiden lassen. Die Löffel heißen auf Mpangwe „ntok“, der Kreisel „ndǒng“. Hab in der Erde kleine gelbe Eier gefunden; „schüĕ“. Hielt sie für Schneckeneier,

---

[155] Bitis nasicornis ist der wissenschaftliche Name für „Nashornviper“, die zur Gattung der Puffottern (Bitis) gehört. Im Deutschen Kolonial-Lexikon wird darauf verwiesen, dass die riesige Nashornviper in den Waldgebieten des äquatorialen Afrikas zu finden ist (Schnee [Hg.] 1920, Band III: 627).

[156] Helmuth ist der 1892 geborene Bruder von Hans Jobelmann. Er absolvierte zu dieser Zeit eine Lehre als Gärtner.

[157] Die Schneckenlöffel sind die Gebrauchslöffel der Fang-Frauen, die Männer hingegen nutzen Holzlöffel (Tessmann 1913, Band 1: 151). Siehe die Abbbildung eines Schneckenlöffels bei Tessmann (ebd.: 154).

doch nach Angaben der Mpangwe sind sie von einem Wurm oder dergleichen. Werd es mir noch zeigen lassen. Achatina: Mpangwe „nkŭ̍ng“, Mabaea[158] „pfŭ̍e“, Löffel: Mabaea „biang-gŏ̍“. Kreisel: Mabaea „kŏ̍kŏ̍“. Pseudo-Achatina: Mpangwe; „schă̍bong“ Mabaea: „mbuğ̍ng“

d. 28.III.

Hab heut den Büffelschädel fertig gezeichnet und ein Mpangwe Haus. Jetzt macht mir das Zeichnen wieder viel Vergnügen.

Wundervolle Fische hab ich mir heut zum Essen gekauft, einen großen Karpfen und einen etwas kleineren welsähnlichen Fisch.

Ein Halsband aus Elefantenschwanzhaaren mit Affen- und Schweinezähnen hab ich mir zugelegt auch hat meine alte minega[159] mir den Zopf mit Kauris gebracht.

Zum dritten Mal lese ich jetzt J. Wolffs[160] „Renata“[161]. Ich finde es wunderhübsch. Laut zu lesen ist es ziemlich schwer.

d. 9.IV.

Hab wieder so lange nicht geschrieben. War auch nichts besonderes los. Hab auch nicht immer so die Zeit dazu. Hab inzwischen etliche Viecher gesammelt und provisorisch in Alkohol getan.

Die letzten Posttage haben mich recht in Angst gesetzt. Von Mama erwartete ich sehnlichst Nachricht, hoffte Papas Gesundung zu lesen und anderes, auch ein Paar neue Stiefel. Die Post kam – ein Brief von Lotte. Nun bekam ich Angst. Hatte Mama nicht geschrieben? Und warum nicht? War zu Haus etwas passiert? Auf die Hauptpost hoffte ich garnicht, da Mama diese nicht zu [S. 110] bemühen pflegt. Zuerst wollte ich sofort telegraphieren, wurde aber durch den hohen Preis davon abgeschreckt. Wie ich mich etwas beruhigt hatte, kam auch die Hoffnung auf die Hauptpost. Der Brief konnte sich ja verspätet haben. Und richtig! Vorigen Sonntag Abend kam ein Brief von Mama und Isi und einer von Helmuth. Papa geht es wieder gut, d.h. gesundheitlich; geschäftlich ists die alte Quälerei. Das ist schrecklich, aber ich glaube, das ändert sich nicht mehr, Papa ist schon zu alt. Mama ist gesund und die Schwesterchen auch. Mama schreibt nun in dem Brief von den Stiefeln, gekommen sind sie aber noch nicht.

---

158 Die Mabea gehören zur ethnischen Gruppe der Fang. Sie lebten Anfang des 20. Jahrhunderts an der südlichen Küste von Kamerun zwischen Lokundje und Kampo. Ihre Zahl betrug 1911 etwa 8.000. Sie galten in der Kolonialzeit als ausgezeichnete Träger (Schnee [Hg.] 1920, Band II: 472). Zu den Mabea siehe auch Dugast 1949: 101-102.

159 Minĕnga ist im Fang die Bezeichnung für „Frau“ (Tessmann 1913, Band 1: 14).

160 Der Schriftsteller Julius Wolff (1834-1910) verfasste sowohl Versepen mit mittelalterlichen Themen wie auch historische Romane und Dramen (Killy und Vierhaus [Hg.] 1999: 574).

161 Der Roman „Renata. Eine Dichtung“ von Julius Wolff erschien 1891 in Berlin.

Isi hat mir selbst ein Briefchen geschrieben, daß sie Ostern versetzt wird und was sie alles zu Weihnachten bekommen hat. Auch Helmuth schreibt mir viel nettes. Lotte hat mir ein Photo von ihr geschickt, ein entzückendes Portrait das nur hätte noch viel viel besser gemacht werden können.

Und von Marga hab ich seit drei Monaten keine Nachricht. Was ist das nur? Ihr letzter Brief war noch so sehr lieb, und nun nichts mehr?

Verschiedene Ethnographika hab ich inzwischen gesammelt. Einen roten nsă̍m[162] der Mpangwe-Weiber, verschiedene Armbrüste, Federkronen u.a.m.

Sonntag brachte Herr Linke-Timler seine photogr. Sachen mit hierher. Er erlaubte mir von seinen Aufnahmen Abzüge für mich zu machen, wovon ich natürlich Gebrauch machte. So hab ich nun doch etwas nach Haus zu schicken. Auch ich hab etliche Aufnahmen gemacht von Mpangwes und Landschaften. Die Aufnahmen sind gut gelungen, aber die [S. 111] Negative sind mir in dem warmen Wasser verdorben. Das ist sehr schade, es war ein hübsches Bild von mir, das ich gern nach Hause geschickt hätte, darunter und etliche sehr schöne Landschaften. Entzückende Motive hab ich auf einer der Inseln im Ntem entdeckt. Die Insel ist so wunderschön, daß ich sie mir kaufen möchte. Teuer kann sie nicht sein. Aus gewaltigen Granitblöcken besteht ihr Grund, von Klippen umgeben ringsum. Mit Gebüsch ganz bedeckt trägt sie stellenweise Raphia- und Ölpalmen. Wenn doch nur nicht alle Photos verderben wollten.

d. 11.IV.08.

hab heut Vormittag wieder Aufnahmen auf der Klippeninsel gemacht. Drei Mpangwe Büko und Masungo sind mitgekommen als Staffage. Diesmal hab ich Films benutzt, ich hoffe daß mir diese nicht verderben werden. Bei bedecktem Himmel und Blende 3 des Kodak hab ich 20 u. 25 Sekunden belichtet. Immer neue Schönheiten entdecke ich auf der Insel; ich möchte sie wirklich kaufen, nur der Schönheit wegen.

Sonntag, d. 12.IV.08, sandte ich ganz früh Morgens den Hetman in die Mabaea-Dörfer, er sollte mir Mimbu, den Palmwein aus der Raphia-Palme, kaufen. Gegen Mittag kam er mit einer großen Steinkruke voll wieder zurück. Herr Linke-Timler, der am Vormittag gekommen war, warnte mich, nicht zuviel zu trinken, da der Wein sehr berauschend sei und einen sehr schweren Kater herbeiführe. Der Mimbu schmeckte mir aber zu gut, um den Kater zu fürchten und ich trank so allmälich die ganze Kruke [S. 112] leer. Herr Linke mag ihn nicht, er schmecke ihm zu seifig. Ich habe keinerlei Rausch oder Kater danach bekommen.

[162] Möglicherweise meint Jobelmann den Hinterschurz aus Raphiabast, der u.a. in Fang mf’ö̆‚ö-zăm heißt, wobei zăm der Name für Raphiapalme ist (Tessmann 1913, Band 1: 174).

Herr Linke war am Sonntag recht unwohl, er hatte etwas Fieber, das sich zum Nachmittage steigerte, sodaß er bald zu Bett ging.

Gegen ½4 Uhr, auch ich schlief etwas im Liegestuhl, kam plötzlich Häuptling Ua angerannt und meldete eine[n] großen Elefanten in nächster Nähe. Ein anderer Mann hatte ihn im Busch gesehen und Ua zu uns geschickt. Herr Linke hatte seine Gewehre mitgebracht, wollte aber seines Fiebers wegen die Jagd nicht unternehmen. Allein wollte ich es auch nicht wagen, da ich noch keine Elefantenjagd mitgemacht hatte. Schließlich entschloß sich Herr Linke doch noch dazu und auch ich ging mit.

Unter Uas Führung zogen wir los. Lautlos, wir Europäer mit gummibesohlten Jagdschuhen, damit auch nicht ein Ast oder Zweig knackte, gings durch den Urwald. Kaum eine halbe Stunde war verronnen, da hörten wir den Elefanten vor uns im Busch knacken. Stop – Gewehre entsichern – dann noch vorsichtiger vorwärts. Da Herr Linke seiner fieberzitternden Hände wegen nicht sicher schießen zu können glaubte, gab er sein Gewehr an Ua. Ua hat mit Herrn Schladitz zusammen schon viele Elefantenjagden mitgemacht und ist ein sehr guter Schütze.

Da, jetzt hat uns der Elefant gesehen! „Brruuu"! Er wendet sich und kommt auf uns zu. Ha, wie wir laufen und springen konnten.[163] Ua allein war seitlich vom Elefanten in den Busch gesprungen und „rumms", fiel der erste Schuß. Ein Krachen, Prasseln und Plantschen folgte. „Brruuu"! [S. 113] „Rumms, rumms"! „Bruuu"! Ich schaute mich um. Noch einige Schüsse fielen, begleitet vom Geschrei Uas und der boys, die uns gefolgt waren. Nun wurde es ruhiger. Ua rief: „Hi bi die!" Die Schießerei hörte auf. Nun ging ich wieder vorwärts und kam bald an die Stelle, an der der gefällte Riese lag. Im Sumpf halb vergraben, den rechten Stoßzahn tief in die Erde gebohrt, lag er da; noch röchelnd aber unbeweglich. Ein erwachsenes Männchen, mit mittelgroßen, kräftigen, gut gebogenen Stoßzähnen. Im Nacken hatte er eine große eiternde Wunde; von einem Speer, wie Ua meinte. Daher, weil er schon von Menschen verwundet war, hatte er uns auch angegriffen. Es war ein altes böswilliges Tier, das die bösen Menschen schon kannte. Bisher ungereizte Tiere fliehen, sobald sie Menschen bemerken.

Frische Brüche am Hute, allerdings keine Eichenbrüche, ruhten wir aus. Nach einigen Minuten jedoch eilte ich mit meinem Hetman im Laufschritt nach Meloko zurück um Tee für Herrn Linke, den die Jagd mit Fieber recht angegriffen hatte, und den Photoapparat zu holen. Wie gebadet in Schweiß kam ich zu Hause an, nahm schnell eine kalte Abwaschung, zog ein anderes Hemd an und trabte, nachdem ich noch schnell zwei große Glas Mimbu ge-

---

163 Vgl. den Brief an seine Mutter im April 1908, in dem er von dieser Elefantenjagd berichtet (S. 187).

trunken hatte, wieder zurück. Auch etliche Farm-Arbeiter mit Haumessern und Körben hieß ich mitkommen, um sich Fleisch zu holen.

Bei dem Elefanten wieder angekommen, machte ich schnell noch einige Aufnahmen; das Tageslicht ging schon sehr zurück, besonders hier im dichten Urwald. Dann ging es ans Zerwirken. Zuerst wurden einige [S. 114] Streifen Haut für Kaschegus herausgeschnitten, dann der Schwanz als Jagdtrophäe abgetrennt. Den Rüssel und die Zunge nahm ich mir für Kraftbrühe und das übrige wurde den Mpangwes überlassen.

Aus den umliegenden Dörfern waren schon etliche Weiber mit Körben und Männer mit Messern erschienen, um sich Fleisch zu holen, wurden aber wieder zurückgeschickt, weil unsere Leute sich erst die eine Hälfte des Tieres nehmen sollten und auch das Elfenbein erst ausgebrochen werden mußte. Die Aufsicht darüber überließen wir dem schwarzen Zimmermann, wir selbst gingen nach Haus, wo Herr Linke sich sofort zu Bett legte. Auch ich war sehr ermüdet und ging bald darauf schlafen.

In der Nacht, d.h. gegen 10 Uhr, wurde ich durch großen Lärm geweckt. Die Jungs brachten mit Triumpfgeschrei einen Zahn heim.

Montag früh 6 Uhr ging ich gleich mit unseren Jungs wieder zum Elefanten um etliche Aufnahmen vom Schlachtfest zu machen. Die Stelle liegt inmitten eines Sumpfes, und so mußte ich auch heut wieder einige Zeit knietief im poto poto waten. Auch das Stativ des Apparates stand halb im Wasser. Als ich ankam, war schon die halbe Umgegend dabei, den Elefanten zu zerlegen. Fast fünfzig Männer waren mit Gier dabei, sich Fleisch abzuschneiden, wobei es oft zu Streitigkeiten und kleinen Gefechten um ein besonders schönes Stück kam. Dahinter standen die Weiber und warteten, daß ihnen die Männer die abgeschnittenen Stücke zuwerfen sollten. Alle auf einmal hatten natürlich nicht Platz, so drängte immer einer den ande[S. 115]ren fort, um auch etwas zu bekommen. Groß Geschrei, ohne das die Neger nichts zu erledigen scheinen, begleitete alles, mehrere wurden verwundet, einzelne allzu eifrige Kämpfer fielen in den Schmutz und fochten sich wälzend weiter.

Wie ich kam und für meine Leute noch Fleisch haben wollte, mußten der Hetman und ich, erst tüchtig mit der Nilpferdpeitsche dazwischen fahren, ehe sie uns Platz machten. Auch zum Revolver mußte ich greifen. Natürlich wollte ich nicht schießen, aber der Anblick des „small ngon" half.

An photographieren war nicht zu denken. Die Kerls hätten keinen Augenblick still gestanden und zu kurzen Momentaufnahmen ists im Urwald zu dunkel, selbst bei größter Blende.

Um den in der Erde steckenden Zahn zu bekommen, mußten wir durch Axthiebe den Kopf, der schon halb entfleischt war, vom Rumpfe trennen und von zehn Männern mittels einer langen Stange als Hebel umwenden. Jetzt erst konnten wir den Oberkiefer zerschlagen und den Zahn herausnehmen.

Tief im Nackenfleisch fand ein Mpangwe die Spitze des Speeres, durch den der Elefant schon früher verwundet worden war. Von dem Holzschaft war nichts mehr zu finden; anscheinend ist er in der stark eiternden Wunde verfault. Die Spe[e]rspitze ist durch den Anprall auf einen Halswirbel stark verbogen. Ob der Wirbel dabei verletzt, war nicht zu bemerken.

Der Leib des Tieres war schon stark aufgetrieben und als ein Neger mit dem Messer durch die Bauchwand stieß, entströmten die Gase wie bei [S. 116] einem geöffneten Gashahn.

Jetzt aber ging der Kampf erst los. Aus dem erweiterten Schlitz traten die Därme hervor, um die sich die Kerls wie die Hyänen stritten. Kreischend und schreiend zogen sie die Eingeweide hervor. Fünf, sechs Mann zerrten an einem meterlangen Stück und plumpsten, sowie einer die Verbindung durchschnitt in den Sumpf und die vom Inhalt des Darmes gebildete Pfütze.

Etwas bekam auch ich von dem Streite ab, wie ich die Leute auseinander treiben wollte. Ein Stück Fleisch kollidierte auf seinem Fluge durch die Luft mit meinem Gesicht, und ein Messer brachte mir einen kleinen Schnitt in dem Arm bei. Daß bei der Rauferei nichts ernstliches passiert ist, wundert mich höchlichst. Dominik[164] erzählt, daß ihm bei gleicher Gelegenheit zwei Leute getötet worden sind.[165]

Als unsere Jungs genügend Fleisch hatten, gingen wir heim, wo ich ein schönes Frühstück mit Elefantensuppe erwartete. Sie schmeckte prachtvoll, schön stark und würzig. Das Suppenfleisch, aus dem Rüssel, war zu zähe zum essen; ich hab es den Katzen gegeben. Auch Dienstag und Mittwoch hab ich noch Elefantensuppe gegessen und auch das Fleisch der Zunge, das, sechs stunden lang gekocht schön weich war und auch gut schmeckte.

Die Nigger haben wieder einmal für 14 Tage frisches Fleisch und freuen sich dessen sehr.[166] Alles kochen sie in starker Salzlösung und räuchern es dann, damit es nicht verdirbt. Um die Mittagszeit sieht man sie jetzt täglich mit dicken [S. 117] Bäuchen herumlaufen. Wenn sie viel zu essen haben, essen sie so, daß die gefüllten Mägen stark bemerkbar unter dem Brustkorb hervorragen.

---

164 Hans Friedrich Dominik (1870-1910) war seit 1893 Mitglied der Kaiserlichen Schutztruppe in Kamerun. Er scheute keine Verbrechen, um der Aufrechterhaltung des Kolonialregimes und der Ausbeutung des Landes zu dienen (Hausen 1970: 129-130 [Anmerkung 211], Stoecker [Hg.] 1960: 257). Teile seiner Aktivitäten in Kamerun hat Dominik 1908 in einem Buch mit dem Titel „Vom Atlantik zum Tschadsee. Kriegs- und Forschungsfahrten in Kamerun" veröffentlicht.

165 Dominik 1908: 249.

166 Tessmann beschreibt in „Mein Leben", Band 2 (Archiv Völkerkundesammlung der Hansestadt Lübeck, T_Leben_2) eine Elefantenjagd mit und bei den Fang im September 1905, die mit einem Tanzfest endet (ebd.: 165-169) bzw. Dinslage und Templin (Hg.) 2012: 288-289.

Wie ich Sonntag Nachmittag mit dem Apparat zum Schußplatz ging, hab ich so recht die Fähigkeit der Nigger im Fährtenlesen und -Auffinden beobachten können. Die Jungs waren vorangelaufen und ich mußte mit einem boy, der noch nicht an der Stelle gewesen war gehen. Im Busch, ohne den geringsten Pfad, wußte ich nicht ein noch aus. Spuren der anderen sah ich auch nicht. Der boy, mein getreuer Ma, suchte den Erdboden ein wenig ab und sagte dann: [„]Hier bi them route“, wobei er mir die Fußspuren zeigen wollte. Ich aber sa[h] sie trotzdem nicht, ich konnte an nichts erkennen, daß die anderen Leute dort lang gegangen waren.

Später, im Sumpf waren die Elefantenspuren deutlich zu sehen und wir konnten ihnen folgen.

d. 20.IV.08.

Ostermontag. Frühlings-Anfang in Deutschland. Und hier? Regenzeit und schwüle Hitze.

Eine große Freude hab ich jetzt ein pa[a]r Tage lang. Bu-dea-boám[167], das schönste Mädchen von Kamerun, weilt zu[r] Zeit auf Meloko und ich hab Gelegenheit, sie immer zu sehen und zu sprechen. Bu-dea-boam ist eine Deutsch-Lunga Mulattin aus frz. Congo[168]. Sie ist die Frau Herrn Linke-Timlers.

Eine wirkliche Schönheit, wie sie eben gerade Mischlinge zweier ganz verschiedener Rassen oft haben. Schlank und rank mit stolzer Haltung und stolzem Blicke in ihrem von langen schwarzen Wimpern [S. 118] beschatteten Augen. Ein schmales feines Näschen, entzückend kleine Ohrchen, einem hübschen Mund und blendend weiße, gesunde Zähne. Einen zarten braunen Teint, der die roten Wangen hindurchschimmern läßt. Tiefschwarzes lockiges Negerhaar bedeckt ihr Köpfchen in gut aussehender kunstvoller Frisur. Ihre Schönheit würde in Europa Aufsehen erregen. Ihr wohlgebautes Füßchen ist durch keinerlei Schuhwerk verkrüppelt. Sie hat eine reizende Stimme; nicht den krächzenden Baß der Negerweiber und auch nicht den allzuhohen pi[e]psenden Sopran der europäischen Backfische. Zierlich spricht sie Benga[169], Mpangwe, Französisch und Pidgin-Englisch. Ein intelligentes Mädchen, an dem keine europäische Schulbildung verloren gewesen wäre.

---

167 Siehe Foto dieser Frau (Abb. 10) auf S. 240.

168 Die französische Kolonisierung in Zentralafrika begann 1880. 1888 wurden „Gabon“ und „Moyen Congo“ zu der Verwaltungseinheit „Congo Français“ vereinigt. Bei der Reorganisation der französischen Verwaltung in Äquatorialguinea wurden 1910 die bisherigen Verwaltungsbezirke (Gabon, Moyen-Congo, Oubangui-Chari und Tschad) zu selbständigen Kolonien erhoben und zum Gouvernement Général de l`Afrique Équatoriale zusammengefaßt. Diese Organisationsform hatte bis 1946 Bestand (Werobèl-La Rochelle, Hofmeier und Schönborn [Hg.] 1978: 100-101).

169 Tessmann zählt die Benga zu den „Altbantu“, Born zu den „Küstenbantu“ (Born 1975: 697).

Und es ist schade, daß sie nicht mehr Bildung erhalten hat. So ist sie nur ein schönes Weib. Das aber auch voll und ganz.

Herr Linke will seine Martha, wie er die schöne Bu dea boam nennt, nicht mit nach Deutschland nehmen, sondern, wenn er selbst nach Hause fährt, sie in ihre Heimat entlassen.

Das würde ich nicht tun.

Auch würde ich, wäre sie die meine, nicht zulassen, daß sie immerzu in den Negerhütten herumliegt, wo sie hier im Europäerhaus ihr eigenes Zimmer hat.

Gestern Abend, nach meinem Abendbrot saßen wir noch eine Zeit beim Thee zusammen. Bei Tisch benimmt sich Martha mit entzückender natürlicher Grazie. Da hab ich mich doch gewaltig zusammen nehmen müssen, die schöne Budeaboam nicht an mich zu reißen und zu küssen. So in all ihrer Schönheit, wie sie [S. 119] mir da gegenüber saß. Und hätt ich es doch getan, hätt ich es doch getan, hätt ich mir doch diesen köstlichen Genuß nicht vorenthalten! Aber mir kamen so allerlei Gedanken. Ich betrachte Herrn Linke als Freund und sie ist doch schließlich sein Mädchen und schenkt mir Vertrauen, in dem er mir, der ich allein auf Meloko bin, die Martha herschickt. Und auch – Martha kennt keine Küsse, sie selbst würde nichts empfinden, darin ist sie noch ganz Negerin. Da verliert auch für mich der Reiz ein groß Teil. Und doch, hätt ich es doch getan.

Und heut? Ich weiche ihr aus, wo ich nur kann und suche sie doch mit Augen, ihre Schönheit zu genießen und fürchte doch die Folgen davon.

d. 5.V.08.

Budeaboam ist fort; in ihre Heimat gereist. Ich vermisse sie sehr, möchte sie immer suchen und sehen.

Herr Schladitz ist zurück von seinem Jagdausflug. Aus Campo bekam ich die Nachricht. Er bat um seinen Koffer und wird wohl wie ich daraus annehme, mit Herrn Linke zusammen nach Gabun fahren. Erzählungen, die mich beängstigen, liefen tagelang von Herrn Schladitz her. Danach sollte er von Tum-Leuten, die die Hälfte Elfenbein abhaben wollten, eingeschlossen sein nach einem Gefechte, in dem viele Tum und einer von Herrn Schladitz boys getötet wurden. Da Herrn Schladitz die Patronen ausgegangen seien, habe er sich aus Kribi Hilfe vom Bezirksamt erbeten.

Und nun ist nichts von alledem wahr, alles Märchen. Die Leute [S. 120] aus Bamabenga, woher der angeblich getötete boy stammt, hatten schon die großen Trauerfeierlichkeiten beendet und nun steht der Junge wieder frisch und munter hinter ihnen und heute finden große Freudenfeste deshalb statt.

Mit voriger Post am I.V. sind auch endlich meine Stiefel angekommen. Schöne elegante Oderkähne; viel zu schade für den Busch. Auch den Faust hab ich bekommen und den Kosmos.

Den ersten Teil des Faust hab ich noch am selben Abend bis 1 Uhr Morgens durchgelesen. Durch den Kosmos hab ich wieder viel Anregung in naturwissenschaftlichen Sachen bekommen. Häckel baut in Jena ein phyletisches Museum[170]; zu den Sammlungen will ich auch beitragen, soweit es mir möglich ist.

Wenn doch erst die Sachen aus dem Berliner Museum da wären, daß ich anfangen kann mit meinen Arbeiten.

d. 10.V.08.

Huch, das waren heiße Tage! Mittwoch Abend kam Herr Schladitz zurück, sehr niedergeschlagen und leicht reizbar. Er hat nur drei kleine Elefanten geschossen und außerdem, wie er sagt, lauter schlechte Nachrichten erhalten.

Nun war ihm in diesen Tagen nichts recht zu machen. Die Farmboys haben schlimme Tage. Für das Geringste werden sie geschlagen, oder es wird ihnen vom Lohn abgezogen.

Auch ich bin nicht ohne abgekommen; ich soll zu viel verbraucht haben, auch wurde beim Durchsehen der Bücher ein Mankou von 60 Dll gefunden. Das ist allerdings wenig schön und mir äußerst unangenehm, aber ich weiß nicht wo es geblieben ist. Ich [S. 121] kann es mir nicht erklären.

Da sind jetzt böse Tage, Herr Schladitz garnicht zu brauchen.

Mutterchen hat mir meine Bücher geschickt, die ich zum zoologischen Arbeiten brauche. Leider wird daraus nun vorläufig wohl nichts werden. Das Berliner Museum will nicht auf unsere Vorschläge eingehen und wir müssen die Sache privat machen.

Mit Herrn Teßmann wirds schlecht gehen. Er hat viel Palaver gemacht, Leute erschossen u.s.w. Auf dem Gouvernement hat man ihn schon auf dem

---

170 Ernst Haeckel (siehe Anmerkung 83) beabsichtigte seinen Nachlass dem von ihm 1907 begründeten „Phyletischen Museum" zu übereignen. Das aus Stiftungsgeldern errichte Museum, das die Entwicklung des Lebens darstellen sollte, wurde von Haeckel 1908 anläßlich des 350-jährigen Jubiläums der Universität Jena an diese übergeben (Krauße und Hoßfeld 1999: 203-204).

Stecher.[171] In spanisch Guinea[172] geht von Bata aus ein[e] Expedition ins Innere um Teßmann zu fangen.

Kommt es auf Deutschem Gebiet zur Verhandlung, werde ich auch mit hineingezogen, da ich ja mitgemacht habe.

Gewiß, die Bebai-Affäre[173] hab ich mitgemacht. Das erstemal hab ich aus Notwehr auf die Omwang geschossen; sie selbst haben zuerst geschossen. Die Strafexpedition danach hab ich unter Teßmann mitzumachen. Was hätt ich auch anderes machen sollen?!

Jedenfalls werd ich zu einer Geldstrafe verurteilt werden und die dann auf Teßmann abwälzen. Wenn ich das wenigstens von Deutschland aus erledigen könnte.

Auch zum Militär muß ich mich jetzt melden, werde in den nächsten Tagen an das Bezirksamt schreiben. Hoffentlich werd ich noch zurückgestellt oder beurlaubt. Noch mehr hoffe ich, ganz befreit zu werden. Die 2 Jahre Dienst würden mir sehr schaden, besonders, da ich so gar kein Geld hab.

Und da schreibt mir Mutter, ich wär jetzt 20 Jahre alt, das wär die schönste [S. 122] Zeit im Leben. Bis jetzt erscheint es mir nicht so. Schweres Leben und eine schwarze Zukunft. Die schönste Zeit, die ich bis jetzt hatte, waren die beiden Jahre 1906 u. 1907, wie ich im Berliner Museum arbeitete und die schönen Nachmittage meinen Interessen widmen konnte oder interessante Collegs hörte. Ich wollt, ich könnte jetzt wieder nach Haus und bekäme meine alte schöne Arbeit bei Prof Tornier und Weltner[174] wieder, das wär schön und wenns für 50 M monatlich wär. Beinahe möchte ich sagen, ich wünschte, Herr Schladitz schickte mich nach Haus.

Zu Haus, bei Eltern und Geschwistern ists doch am besten!! Und wenn ich dritter Klasse reisen müßte, ich würde fahren, wenn ich könnte.

---

171 Ein Schreiben des Staatssekretärs des Reichs-Kolonialamtes an den hanseatischen außerordentlichen Gesandten und bevollmächtigten Minister Dr. Klügmann in Berlin vom 30. Dezember 1907 verweist auf erhebliche Vorwürfe des Kaiserlichen Gouverneurs von Kamerun gegen die Tessmann-Expedition (AHL, Neues Senatsarchiv; 6619, Blatt 13a).

172 Der seit 1968 unabhängige Staat Äquatorialguinea wurde in der Kolonialzeit als Spanisch-Guinea bezeichnet. Die Spanier hatten 1778 das Land erobert, das ab 1858 durch einen spanischen Gouverneur regiert wurde (Mabe [Hg.] 2001: 44-45).

173 Mit „Bebai-Affaire" weist Jobelmann auf das Geschehen am 8. und 9. Dezember 1907 hin, als Tessmann das Dorf Bebai angriff. Siehe S. 76 f. und Tessmann, Mein Leben, Band 4: 41 ff. (Archiv Völkerkundesammlung der Hansestadt Lübeck, T_Mein Leben_4) bzw. Templin (Hg.) 2015: 95 ff.

174 Carl Wilhelm Hermann Weltner (1854-1917) war seit 1892 Kustos der Sammlung wirbelloser Tiere im Zoologischen Museum Berlin. 1902 wurde er zum Professor ernannt (Hackethal 1985: 390). Ein Foto von Weltner siehe ebd.: 406 (Abb. 33).

30.V.

In den allernächsten Tagen werde ich wieder eine Buschreise antreten, diesmal für 2-3 Monate. Die Ntum haben einen Händler von Herrn Schladitz festgehalten und ihm sämtliche Waren abgenommen. Ich will nun hinauf gehen, den Kerl befreien, allen Gummi auf Troß eintreiben, noch möglichst vielmehr kaufen. Interessant wird die Expedition, arbeitsreich auch und vielleicht nicht ganz gefahrlos. Das Schlimmste dabei ist, daß ich ein pa[a]r Monate ohne jede Postverbindung bin.

Herr Schladitz ist z.Z. recht krank. Krank kam er aus dem Busch zurück, ging dann nach Kribi zum Arzt, ist jetzt aber scheinbar noch kranker geworden. Mir scheint es eine schwache Blutver[S. 123]giftung durch Vurunkel zu sein.

Gestern haben wir sämtliche Hausboys und Farmarbeiter ausgezahlt. Da das Gouvernement will, daß vom 1. April dieses Jahres ab alle Leute mit Geld bezahlt werden und nicht, wie bisher, mit Waren, das aber für die Europäer viel zu teuer werden würde, haben wir es folgendermaßen gemacht.

Wir legten den Leuten für je einen Dollar ein Markstück hin und sagten ihnen, wenn sie sogleich dafür Waren nehmen wollten, bekämen sie für 1 Dll Waren, kämen sie aber morgen oder gingen sie in eine andere Faktorei wären 1 Mark nur ½ Dll. Die meisten nahmen dann auch Waren, einige aber auch Geld.

Unser kleiner Anfang von Viehzucht macht mir Spaß. Da ich die Enten und Schafe täglich zwei mal selbst füttere, haben sie sich schon so an mich gewöhnt, daß sie mir aus der Hand fressen. Zu Anfang waren sie sehr scheu. Die Hühner sind nicht so zahm; es sind auch zu viele, als daß ich sie „individuell behandeln" könnte.

Einige Stunden später.

Der Heilgehilfe Herr Athen aus Dipicar war hier und hat Herrn Schladitz Salbe gegeben für die Vurunkel. Herr Schladitz hat heftige Schmerzen, stöhnt und schreit. Sobald der Hetman zurückkommt mit dem Morphium, muß Herr Schladitz welches einnehmen, damit er diese Nacht wenigstens schlafen kann.

31.V.

Herr Schladitz hat trotz Morphium die ganze Nacht nicht geschlafen vor Schmerzen. Mich hat er mehrmals rufen lassen, um die Umschläge zu erneuern.

[S. 124] Der Häuptling Asseng hat heut den großen Zahn gebracht, den er schon lange angemeldet hatte. Er wiegt 37 K[il]o und bringt ungefähr 800 Mk. Da aber Herr Schladitz selbst 700 Mk wird dafür zahlen müssen, ist der Verdienst nicht sehr groß.

Das Kanu hab ich auch soeben nach Campo geschickt, um mir noch Lebensmittel für den Buschtripp holen zu lassen Gleichzeitig ging ein Brief an die Station ab mit der Bitte um Hilfe in Gestalt von Gewehren oder Soldaten.

Meine schönen Chamäleons haben die Ameisen gefressen. Zehn schöne Tiere von drei verschiedenen Arten hatte ich schon im Käfig, sie hielten sich so schön und fraßen so brav ihre Heuschrecken. Und eines schönen Morgens, wie ich aus meinem Zimmer auf die Veranda trete, sehe ichs schwarz wimmeln auf und in dem Käfig und einen breiten Zug Ameisen sehe ich dorthin marschieren. Wie ich, schon böses ahnend, näher zusehe, ob wohl meine Chamäleons die Ameisen fressen oder umgekehrt, liegen die armen Viecher in einer Ecke zu scheußlichen Klumpen geballt schon halb aufgefressen von tausenden von Ameisen. Die Ameisen sind in der Nacht eingebrochen, haben die Chamäleonten durch ihre Bisse getötet und dann verzehrt.

Vorsichtig, damit mich die Ameisen nicht auch noch angriffen, warf ich die ganze Geschichte über die Veranda weit in die Yard [= Hof- bzw. Gartenbereiche], und bei höher kommender Sonne verzogen sich die Ameisen dann auch bald. Am nächsten Tage wollte ich die Kiste reinigen lassen und von neuem anfangen, aber natürlich [S. 125] hatten die blody niggers schon die schöne Drahtgaze geklemmt, und ich konnte nicht zu wissen bekommen, wer sie hatte, obgleich ich sofort alle Häuser vom Hetman durchsuchen ließ.

d. 5.VI.

Meinen Geburtstag hab ich dies Jahr recht wenig empfunden. Post hatte ich garnicht bekommen. Herr Schladitz war recht krank, sodaß ich viel mit seiner Pflege zu tun hatte. Auch hab ich den ganzen Tag für Herr[n] Schladitz Briefe geschrieben, da er selbst ja zu Bett liegen mußte. Auch war er so gereizt und unerträglich, daß ich an dem Tage ganz nervös wurde.

Jetzt endlich ist die Post zur Küste los gegangen und etwas Ruhe eingetreten.

Eine große Freude wurde mir gestern Abend zuteil, daß der Postboy, von Campo zu uns kam. Mehrere Briefe und Karten. Die größte Freude ein lieber Geburtstagsbrief von Lotte und der Chamisso[175]. Daß ich mir den wünschte, hat Lotte wohl von Mama erfahren.

Ich war gerade beim Gummi sortieren als die Post kam und konnte dann noch 2 Stunden Tantalusqualen[176] aushalten, bis ich die Briefe lesen konnte! Auch dann kam ich noch nicht zum Genuß derselben, weil Herr Schladitz in

---

[175] Zu dem Dichter und Naturforscher Adelbert von Chamisso (d.i. Louis Charles Adélaïde de Chamisso de Boncort, 1781-1838) siehe u.a. Elschenbroich 1957.

[176] Tantalos (altgriech.) bzw. Tantalus (lat.) ist eine Figur aus der griechischen Mythologie, der die Götter erzürnte und mit ewigen Qualen bestraft wurde (siehe u.a. Scheuer 1924). Eine quälende Begierde wird mit dieser nach ihm benannten Qual ausgedrückt.

einem fort nach mir verlangte. Er[st] nach 10 Uhr abend konnte ich mich in mein Zimmer zurückziehen, und alle Briefe und Karten ausführlich überlesen.

Die nächsten Tage vergingen mit Vorbereitungen zu der Buschreise und mit Krankenpflege an Herrn Schladitz.

Ich hab mir jetzt auch ein Gewehr gekauft; ein doppelläufiges Zentralfeuer-Teschin[177]. Es ist doch besser ich hab mein eigenes als immer damit herumpumpen.

[S. 126] d. 6.VI.

Heut mittag 2^{h} gings endlich ab von Meloko. Schon Morgens wollte ich fort, aber bis die Lasten gepackt, die Leute ausgezahl[t] und verpflegt waren, dauerte es doch noch so lange. Meine Karawane besteht jetzt aus 9 Traglasten, dem Hetman, der meinen Rucksack und ein Gewehr trägt, dem Händler Oskar und mir. Später, in Ntem, wird noch der Händler Bombela aus Oweng und Händler Monnison zu mir stoßen.

Assam, der den Weg zu kennen vorgab, führte uns und sagte, wir würden vor Abend noch den Bongola erreichen und uns nach dem Dorf Ntem (Beisitown) übersetzen können. Dort wollten wir schlafen.

Wir gingen los, marschierten, marschierten, der Bongola wollte nicht kommen, nicht einmal sein Rauschen konnte man hören. Wir gingen, gingen, es wurde schon dunkel, da sagt Assam, der Weg ist falsch. Wir eine halbe Stunde zurück, einen anderen Weg einschlagen. Es wird dunkel, die Träger wollen nicht weiter. Es bleibt mir nichts übrig, als im Busch zu übernachten. Zelt hab ich nicht, das Feldbett aufschlagen hat keinen Zweck. Ein pa[a]r Feuer werden angemacht, und wir alle legen uns darum und schlafen.

7.VI.

Eine schöne Mondnacht wars, so gespenstisch beleuchtet sah alles aus und die weißen Baumstämme glänzten ordentlich. Gegen Morgen wurde es ziemlich kühl; ich wickelte mich in meinen Poncho und trank ein Glas Rotwein, konnte aber nicht recht warm werden. So war ich froh als es zum Aufbruch hell genug war.

Schließlich fanden wir auch den richtigen Weg und nach 2 Stunden kamen wir zum Bongola. Vorher gings durch viele [S. 127] alte Farmen, die wohl die schönsten Landschaften im Afrikanischen Busch bilden. Die verwilderten Bananenhaine auf den verlassenen Dorfplätzen erreichen eine schöne Höhe. Das Übrige bildet sich zu Parklandschaften aus.

---

177 Teschin (frz.) bzw. Tesching ist eine inzwischen veraltete Bezeichnung für ein leichtes Kleinkalibergewehr.

Der Häuptling des Dorfes am Bongola hatte einen sehr hübschen Pfeifenkopf, wie ich bisher noch nicht gesehen. Wie immer aus Ton, doch mit einem Män[n]chen darauf.

Die Landungsstelle am anderen Ufer des Bongola ist eine große Strecke weiter aufwärts, deshalb dauerte die Überfahrt sehr lange. Um 11^{h} a waren wir in der Beisy-town wo ich auch übernachtete, da das nächste Dorf sehr sehr weit sein sollte.

Bisher hatten wir Fang-Dörfer berührt.

Am 8.VI. kamen wir durch mehrere Mabaea Dörfer, deren Häuser nicht aus Bambu-Matten sondern Baumrinde hergestellt werden. Die Dächer aus Katamum-Matten. Auch waren die Häuser größer und sauberer.

Am Betan, einem Nebenfluss des Bongola trafen wir wieder auf Fang.

Einige Stunden weiter trafen wir bei Aschok auf den großen Karawanenweg Campo – Nemajong, dem wir jetzt bis Nemajong folgen werden, und den ich schon kenne.

Ich übernachtete in Akak und schlug dort mein Lager im Palaverhaus auf, da alle anderen Hütten zu klein und zu schmutzig sind. Ein Albino-Mädchen wurde mir in Akak gezeigt und sogar zum Kauf angeboten, da ich als white man dies weiße Weib doch wohl haben wollte.

Hu! Schon der Gedanke macht mich ekeln. Diese Negerformen und dann weiß [S. 128] ist wohl das Häßlichste, das es gibt. Braun wäre das Mädel sehr hübsch gewesen als Negerin, aber so – pfui Teufel.

9.VI.

Wieder nur sehr langsam vorwärts gekommen nur bis Mwinne. Schlechte Wege, schlechte Träger, schwere Lasten. Einige Leute, die aus Akonanje kamen, erzählten, dort sei Palaver, Herr Danielsen habe nach Kribi um Soldaten geschickt. Ich halte diese Nachricht für dasselbe Märchen das vor einiger Zeit von Herrn Schladitz erzählt wurde. Wäre es wahr, könnte es mir auch unangenehm werden, denn in dieselbe Gegend muß ich.

Den Chamisso von Lotte hab ich mitgenommen. Abends im Dorf, wenn alles besorgt ist lese ich darin. Seine Reise um die Welt[178] interessiert mich ja hauptsächlich, aber auch die Gedichte lese ich gern.

Am 10.VI. wurde ich unterwegs krank; eine kleine Wunde am Fuß trieb eine große beim Gehen sehr schmerzhafte Blase. Außerdem bekam ich schon Vormittags Fieber, sodaß mir das Übersteigen der Berge sehr schwer

---

178 Von 1815-1818 unternahm Adelbert von Chamisso (siehe Anmerkung 175) eine Weltreise. Sie führte ihn u.a. nach Brasilien, Chile, Argentinien, Alaska, Hawai und in die südpazifische Inselwelt. 1836 erschien sein Werk „Reise um die Welt mit der Romanzoffischen Entdeckungs-Expedition“ in Berlin.

fiel. In Mpfanemakok machte ich Halt und ging sofort zu Bett. Vorher maß ich das Fieber, das Thermometer zeigte 41,5°. Da ich heftige Kopfschmerzen hatte, nahm ich Antipyrin[179]. Gegen 7^h p maß ich wieder, jedoch nur 36,7.

Heute früh, am 11.VI. hatte ich eine gewöhnliche Temperatur 35,5° und nahm deshalb Chinin. Das Fieber kam auch nicht wieder. Der Marsch war recht beschwerlich, sodaß ich nur bis Ntola gekommen bin. Die Träger machen Palaver wegen der schweren Lasten, ich [S. 129] fürchte, sie laufen mir nächstens alle fort. Dann sitze ich wieder so da.

12.VI.

Bin recht fußkrank geworden heute; mein linker Fuß ist geschwollen und so fällt mir das Gehen recht schwer. Deshalb hab ich auch heut schon um 1 Uhr Mittags Schluß gemacht in Nkȍ. Hier, von Nemajong ab, bin ich in fremdem Gebiet, das ich noch nicht kenne. Dörfer sind hier viel häufiger als in den mir bisher bekannten Gegenden. Ich fang jetzt an mich so viel wie möglich von Eingeborenen Kost zu ernähren. Ganz ausschließlich geht es ja nicht, ist auch nicht nötig. Aber Ngon, Erdnüsse, Mais, Kassada, und Makabo schmecken auch gut und sind bedeutend billiger als die teuren Konserven. Wenn ich mir nur noch Brot backen könnte, das teure Schwarzbrot wird so schnell alle, und recht satt essen kann man sich doch nicht daran, will man nicht mit einer Mahlzeit eine ganze Büchse beendigen.

12.VI. [= 13.VI.?]

Morgens beim Aufbruch streikten sämtliche Träger. Sie seien krank hieß es. Ich ließ sie mir kommen. Drei sind wirklich krank, die anderen wollten nicht. Einer wollte fortlaufen, ich ließ ihn zurückholen und zog ihm ein pa[a]r über. Da erhob er den Stock gegen mich worauf ich ihm die Peitsche ins Gesicht schicke. Er wiederholte, mich schlagen zu wollen, als er aber den Revolver in meiner Hand sieht, tritt er zurück und ist still. Ist nachher auch ganz brav mitgegangen.

Die drei Kranken mit ihren Lasten und einem Hetman hab ich zurückgelassen. Ich hab keine Zeit zu warten. Sie sollen einen Tag warten und mich dann einholen. Da ich auch noch fuß[S. 130]krank bin, sind wir heute nicht viel weiter gekommen, doch muß ich sehen, schnell vorwärts zu kommen. Akonanje soll noch eine Woche entfernt sein.

14.VI.

Die Übersteigung des Nkole-manjim heute bei Morgengrauen war ein hübsches Stück Arbeit, erschwert durch meinen kranken Fuß und die schweren Lasten. Bin nur bis 10^h a marschiert, bis ich das Dorf Ngong erreichte. Es ist

---

179 Antipyrin ist ein Analgetikum-Antipyretikum, das 1883 nach der Patentanmeldung unter diesem Namen von den Höchster Farbwerken vertrieben wurde. Als fiebersenkendes Mittel wurde es weltweit bekannt (Gerabek et al. [Hg.] 2005: 72).

eins der größeren hier in der Gegend und zählt 20 Häuser. Ausnahmsweise viele Leute sind hier versammelt, ich schätze bis 200, um ein Palaver abzuhalten.

Den Hetman Assam hab ich sofort zurückgeschickt, um die in Nko zurückgelassenen Lasten zu holen. Ich will heut und will auch morgen noch darauf warten.

Heut ist ja Sonntag, jetzt eben, 6 Uhr Abends fällt es mir erst ein. Gefeiert hab ich ihn; hab den ganzen Tag Chamisso gelesen und am Nachmittag etwas geschlafen, auch zu mittag etwas besser gegessen, nämlich Reis mit Fleisch und Mudika.

Jetzt eben treffen auch die zurückgelassenen Lasten ein. So kann ich doch morgen noch weiter gehen.

15.VI. 6^h a.

Hab die Nacht wenig geschlafen. Bis Mitternacht machten die Nigger blödsinnigen Lärm und darauf ging ein heftiger Tornado nieder. Auch ist mein Feldbett so schmal und unbequem.

Und jetzt, wo ich aufbrechen möchte, regnet es in Strömen, sodaß die Lasten ganz durchgeweicht werden würden.

4^h p. Nach anstrengendem Marsch über Hügel und Felspartien, über zerfallene Brücken und auf Flößen über den 50 m breiten Ndschǒ endlich in einem Dorfe angelangt, in dem ich übernachten kann und muß, [S. 131] da das nächste bei Licht nicht mehr zu erreichen ist. Dieser Marsch ist mir merkwürdig schnell vergangen. Irgend einer Einzelheit bin ich mir nicht bewußt; ich hab beim Gehen immer so intensiv nach Hause gedacht, daß ich mich bei einer Stockung erst aufwecken mußte und mich in der Gegenwart gar nicht zurecht finden wollte.

Der Marsch am 16.VI. war wieder recht anstrengend. Felsiges Gebirge und Sumpfstrecken. Wenige große Dörfer in großen Abständen. An manchen Häusern Zeichnungen mit Kohle von Soldaten und Elefanten. Bei den Elefanten der Schwanz mit seinen Ha[a]ren ganz besonders groß gezeichnet, ebenso groß als der Rüssel. Es ist schade, daß ich nicht mehr Zeit habe, all solche Zeichnungen aufzunehmen; die Dinger sind sehr interessant.

d. 18.VI.08.

Hier sitze ich nun in Oweng, einem elenden Dörfchen, in einer sogenannten Buschfaktorei an einem aus einer leeren Proviantkiste improvisierten Tisch. Eine Buschfaktorei heißt man also eine Negerhütte, nicht größer als die anderen, in der an einer Seite anstatt des obligatorischen Bettes ein Regal zur Aufnahme weniger Stück Zeugs steht.

Der Marsch gestern war, da ich auf jeden Fall Oweng erreichen wollte, recht anstrengend und so hab ich meinen Leuten heute einen Ruhetag gegönnt.

Gestern Vormittag gings wieder durch etwas Gebirge, ähnlich den M[p]fanemakok-Bergen, dann über einen reißenden Fluß, den Mvilla. Hierbei wäre das Floß, das an einer Liane von [S. 132] einem Ufer zum anderen gezogen wird, mehrmals beinahe umgeschlagen. Das Übersetzen meiner Karawane dauerte ziemlich lange, da ich der Unsicherheit des Floßes wegen nur zu zwei Lasten auf einmal darauf ließ. Trotzdem ist aber einmal ein Kerl ins Wasser gefallen, der eine Strecke stromabwärts getrieben sich durch Schwimmen rettete.

Am Nachmittage sah ich zum erstenmal Parklandschaften in größerer Ausdehnun[g]. Es macht zuerst einen merkwürdigen Eindruck, wenn man aus dem dichten Urwald auf einmal ins Freie tritt, einen weiteren Umblick hat. Große Flächen sah ich hier grasbedeckt nur durch einzelne Gruppen von Schirmbäumen oder durch einzelne riesige Wollbäume oder Ölpalmen unterbrochen.

Die letzten zwei Stunden vor Oweng zeigte eine breite Blutspur den Weg. Im Dorfe selbst angekommen wurde uns sogleich die Lösung dieses Rätsels zuteil. Ein Mann hatte nämlich eine große Sumpfantilope getötet und nach Hause geschleift.

Bombela, der hier ansässige Händler kam mir gleich entgegen und berichtete über seinen Gummi. Ich ließ erst einmal mein Bett aufschlagen, mir Abendbrot machen und legte mich dann sehr bald zu Bett, denn ich war sehr müde.

Heut früh bin ich für hiesige Verhältnisse sehr spät aufgestanden; erst um 7 Uhr. Darauf frühstückte ich so gemütlich als möglich.

Der Häuptling Ojonno, ein hübscher, ganz junger Kerl von phantastischem Aussehen brachte mir ein großes Stück der erlegten Antilope, das ich zu [S. 133] Mittag, mit Mudika zubereitet, sehr wohlschmeckend befunden habe.

Da derselbe Kukuma meinen Leuten kein Futter geben wollte, mußte ich selbst an etliche Bananen Hand anlegen.

Von Bombela ließ ich mir hier Brot backen, sodaß ich einige Tage nicht den teuren Büchsenpumpernickel zu essen brauche. Eigentlich gedachte ich länger hier zu bleiben, um noch Gummi zu kaufen, werde aber doch schon morgen früh weitermarschieren. Es ist hier nicht auszuhalten vor Sandfliegen und Moskitos. Hoffentlich besorgt mir der Oberhäuptling dieser Gegend, Njemma Dongo, noch einige Träger.

Eine Zieharmonika, die sich im Besitze dieser Nigger befindet, kann mir die ganze Gegend verleiden.

Am 19.VI.

Morgens konnte ich, wie voraus zu sehen, trotz großer Mühen, endloser Reden und heftigen Anschnautzens der Häuptlinge natürlich doch keine Träger bekommen. Ich mußte also zwei Lasten zurücklassen und so aufbrechen. Durch weit ausgedehnte Raphia-Sümpfe ging es heute und da ich keinen Mann übrig hatte, mußte ich selbst durch den knietiefen Sumpf waten und hatte den ganzen Tag nasse Füße. Da ist das Laufen in Stiefeln und Gamaschen gerade kein Vergnügen, abgesehen davon, daß das Sumpfwasser meinen Wunden an den Füßen auch nicht gerade sehr gut ist.

Riesige Exemplare der Raphia-Palme sah ich hier; haushoch d.h. nach europäischen Häusern gemessen. Das Dorf, in dem ich heut übernachte, Bebai, ist klein, besteht nur [S. 134] aus 4 Hütten. Trotzdem sorgte der Häuptling gleich nach meinem Eintreffen nach Möglichkeit für meine und meiner Leute Verpflegung. Eine Unmenge Maiskolben heranschleppend entschuldigte er sich, daß keine Khanks und Planten da seien. Mir selbst überbrachte er zwei Hühner. Für ein Markstück, das er wer weiß von wem hat, wollte er mir eine Büchse Fleisch abkaufen. Das Fleisch gab ich ihm dann auch, aber die Mark hieß ich ihn auch behalten, das sei Dash für ihn. Darüber freute er sich denn sehr und brachte mir gleich noch eine Schüssel Erdnüsse.

Erdnüsse, zu Brei gekocht und stark gepfeffert esse ich jetzt fast täglich und sehr gern. Heut Abend aß ich Maisbrei, den mir der boy aber zu stark gepfeffert hatte, sodaß ich zwei Flaschen kalten Kaffee nachtrinken mußte.

Über eine Sache habe ich mich heut mit Bombela gestritten. Der Familienverband in dieser Gegend heißt Eba. Ich fragte Bombela nun, ob die Eba Fang seien. „Yes"! „Ich denke Ntum?" „Yes, Eba bi Ntum"! Das konnte nun nicht stimmen, entweder Ntum oder Fang, aber beides zugleich ist nicht möglich. Ntum und Fang sind Unterstämme der Mpangwe, unter sich aber verschieden. Dies erzählte ich Bombela, er sagte zu allem Yes. So bin ich nun noch im Unklaren ob die Eba Fang od. Ntum sind.

1 Stunde später. Von dem Häuptling hier bin ich soeben aufgeklärt worden. Die Eba sind Ntum. Seit Überschreitung des Klume bin ich schon bei Ntum-Völkern. Die Eßambida, Eßamba, [S. 135] die Eßakoran oder Eßakotan und die Eba sind alles Ntum.

20.VI. 9^{h} a.

Nach Übersteigung des Nkol-Akonitje, einer schönen, bewaldeten Hügelkette, halten wir in dem gleichnamigen Dorfe. Schon wieder ist ein Europäer im Busch gestorben, seine Sachen wurden soeben hier durch nach Kribi getragen. Ein hübscher Terrier, der ihm gehörte, springt freudig an mir hoch und leckt mir die Hände.

7^h p. Einige Zeit später traf ich noch mehr Leute mit Sachen des Verstorbenen. Unter Anderem etliche Papageien und ein entzückender Chimpanse, den ich gern an mich genommen hätte. Er schaute mich so treuherzig mit seinen klugen Augen an als ich ihn streichelte. Ich will mir doch bei Gelegenheit einen kaufen von den Negern oder von einem Europäer, die Tiere sind doch zu interessant, und ich sitze hier so an der Quelle.

Nachmittags kam ich durch größere Grasflächen. Das Gras ist 3-5 m hoch. Sollte dass schon der Übergang zum Graslande[180] sein? Das Randgebirge scheine ich überschritten zu haben. Sollte ich wirklich schon soweit östlich sein. Es ist schrecklich, so ohne Kompaß und Karte hier im Lande herumlaufen zu müssen. Ich weiß garnicht wo ich mich befinde.

d. 4.VII.

Ein gut Stück weiter bin ich in den letzten Tagen doch gekommen. Seit zwei Tagen bin ich in Span. Guinea und werde voraussichtlich morgen Frz. Congo betreten. Auch werde ich morgen [S. 136] in das Gebiet der so gefürchteten Okasi gelangen. Angst hab ich ja gerade nicht, aber daß ich sehr ruhig in die Zukunft sehe, kann ich auch nicht gerade sagen. Herr Müller, den ich in Akonanje traf, erzählte mir verschiedenes von den Okasi, vor Kurzem haben sie eine Karawane einfach zusammen geschossen und die Waren genommen. Er selbst hat immer Palaver dort, obgleich er mit sechs Gewehren spazieren geht. Ohne Europäer-Begleitung traut sich keine Karawane durch das Gebiet. Und ich hab nur zwei Gewehre, eins dazu ohne Patronen, und meinen Revolver mit nur noch 11 Patronen. Hoffentlich geht alles glatt ab, ich hoffe das Beste und bin auf das Schlimmste gefaßt.

Weite Sumpfstrecken mußten in den letzten Tagen durchquert werden, teils auf halb zerfallenen und verrotteten Brücken, teils auf Negerschultern und Armen.

In der Nähe eines Dorfes traf ich einen Baum, in dessen dunklem Laube Orangen glühten. Ich erntete eine Anzahl, da sie aber ziemlich bitter schmeckten, verteilte ich sie unter meine Jungs.

Auch Eisengewinnung[181] aus eisenhaltigem Gestein sah ich heute zum erstenmal bei diesen Niggern. Ein pa[a]r von den Steinen sowie einige Stücke

---

180 An die Urwaldregion Kameruns schließt sich im Nordosten ein Hochplateau, das so genannte Kameruner Grasland an, das durchschnittlich 700-800 m über den Meeresspiegel liegt. Bekannt ist das Grasland für seine zahlreichen kleinen Königstümer.

181 Die Eisengewinnung gehörte zu dieser Zeit bei den Fang bereits mehrheitlich der Vergangenheit an, da inzwischen europäische Eisenwaren eingeführt wurden. Zur Eisengewinnung der Fang siehe Tessmann 1913, Band 1: 224 ff. – Bei archäologischen Grabungen in Kampo in den Jahren 1997 bis 2008 wurde u.a. sehr viel Eisen aus den ersten Jahrhunderten nach Chr. gefunden (Mail von Manfred K. H. Eggert an Mitherausgeberin vom 11.3.2015).

Roheisen hab ich mir mitgenommen. Aus dem Eisen machen sie Hundeglocken, Speerspitzen und Geld.

Herr Müller hatte auch eine Karte von Kamerun, wo sogar Akonanje darauf stand. Es ist aber auch als Grenzstation von Hauptmann Förster festgelegt. Darauf sah ich auch, daß die Akonitje-Berge nach Osten die letzten Ausläufer des Rand[S. 137]gebirges sind. Die großen Grasflächen, die immer häufiger wurden, sind also doch als Übergang zu den Grasländern im Osten anzusehen. Das ganze Land hier ist hügelig, hügelauf – hügelab gehen alle Tagesmärsche. Zwischen den Hügeln große Sumpfstrecken, auf den Hügeln Dörfer mit ihren Farmen. Eigentlichen Hochwald scheint es hier nicht zu geben, alles kleinerer Buschwald und Parklandschaft. Aber viele sehr große und alte Oelpalmen kommen hier häufiger vor als anderswo, mir ist dies von Akonanje an aufgefallen. In diesen Palmen haben große Kolonien von Webervögeln ihre Nester, wodurch schon viele Palmen abgestorben sind.

Sonntag, d. 5.VII.

Der heutige Marsch war recht kurz. Entsetzlich schlechte Wege. Sumpf – Sumpf – Sumpf. Die Hälfte bin ich getragen worden. Zuletzt in Awang endloses Palaver. Zwei Stunden lang Rede und Widerrede mit zwei Häuptlingen. Und wie können diese Kerls reden! Zuletzt hab ich mir noch ein schönes Schwert schenken lassen, so hab ich doch wenigstens einen Erfolg.

Morgen früh gehts nun weiter; hoffentlich bin ich bald in Nkum. Gerade in den nächsten Tagen stehen mir etliche schwierige Palaver bevor.

Am 6.VII. ging es wieder durch weite Sumpfstrecken. Vormittags sah ich von einer Lichtung aus hohe Hügel nahe vor uns liegen; die Nkol-aoa, wie die Leute mir sagten. Der höchste dieser Hügel mußte erstiegen werden. Zuerst war ich wütend, daß der Weg ausgerechnet über den höchsten ging, denn der Aufstieg war steil und steinig und nichts weniger als angenehm. Oben angelangt, wurde ich [S. 138] aber auf das schönste für die Anstrengungen belohnt. Des freiliegenden Gesteins wegen war der Gipfel unbewaldet und ich hatte von dort eine wundervolle Aussicht weit ins Kameruner Land und ins Congogebiet hinein. Nach der einen Seite hin unendlicher Wald mit einzelnen Hügeln darin, nach der anderen Seite reihte sich ein Hügel an den anderen bis sich die letzten in Nebel verloren. Alle Hügel bewaldet nur an wenigen Stellen freier Granit.

Nkol-aoa bedeutet Chimpansen-Gebirge, es sollen dort viele Chimpansen vorkommen. Ich selbst habe keinen gesehen oder gehört, bin aber auch immer am Ende meiner Karawane gegangen, wo alle Tiere von den ersten Leuten schon längst verscheucht sind. Doch ist es sehr glaubwürdig, daß dort viele Chimpansen vorkommen; die Gegend bietet ihnen die schönsten Bedingungen. Felsige Hügel mit vielen Höhlen, dichter alter Hochwald, das schönste, das Chimpansen sich wünschen können. Am Abhang dieses Hügels liegt das Dörfchen Aoa idyllisch zwischen Felsblöcken und gestürzten Baumriesen.

Auf dem nächsten Hügel das Dörfchen Nko, von wo man kahle Felskegel sieht; den Nkole-ntana und den Nkol'-abarra. ntana und abarra bedeutet beides unbewaldet, kahl. Alle Hügel sind sanft gerundet, nirgends sind spitze Berge zu sehen.

Weiter ging es hügelauf, hügelab, stundenlang. Am Abhang eines dieser Hügel liegen ungeheure Granitblöcke verstreut. Blöcke, aus denen man hätte Häuser schlagen können, 30-40 und mehr Meter hoch. Einige zusammenliegende dieser Findlinge bildeten große Höhlen, in deren eine ich hinabstieg, um zu trinken, [S. 139] denn ich hörte ein Wässerlein rauschen. Und ich stieg hinab, und es wurde tiefer als ich gedacht hatte. Fast dunkel war es dort unten, nur das Quellbächlein leuchtete etwas. Ganz unbetretener Boden. Der Lateritsand[182] wies keinerlei Fußspuren auf und vom Regen können solche nicht verwischt werden. Das Wasser schmeckte sehr gut und war erfrischend kühl. Kleine Fische, zum Fangen zu schnell schwammen hin und her. Ein Stückchen weiter hörte ich es unterirdisch plätschern. Die Oberfläche eines dort liegenden Granitblockes war mit kleinen bläulichen und grünlichen Bergkristallen dicht besetzt. Einige hiervon nahm ich mit.

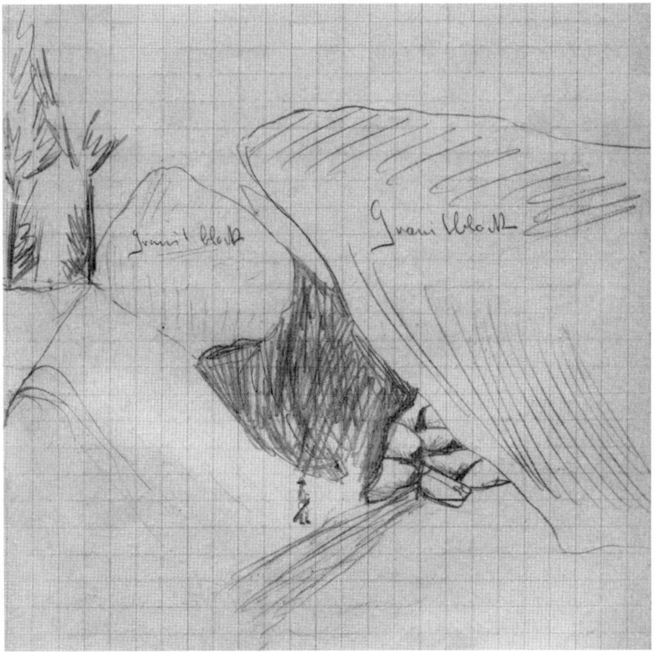

[182] Der für die Tropenzone charakteristische ziegelrote Laterit ist ein Verwitterungsprodukt der Eruptivgesteine mit den Hauptbestandteilen Tonerdehydrat und Eisenoxyd (Korschelt et al. 1912: 64).

Eine Strecke weiter sah ich an einer senkrechten Wand Löcher und Trichter im Gestein, die Strudellöchern und Gletschertöpfen [S. 140] sehr ähnlich sind.

Bald darauf kam ich in Bebai an, wo vor einiger Zeit eine unserer Karawanen überfallen und beraubt war. Die ganze Mannschaft war natürlich unter Mitnahme sämtlicher Weiber, Kinder und aller Schafe, Ziegen und Hühner aus Angst vor dem whiteman ausgerissen. So dauerte es sehr lange, bis ich überhaupt Verbindung mit den Kerls bekam. Der Häuptling eines Nachbardorfes vermittelte schließlich. Ich saß im Dorf mit meinen Leuten, die Bewohner des Dorfes saßen im Busch, der andere Kukuma lief zwischen uns hin und her und überbrachte Rede und Gegenrede. Und wie konnte der Kerl reden! Solche Dauerredner könnte man den Parlamenten empfehlen. So ein Kerl kann einem fünf Stunden lang auseinandersetzen, daß z.B. gut Wetter ist. Die Leute haben ein pa[a]r Ziegen bezahlt und hoffen, das Palaver wäre zu Ende. So ists aber nicht. In nächster Zeit muß ich mit Monnison zusammen wieder hingehen und die Sache fertig machen, denn Monnison allein weiß, wieviel Waren ihm die Kerls geklemmt haben. Da es Abend wurde, brach ich die Verhandlungen ab, denn in dem Nest konnte ich nicht übernachten.

Ich schlief in Nßumo. Dies ist zwar auch nur ein kleines Dorf, aber neu mit relativ großen und sauberen Hütten. Hier hörte ich ein eigentümliches Blasinstrument mit merkwürdig durchdringenden und klagenden Tönen. Am anderen Morgen wollte ich es sehen, doch zeigten die Leute es mir nicht; sie schienen große Angst zu haben. [S. 141] Von meinen Jungs hörte ich später, es werde, wie die großen Trommeln zum Sprechen von Dorf zu Dorf benutzt. Etwa eine halbe Stunde später sah ich auf einem größeren Hügel von unregelmäßiger Bildung als die anderen ein[e] kraterähnliche Bildung. Es war ein fast regelmäßiger Trichter von ca. 150 m Durchmesser und ungefähr 100 m Tiefe. Die Wände bewaldet, in der Tiefe Sumpf.

In Alen-Njankeng war dieselbe Palavergeschichte wie in Bebai tags zuvor. Es war recht kalt auf diesen Höhen und ich fror ziemlich als ich da im Palaverhaus sitzen und diese entsetzlich langen Niggerreden anhören mußte. Dazu aß ich Maiswurst nach Mpangwe-Art die auch kalt ist.

Später in Nßini sah ich zum erstenmal die Zeuge aus Palmbast, die sich die Nigger selbst herstellen, vor europäischen Zeugen vorherrschen. In demselben Dorf waren mehrere alte Kerle mit grauen Haaren und Bärten. Die ältesten schätze ich auf über 100 Jahre.

An diesem Abend machte ich halt in Alen, Essauong, einem Schwesterdorf von Alen, Essauong an der Abaea bei Nkolentangan. Hier kaufte ich mir ein sehr hübsches beschnitztes Gefäß zum Rotholz anreiben für ein pa[a]r Löffel Salz. Mehrere Albinos beherbergt dies Dorf. Ekelhaft häßliche Menschen, besonders wenn sie noch dazu schielen, wie es mehrere dieser Kerls tun. Da solche Menschen hier auch heiraten dürfen, wird diese Mißbildung immer weiter erhalten.

In der Nacht starb ein Häuptling eines dieser vielen großen Dörfer. Sofort wurden sämtliche Leute durch die großen Trommeln in Bewegung gesetzt. Dies [S. 142] Trommeln hört sich manchmal wie Elefanten-Gebrüll an, und als ich in der Nacht davon aufwachte und dann auch alle Weiber und Kinder schreien hörte, glaubte ich im ersten Augenblick, Elefanten seien in das Dorf eingebrochen.

Als ich am 8.VII. Morgens abmarschierte, waren die Totenfeierlichkeiten schon in vollem Gange. In allen Alen-Dörfern wurde wie wahnsinnig getrommelt und geschrieen.

Auf dem Durchmarsch durch Mfule sah ich zum erstenmal Männer mit Federkronen aus roten Papagei- und Turako-Federn.

Sumpf – Hügel – Sumpf, so waren alle Wege dieser Tage.

Jetzt, am 10.VII. sitze ich in Nkum, der östlichsten Station meiner Reise. Von hier aus mache ich kleinere Expeditionen in die Umgegend und hoffe, Anfang nächsten Monats wieder zurückgehen zu können. Ich möchte mich nicht zu lange hier aufhalten, denn ich bin im frz. Congo, und kann, falls französische Kolonialsoldaten hierher kommen sollten, gefangen genommen werden; und das möchte ich doch nicht gern.

Da wird zu Haus soviel geschimpft über die hohen und engen Stehkragen, und mit Recht! Da sollten die Leute zu Hause erst einmal so einen Mpangwe sehen mit seinem Stehkragen aus Messing, sodaß der Kerl den Hals kaum drehen und den Kopf nicht beugen kann. Und solch ein Kragen wiegt bis 6-8 Pfund! Die meisten haben wunde Stellen davon, das hindert aber nicht, solch Kragen ist eben Mode und teuer, folglich wird er getragen. Ganz wie bei uns.

Gewehre haben hier alle Männer. Kein Mann geht ohne Gewehr in den Busch. Kurze Zeit nach meiner Ankunft in Nkum [S. 143] kam die ganze Mannschaft des Dorfes, mindestens 200 Kerle, alle mit Gewehren und Schwertern, unter Führung ihres Häuptlings zu mir, um mich zu sehen. Zuerst wurde mir etwas schwül, wie sie da alle in voller Kriegstracht ankamen, denn ich wußte nicht, was sie wollten. Etwas beruhigt wurde ich, als mir der Häuptling seine Freundschaft anbot und um Tabak bettelte. Die Freundschaft eines großen Häuptlings ist ja immer etwas wert, denn er und seine Leute helfen evtll. bei Palavern und bringen den Namen des Europäers in guten Ruf bei den anderen Niggern. Wie ich dann am nächsten Tage ein Schaf schlachtete, sandte ich meinem neuen Freunde ein Stück Fleisch, das die Freundschaft verstärken sollte. Dafür wurde ich zum Abend zum „play“ eingeladen. Die Tänze waren sehr interessant, besonders sehr farbenprächtig; all diese nackten braunen Leiber mit roten Federn oder Rotholz geputzt, mit blanken Messingringen und weißen Kauris, mit Glasperlen aller Farben im Haar, viele mit Palmöl glänzend eingerieben, als Hintergrund die Bambushütten und Bananenhaine, alles in Fackelschein getaucht ist ein wirklich schöner Anblick. Da hab ich oft bedauert, allein hier zu sein und das Keinem weiter zeigen zu können. Besonders schade ist es, daß ich keinen Photo-Apparat hab; so unendlich viel Aufnahmen hätt ich unterwegs machen können.

14.VII.

Brachte mir da gestern mein Hetman sechs niedliche Mpangwe-Backfischschen an und sagte mir, ich sollte mir eins aussuchen, ich wäre doch ein Mann und müßte ein Mädchen haben. Ganz unaufgefordert tat er das, ich hatte ihn keineswegs dazu ausgeschickt. Ich fragte ihn auch, wie er dazu käme. O, meinte [S. 144] er, alle weißen Männer in Kamerun hätten ein girl, und ich müßte mir auch eins nehmen, das wäre gesund, er hätte sich schon lange gewundert, daß ich nun schon ein Jahr hier wäre und noch kein girl habe. Ich sagte ihm, die Niggergirls wären mir alle nicht hübsch genug und zu schmutzig, deshalb wollte ich keins haben. „Du mußt sie waschen, wenn sie schmutzig sind", meinte er, „alle Weißen tun das["]. Na, ich schickte schließlich doch die ganze Gesellschaft wieder fort und gelte nun als wunderlich bei den Negern, daß ich kein Weib haben will. In der Nähe von Nkolentangan hatte ein Fang, ein einzelner Mann, ein Dorf für sich gebaut, der bei seinen Leuten für verrückt galt, es wahrscheinlich auch war, denn er hielt sich ganz für sich, sprach nie mit anderen Menschen. Als oberstes Symptom für seine Verrücktheit galt aber, daß „hi no get woman". So ists natürlich, wenn ein erwachsener gesunder Mann kein Weib hat, ist er eben verrückt.

Vorgestern sah ich einige interessante Tänze. Bei einem, ich möchte ihn den Chimpansen-Tanz[183] nennen, läuft, springt und gebärdet sich der Tänzer wie ein Chimpanse, läuft auf allen Vieren mit eingebogenen Fingern, kratzt sich, laust sich und andere u.s.w.[,] alles sehr natürlich und gut beobachtet. Bei einem anderen Tanz sammelt der Tänzer scheinbar Erdnüsse in ein Netz, schüttelt dies dann, damit die Erde herausfällt und schüttet die Nüsse in einen großen Korb. Man kann dies den Ernte-Tanz nennen.

Bei einem dritten Tanz steht der Tänzer mit beiden Füßen in einem hohen, schmalen Korb und hüpft mit und in diesem unter Glieder- und Körperverrenkungen hin und her.

In Alen sah ich neulich, wie bei der Totenfeier für den verstorbenen Häuptling [S. 145] ein Mann, lang auf der Erde liegend, sich durch das ganze Dorf im Staube wälzte, gefolgt von Trommelschlag und Gesang. Die Trommeln wurden ihm nachgetragen und dabei bearbeitet. Die[s] sei Medezin, damit die Weiber des Toten nicht auch stürben.

---

183 Vermutlich meint Jobelmann den so genannten Schimpansentanz, den auch Tessmann in seiner Fang-Monographie beschreibt. Demnach wird er zur Vorfeier und am ersten Festtag des Bokung-Elong-Kultes von Männern getanzt (Tessmann 1913, Band 2: 65-66).

Tättowierungen haben hier nur wenige Leute, diese aber dafür desto mehr. Neue Motive hab ich kaum entdeckt, es ist überall ziemlich dasselbe. Auch charakteristische Stammesabzeichen scheinen nicht vorzukommen. Nur scheint es mir, als ob die Motive nkah und kup, Varan und Huhn unter den Ntum und Okasi viel häufiger zu Tättowierungen benutzt werden, als bei den Fang. Besonders Verzierungen der Häuser und Palaverhäuser sind hier viel häufiger als bei den Fang. Nach all diesem kommt es mir vor, als ob die Gegend von Nkolentangan nicht von Fang, sondern von Ntum oder Okasi bewohnt wird. Über dies bin ich mir noch gar nicht klar.

Dies Nkum hat einen schönen großen Götzen, den ich gern kaufen möchte, doch wollen die Leute ihn mir nicht geben. Schon ihn zum Zeichnen zu bekommen ist äußerst schwer. Ein Weib darf ihn nicht sehen; es stirbt sofort. Ausprobiert hab ich das nicht, doch sagt man es hier.

15.VII.

Hab heut Vormittag den Götzen Ngunga[184] gezeichnet. Nach vielem Reden hat ihn der Häuptling mir überlassen, schließlich doch wohl mehr aus Angst vor mir als Weißen als aus Angst vor dem Götzen selbst. Von vorn, im Profil und von hinten gesehen hab ich ihn gezeichnet und will die Zeichnung später Herrn Dr. Karutz schicken. Der biang[185] ist aus Holz geschnitzt und im Rauch schwarz gefärbt. Dick mit Palmöl beschmiert glänzt er sehr wie poliert. Mit einem Pflock steckt er auf dem Deckel einer trommelför[S. 146] migen Schachtel aus Baumrinde[186], in der sich die Schädelknochen eines früheren großen Häuptlings und seiner ersten Frau befinden. Diese Knochen sind die eigentliche Medezin, die als ngi[187] bei allen Totenfeiern eine Rolle spielen. Diesen biang selbst wollen mir die Leute nicht verkaufen, aber einen anderen, der genau so aussieht, wollen sie mir schnitzen lassen.

17.VII. Bebórro, Okas.

Brach heute früh von Nkum auf, um mal eine neue Gegend kennen zu lernen. Auf entsetzlichen Wegen bin ich hier angelangt. Sumpf, Sumpf und

184 Jobelmann meint vermutlich das Rindengefäß, auch „ngū̦m" genannt, in dem Schädel und Schädelstücke von Verstorbenen aufbewahrt werden (Tessmann 1913, Band 2: 116). Auf dem mit trockenen Bananenblättern zugestopften und zugebundenen Gefäß bzw. auf der Rindentonne thront zum Schutz eine hölzerne Figur (siehe Anmerkung 185).

185 Tessmann bezeichnet mit „biă̦ṅ" (Medizin) auch die hölzernen Reliquiarfiguren der Fang (Tessmann 1913, Band 2: 117). Diese Figuren, zumeist byeri genannt, gelten als herausragende Werke afrikanischer Kunst. Siehe u.a. Laburthe-Tolra und Falgayrettes-Leveau 1991, Perrrois 2006 und LaGamma (Hg.) 2007.

186 Eine von Jobelmann gezeichnete Rinden- bzw. Ahnentonne ist in Tessmann 1913, Band 2: 118 abgebildet. Die Gefäße werden nach Angaben von Tessmann aus den Rinden des Baumes Tiliacee hergestellt (ebd., Band 1: 206).

187 Zur Kultgestalt „Ngi" und zum gleichnamigen Kult siehe Tessmann 1913, Band 2: 78 ff.

wieder Sumpf. Zur Abwechslung dazwischen mal ein Hügel mit steilem Anstieg, oder ein Fluß ohne Brücke. Bei solchem Übergang ists denn auch vorgekommen, daß mein Träger mit mir hinfiel und ich auch mich dabei ins Wasser setzte. Glücklicherweise an einer nicht sehr tiefen Stelle, so daß ich nur etwas durchnäßt wurde. Bei einem anderen Flußübergang brach inmitten der „Brücke", wie gewöhnlich nur ein dünner Baumstamm, die Küchenlast auseinander. Alles, Kochtöpfe, Teller, Tasse, Kanne, Löffel, Messer und Gabel u.s.w. fiel ins Wasser. Sofort ließ ich die ganze Bande halt machen und nach den verlorenen Gegenständen tauchen. Nach und nach kam auch alles wieder zum Vorschein. Außer an Zeit ist kein Verlust zu beklagen.

Ein größeres Dorf, Afabitom, lag inmitten der dazu gehörigen Ngon-Farm. Die Hütten waren recht schlecht aus Katamum-Blättern zusammen gebaut. Trotzdem sah ich dort viel Bambus und auch große Stücke Baumrinde. Dann kam ich durch ein Dorf Nßälang, ein Schwesterdorf des Nßälang das bei Nkolentangan liegt. In einem der nächsten Dörfer sah ich ein Weib, das sich aus Mangel an Kauri und Messingnägeln rote Bastpuscheln [S. 147] auf den Kopf gebunden hatte. Die Gegend hier scheint ziemlich hoch gelegen zu sein, es ist empfindlich kühl. Die Leute hier gefallen mir garnicht, sie sehen so hinterlistig aus, auch wie sie sich hier geben, ist durchaus nicht vertrauenerweckend. Alle schauen mich mit scheuen Blicken an, stehen in Gruppen zusammen und flüstern, alle Leute haben das Gewehr oder Speere in der Hand. Unter diesen Umständen halte ich es für besser, heut Nacht nicht schlafen zu gehen, mir kommt die Geschichte nicht geheuer vor.

18.VII.

Die Nacht verlief ruhig, doch heute früh hatte ich langes Palaver, ehe die Leute mich loslassen wollten. Gegen 10^h ging ich endlich weg und kam durch alte Farmen und Grasstrecken nach Makom. Viele schön große Schafe und Ziegen sind hier. Die Erdnußfarmen sind alle eingezäunt, damit die Schafe nicht einbrechen.

Ganze Haine von Ölpalmen trifft man hier stellenweise und in diesen schöne große Exemplare. Dann gings durch weite Strecken ganz unberührten Urwaldes bis Nßini wo ich auf den alten Weg traf. Im Walde selbst überschritt ich zweimal den Mbolo, der in den Kje fließt. Hier in Nßini ist ein sehr schöner Götze, den ich auch zeichnen will. Er ist weit besser ausgeführt als der in Nkum. Der Mann, der ihn gemacht hat, ist leider schon gestorben, so daß ich mir keinen gleichen anfertigen lassen kann. Zum erstenmal sah ich hier Streitäxte[188], von denen ich mir auch eine kaufte.

Auf dem Wege durch den Urwald mußten wir unter einem gefallenen Baum hindurch kriechen. Dabei legte jeder meiner Leute ein Blatt auf den Stamm als Medezin gegen Rückenkrankheiten.

---

[188] Siehe die Zeichnung einer Streitaxt von Jobelmann (Abb. 1) auf S. 215.

Am 19.VII. machte [ich] in Alen halt und kaufte dort ein Saiteninstrument ngom, [S. 148] das eine sehr hübsche Klangfarbe, ähnlich einer Guitarre hat. Es besteht aus einem mit Fell überzogenen ausgehöhlten Holzklotz, von dem aus 8 Saiten nach einem Stab hin ausgespannt sind. Ich hab es gezeichnet.[189]

21.VII. nach Matini gegangen. Großes Ntum/Ojek[190]-Dorf mit Mauer aus starken Bohlen umgeben. Alles noch recht ursprünglich, wenig europäische Waren. Halsringe aus Holzklötzchen und Früchten, Palmnüssen u.s.w. Je weiter man nach Osten kommt, desto ursprünglicher und interessanter werden die Völker. Ich darf aber nicht weiter gehen, da frz. Soldaten nicht weit von hier sind. Abends zurück nach Nkum[191].

23.VII. nach Manoa Obuk gegangen. Ein Ntum-Dorf inmitten der Okasi. Entsetzliche Wege mit vielen tiefen Sumpfstrecken. Zuletzt häufige Fußspuren als Abwehr gegen die feindlichen Okasi. Das Dorf selbst hat dreifache Mauer aus Bohlen und Faschinenwerk. Will hier einige Tage rasten; in der Nähe sollen auch Chimpansen sein, will mein Heil, einige zu erlegen, versuchen. Auch will ich Tättowierungen und Ziernarben zeichnen.

24.VII.

Heut ganz früh um 5^h noch bei völliger Dunkelheit einen Jagdausflug unternommen, der sich nach und nach bis 12^h Mittags ausdehnte. Geschossen hab ich zwar nichts, doch war es wunderschön. Dies Tages- und Naturerwachen im Urwald. Gesehen hab ich Affenherden, Eichhörnchen, Vivarran und viele Vögel. Von weitem hörte ich ein pa[a]rmal Chimpansen, doch gelang es mir nicht, mich in Schußnähe heran zu schleichen. Auch Schweine- und Antilopenfährten sah ich häufig. Die einzige Ausbeute sind einige Schnecken.

[S. 149] Abends. Entdeckte soeben hier im Dorf große, starke Holzschilde, so schwer daß ein Mann sie kaum tragen kann. Die sind Schutz gegen Gewehrschüsse. Die Leute hier behaupteten, auch ein Geschoß meines Karabiners könne sie nicht durchschlagen. Das Gegenteil hiervon mußte ich ihnen doch beweisen. Ich ließ durch die Trommel alle Männer zusammenrufen, einen Schild gegen die Bohlenmauer stellen und schoß in einer Entfernung von ungefähr 30 m. Das Geschoß durchschlug natürlich nicht nur den 15 cm starken Schild, und die mindestens das Doppelte fassende Bohlenmauer, sondern noch einen dahinter stehen[den] Baum von 10 cm. Durchmesser.

---

189 Siehe die Zeichnung der Bogenharfe mit dem trogförmigen Resonanzkörper (Abb. 5) auf S. 216. Die mit den Fingern gezupfte Harfe, die Körper und Stimme einer Frau repräsentiert, wurde zur Gesangsbegleitung genutzt und spielte insbesondere bei dem bwiti genannten Zeremonialkomplex der Fang eine wichtige Rolle (Hornbostel 1913: 328-330).

190 Der Familienverband Oyĕk gehört nach Tessmann zu den Fang, einem „Unterstamm" der Pangwe (Tessmann 1913, Band 1: 48).

191 In Nkum schrieb er am 21. Juli einen Brief an seine Eltern (siehe S. 190-194).

Das Erstaunen war groß, und mein Ansehen ist vergrößert. Der Häuptling erbat sich die leere Hülse und die übrigen Kerls veranstalteten große Kugelsuche.

25.VII.

Die Ntum hier haben wirklich große Angst vor den sie umgebenden Essamwus[192]. Nicht nur, daß das Dorf dreifach befestigt ist, jeden Morgen, wenn die Weiber in die Farm oder zum Fischen gehen, werden sie von einer Anzahl bewaffneter Männer begleitet.

Bis zum Uelle bin ich heut gewesen, von hier ist er nur eine Stunde entfernt. Jenseits ist die gute Gummigegend, wo die Gummibäume wie gepflanzt nahe bei den Dörfern wachsen. Da haben die Franzosen wieder einmal einen guten Fang gemacht.

Am 27.VII. einen Ausflug nach Oweng-a-nsem am Uelle gemacht. Der dort ansässige Stamm Ndong[193] der Ntum besteht fast ausschließlich aus Fischern. Der Uelle ist dort so breit wie der Ntem bei Ngoa, ca 30-40 m. Auf jedem Hause lagen riesige Fischreusen zum Trocknen. Einige Jungen kamen vom Angeln, ich ließ mir Angelzeug und die Ausbeute [S. 150] zeigen. Die Angelschnur besteht aus dem hier allgemein gebräuchlichen Bindfaden aus Ananasfasern. Die Haken, keine Widerhaken, sind selbst aus Eisen geschmiedet. Im Gegensatz dazu haben die Okas Angelhaken aus Stacheln der Stachelratte[194]. Werde jedenfalls in den nächsten Tagen nach Manoa umziehen. Ich hab in den letzten Tagen soviel schlechtes, unreines Wasser aus Sumpflöchern und Flüssen getrunken, ohne es vorher kochen lassen zu können, daß ich selbst sehr fürchtete, Dyssenterie zu bekommen. Doch bin ich nicht im Geringsten krank geworden. Ich möchte dies der Tatsache zuschreiben, daß mein Magen noch garnicht von Alkohol geschwächt ist. Die wenigsten Europäer in den Tropen können das von sich sagen und daher solch Wasser vertragen.

Die Obuk[195] pflanzen auch Tabak selbst an. Zwischen den Häusern kleine Felder mit jungen Pflänzchen und um jedes Pflänzchen eine Fenz [= Zaun;

---

192 Der Familienverband Essámwus lebte u.a. in Nkum.

193 Vermutlich meint Jobelmann den Familienverband „Ndŏṅ“, deren Namen Tessmann mit „Kreisel“ bzw. „Schneckenkreisel“ wiedergibt (Tessmann 1913, Band 1: 45).

194 Stachelratten (Echimyidae) leben in Südamerika. Vermutlich meint Jobelmann die bis zu 12 cm großen Stachelmäuse mit ihren stacheligen Haaren. Sie zählen zu den Muridae genannten Echtmäusen, Altweltmäusen und Ratten (Westheide und Rieger [Hg.] 2015: 561, 562, 565).

195 Der Familienverband „Obŭ̇k“ gehört zu den Ntum (siehe Anmerkung 65). Tessmann zählt in seiner Monographie 26 zu den Ntum gehörende Verbände auf und erklärt die Herkunft ihrer jeweiligen Namen (Tessmann 1913, Band 1: 45-46).

Einfriedung] gegen die Ziegen und Schafe. Sonst findet man nur mitunter einzelne Pflanzen, die, wild gewachsen, nicht umgeschlagen werden.

30.VII.

Jetzt sind mir meine letzten Brillenbügel glücklich durchgerostet. Vor zwei Monaten bestellte ich neue, doch werd ich die wohl erst bei meiner Rückkehr in Meloko vorfinden. Vorläufig hab ich die alten Bügel mit Elefanten-Schwanzha[a]ren geflickt. Schön ists so zwar nicht, schief sitzt die Brille auch, aber ich kann doch wenigstens sehen. Ohne Brille wüßte ich hier garnicht was anfangen. In vierzehn Tagen erwarte ich die Leute mit Post von der Küste zurück.

30.VII.

Etliche Tättowierungen gezeichnet. Sind nur Schmuck und persönliche Erkennungszeichen. Motive häufig den Trägern unbekannt. Nachmittags einen interessanten seltenen Laubfrosch gefunden, gab ihn Bumbela[196], [S. 151] ihn aufzubewahren, wollte ihn später zeichnen und beschreiben. Wieder an meiner Hütte angekommen, merkte Bumbela, daß der Frosch ihm entwischt sei; er hatte ihn in ein Bananenblatt gewickelt und in die Tasche gesteckt.

31.VII. Behandle jetzt zum erstenmal einen Schußverwundeten und habe dabei selbst einen chirurgischen Eingriff gewagt. Einem Mpangwe ist bei einem Gefecht hier in der Nähe ein Stück gehacktes Eisen aus einem Steinschloßgewehr in das Knie des linken Beines gefahren. Als man mir den Kerl brachte, war das Knie schon um das Doppelte geschwollen, der Schußkanal und Umgebung total vereitert. Das Eisen war nicht herausgenommen. Ich ließ die Wunde gründlich ausgrußen und mit Sublimatlösung auswaschen, ein anderes Desinfektionsmittel besitze ich nicht. Der Kerl schrie nicht wenig bei dieser Arbeit. Dann sah ich zu wo das Eisen steckte. Es lag auf der anderen Seite wenig unter der Haut. Ich nahm mein kleines Taschenskalpell und schnitt kurzerhand die Stelle auf und entfernte das Geschoß. Auch hier war alles vereitert. Ich ließ nun die Leute die Wunde mehrere Tage mit Sublimat waschen, um die Eiterung zu beendigen und gedenke heute, da die Geschwulst stark zurückgegangen und kein Eiter mehr fließt, die Wunden mit Jodoform zu verbinden.

Abends. Erhalte soeben die Nachricht, Herr Danielssen sei einige Tagereisen von hier entfernt und habe dort schwere Palaver. Breche also morgen frühestens auf, um zu ihm zu stoßen. Hab hier schon alles mobil gemacht, auch Nachricht nach Manoa geschickt.

---

[196] Bumbela, ein Musseki (siehe Anmerkung 148), war wie Jobelmann schreibt, sein „Führer, Dolmetscher, Unter- und Gummi-Händler, im Notfall auch Koch, überhaupt Mann für Alles." Siehe eine Zeichnung von ihm mit dieser Beschreibung auf S. 221 (Abb. 23).

1.VIII.

Bis Noȁ gegangen, aber Herrn Danielssen nicht angetroffen. Hörte, er wolle morgen kommen und entschloß mich zu warten. Viele Hetleute von Herrn D. waren in Noa, darunter mehrere verwundete.

Unterwegs hatte ich etliche Okas- und Ntum-Dörfer durchschritten, wovon alle Ntum-Dörfer befestigt waren. In dem Hause, in dem [S. 152] ich hier übernachte, befindet sich wieder ein „biang" mit der bekannten „ngunga"-Kiste. Die Figur, ein Weib, ist in ganzer Gestalt mit übermäßig langem Körper und kegelförmig vorstehenden Brüsten dargestellt. Die Augen sind aus Messingblechstücken. Streitäxte auch hier.

Die ngunga-biang haben mir die Leute sogar im Hause gelassen, scheinen sich also weniger zu fürchten, ich könnte Medezin machen. Wenn ich morgen Zeit hab, will ich ihn zeichnen.

Herrn D. hab ich Nachricht gesandt, daß ich ihn hier erwarte, bekam die Antwort, er komme morgen.

2.VII. [= VIII.] früh ging ich Herrn D. entgegen und traf ihn sehr bald. Wir gingen zusammen zurück nach Noa, frühstückten dort und gingen gemeinsam weiter nach Mabama, Niemwam. Auch hier Streitäxte. Herr D. reist sehr hübsch, mit Zelt, etlichen Soldaten u.s.w. Herr D. hat viele Gefechte gehabt in den letzten Tagen, doch ist er nun aus der gefährlichen Gegend heraus. Wir werden nun jedenfalls die nächsten Tage zusammen reisen.

3.VIII.

Brachen früh auf und gingen nach Ojakum. Einwohner sind Okas. Sie wollten Herrn D. einen Gefangenen abkaufen zum essen. Der Häuptling hat Medezin-Büchsen aus menschlichen Oberschenkelknochen. Einige davon mit einfachen Strichverzierungen, die meisten ohne jeden Schmuck. Spitzgefeilte Schneidezähne haben alle. Also echte Anthropophagen.

Unter Herrn D.s Trägern befindet sich ein Jaunde[197], der dem Fräulein Philippi äußerst ähnlich sieht. Nicht nur Gesichtsschnitt; auch Augen und Ausdruck. Hier im Dorf ist ein Kerl, der ganz so aussieht, wie Wilh. Hälsen. Überall treffe ich Ähnlichkeiten.

---

[197] Die Ewondo bzw. Jaunde, wie sie früher genannt wurden, gehören zur Gruppe der Fang. Sie lebten in der Kolonialzeit südwestlich und nordöstlich der 1889 im Auftrag der deutschen Kolonialverwaltung gegründeten Station Jaunde bzw. Yaounde, die heute Hauptstadt von Kamerun ist. Die Jaunde galten bei den deutschen Kolonialherren als außergewöhnlich aufgeschlossen und anpassungsfähig. Regierungsbeamte, Militärs, Kaufleute und Missionare schätzten sie als Träger und ihren Willen zur Kooperation sehr. Sie wiederum waren aufgrund von Handelsinteressen an den von den Deutschen gebauten Straßen interessiert (Hausen 1970: 153, Schnee [Hg.] 1920, Band II: 128). Zu den Ewondo siehe auch Dugast 1949: 70-73.

4.VIII.

Hab Herrn D. gestern Abend noch lange, bis 11^{h}, im Chamisso vorgelesen. Hat Herrn D. sehr interessiert, besonders der Faust. Den Faust hab ich aber, da er auch mich sehr interessiert und mir besonders gut liegt, mei[S. 153]ner Ansicht nach gut gelesen, hab mich auch ziemlich angestrengt. Heut Abend folgt Fortsetzung.

Ein Bawuto aus Herrn D.s Karawane schenkte mir ein Klimperinstrument „timbr" aus Bambu-Stäbchen. Die Kongo-Völker und die Völker im Graslande haben diese, die Mpangwe nicht. Ein Kerl kam mit 6 Hosenknöpfen in der Hand und bat mich um eine Hose, an die er Knöpfe nähen könnte.

5.VIII.

Sind nicht sehr viel weiter gekommen, da wir durch Herrn D.s Gummi-Palaver in jedem Dorf sehr lange aufgehalten werden. Desto mehr Zeit aber hab ich, mir die Natur und ihren Inhalt an Menschen, Tieren und Pflanzen sowie die Umgebung der Menschen genau anzusehen.

Viele Männer dieser Gegend, und nur dieser Gegend, machen sich breite Bänder von den Glasperlen mit verschiedenen Ornamenten. Desgleichen hab ich nur in dieser Gegend Medezinen beobachtet, die, in selbst geschmiedete glockenförmige Messingbüchschen gesteckt, an Eisen- oder Messingketten um den Hals getragen werden. Unter den Tättowierungen finde ich keine neuen Motive, höchsten[s] etwas andere Ausführungen. Das Motiv „Chamäleon" wird immer, als Schnitzerei und Tättowierung, mit nach oben gerolltem Schwanz falsch dargestellt. Auf dem Dach des Palaverhauses haben die Leute eine Orchidee gepflanzt. Nun steht dieses riesige kohlkopfähnliche Gewächs von fast einem Meter Durchmesser auf dem dünnen Mattendach. Diese Orchidee, „ajangejup" ist Medezin dagegen, daß feindliche Geschosse die Bohlenwand durchschießen. Dies im Dorfe Mandun, Ojek, Ntum. Hab auch etliche Tättowierungen gezeichnet.

6.VIII.

Gingen über Olimitan nach Enoajong, beides Okas-Dörfer. Überall freigeschlagene Wege. Viel Wasser und Sumpf. Überall Hochland, daher recht kühl und windig. Hab den „biang" gezeichnet. Er besteht hier nur aus einem grob geschnitzten Kopf auf der „ngunga-Kiste".

[S. 154] 8.VIII.

Gestern war ein aufregender Tag. Herr D. hatte Hochzeitstag; ganz früh morgens schon schickte ich ihm eine selbstgezeichnete Postkarte durch die „westafrikanische Botenpost". Doch hatte sie leider nicht die erwünschte Wirkung, denn vorher schon hatte Herr D. die Nachricht ereilt, daß zwanzig seiner Bule[198]-Träger entlaufen seien. Ihr Hetman, ein frecher, großschnäutziger Kerl, natürlich früher Missionsschüler, hatte sie aufgewiegelt. Die Bande, hatte sich jeder ein großes Haumesser und ein Gewehr gestohlen und war in der Nacht ausgerückt. Wir schickten ihnen gleich einen Soldaten nach, um sie zurückzurufen; der kam zurück, sie ließen Herrn D. sagen, er möchte ihnen erst einen Sack Salz, einen Ballen Tabak und einige Ziegen schicken. So eine Frechheit! Der Soldat ging zurück, vorläufig möchten die Herrn Bules doch erst einmal nach Noajong zurückkommen, dann würden wir das Palaver erledigen.

Inzwischen hatten [sic] sich auf der anderen Seite des Dorfes die bewaffnete Mannschaft der Umgegend, ca. 100 Mann, in und vor dem Palaverhaus versammelt. Herr D. ließ den Häuptling, der sich auch dort befand, rufen, um mit ihm wegen Verpflegung zu unterhandeln. Dieser ließ sagen, er könne jetzt nicht, er wartete auf seinen Bruder. Dasselbe bei der zweiten und dritten Aufforderung. Da zogen wir alle, Herr D. und ich und alle unsere Soldaten und bewaffneten Boys dorthin und holten uns den Häuptling. Die anderen Kerls wollten schon zu schießen anfangen, besannen sich aber noch, als sie sahen, daß wir uns vor ihren Gewehren nicht fürchteten. Ich selbst trieb eine Gruppe von 18 Mann vor mich her in den Busch, in der Rechten den Revolver, in der Linken die Nilpferdpeitsche. Jedesmal, wenn einer sein Gewehr auf mich richtete, hielt ich ihm den Revolver vor die Augen. Einer, der mir einen Dornen Knüppel zwischen die Beine werfen wollte, bekam einen Kaschegu-Schlag auf den Arm, daß er den Knüppel fallen ließ. Zwei Häuptlinge hatten wir in Händen, den anderen ließen wir sagen, wir würden diese beiden sofort [S. 155] töten, sowie wir noch ein Gewehr im Dorf erblickten. Vorläufig kam auch kein Gewehr wieder zum Vorschein. Auch hier hatten, wie schon öfter, Herrn D.s Hunde tapfer mitgeholfen. Ein Mpangwe war aus Furcht vor Molli, der Möpsin, auf eine Banane geklettert, diese fiel mit der Last um und Molli faßte den Kerl tüchtig bei seinen nackten Waden. Dies Palaver war beigelegt, wir hatten zwei Häuptlinge als Geiseln, die wir später gegen einige Ziegen wieder losließen.

Jetzt tranken Herr D. und ich eine Flasche Champagner und schossen darauf nach der Flasche. Auf 75 m Entfernung hatten wir beide mit dem Karabiner kein Resultat; erst um den Niggern zu zeigen, daß wir doch schießen könnten, nahm Herr D. seine Schrotbüchse und zerschmetterte die Flasche mit dem ersten Schuß.

---

198 Die u.a. im Süden Kameruns lebenden Bulu gehören ethnisch zu den Fang. Ihre anfangs kooperierende Haltung zu den Vertretern der Kolonialherren schlug in Feindschaft um, als ihre erfolgreiche Zwischenhandelsposition durch den expandierenden Gummihandel der europäischen Kaufleute bedroht und damit ihre Existenzbasis stark gefährdet war (Hausen 1970: 153-154). Zu den Bulu siehe auch Dugast 1970: 79-82.

Einige Zeit später kamen die Bules unter Führung ihres Hetmanns mit ihren Gewehren unter Gesang ins Dorf marschiert um zu reden und ihre Forderungen anzubringen. Kurz entschlossen nahm Herr D. den Hetman beim Kragen, riß ihn nieder und schleifte ihn ins Zelt, verprügelte ihn dort und ließ ihn gebunden liegen. Unterdeß nahm ich mit den anderen Jungs den übrigen Bules die Gewehre ab, wobei es auch zu Keilereien kam, und einige Gewehre, glücklicherweise ohne Schaden anzurichten, losgingen. Damit war auch diese Sache erledigt.

Nachmittags wars infolge einer Streitigkeit zwischen einem Träger und einem Dorfbewohner nochmal zum Gefecht gekommen. Wie aber die Kerls sahen, daß wir Weiße eingreifen wollten, ließen sie davon ab. Hierbei sind einige Verwundungen durch Schwertschläge und Stiche vorgekommen. Als auch dies geschlichtet war, gab es endlich etwas zu essen. Bei einigen Flaschen Wein, die Herr D. zu diesem Tag aufbewahrt hatte, saßen wir dann noch bis 11 Uhr Nachts zusammen im Zelt.

Mein Kakao ist heut früh alle geworden. Kaffee wird in wenigen Tagen zuende gehen. Reis ist fast alle, und wann wird meine Karawane [S. 156] kommen? Heut früh gingen wir wieder nach Olimitan zurück, um Träger anzuwerben. Hier ist ein Mann, dessen rechtes Bein das Knie nach hinten, den Fuß aber nach vorn hat. Das Kniegelenk ist unbeweglich. Später weiter nach Essunggebi, Ekodieng.

9.VIII.

Morgens über Olimitan und Nloajong nach Nkum. In Olimitan waren einige Träger fortgelaufen, wir hatten daher ein pa[a]r Stunden Aufenthalt dort. Auf sehr schlechten Wegen erreichten wir gegen Abend Nkum, wo Zelt und Abendessen schon bereit standen, da wir die Träger vorgeschickt hatten.

10.VIII.

Marschierten nach Nßini. Unterwegs versucht ein Essamwus aus Mpfule Kautschuk aus der Karawane zu stehlen, indem er einen Träger einfach festhielt und die Last öffnete. Wir kamen noch zur rechten Zeit, um den Kerl gefangen nehmen zu können. Zwischen Alen und Nßini jagte Molli, die Möpsin, eine Antilope in ein Fall-Loch, wo wir sie dann herausholten. Von oben warf ihr ein Nigger eine Schlinge um den Hals und zog sie daran aus dem fast 5 m tiefen Loch. Damit sie oben angekommen nicht weglaufen konnte, brach ihr der Kerl, ehe wir es verhindern konnten, beide Vorderbeine. Das Tier brüllte vor Schmerz. Dem Kerl schlug ich mit dem Knüppel eins über den Kopf, daß er auch gleich bewußtlos zusammen brach. Herr D. endete die Leiden des Tieres durch einen Revolver-Schuß. Eine entsetzliche Tierquälerei, den Tieren lebendig die Beine zu brechen. Die Mpangwes machen es unter Umständen mit Menschen ebenso. Und in Kamerun wird man von der Regierung bestraft, wenn man diesen Bestien ein pa[a]r mit dem Kaschegu überhaut. Abends ließ ich die Antilope sachgemäß abziehen, da Herr D. sie sich ausstopfen lassen will. Das Fleisch schmeckte sehr gut.

Am 11.VIII. ging ich nach Nkum zurück. Nachmittags, im Urwald zwischen Alen und Nkum holte mich der Bote aus Meloko mit drei Trägern ein. Sofort ließ ich mir die Post geben.

Endlich nach sechs Monaten ein Brief von Marga! [S. 157] Gespannt öffnete ich ihn. Die Stimmung, in die mich dieser Brief versetzte, kann ich nicht beschreiben. Wie ich dann nach Nkum kam, weiß ich nicht mehr. Kein Brief von Lotte!

12.VIII.

Heut mache ich Rasttag. Hab heut früh die Lasten, die Herr Schladitz mir schickte. Hab die Post ein über das andere Mal durchgelesen. Ich möchte so gern die Briefe beantworten, doch hab ich weder Papier noch Briefdecken hier.

Hier in der Gegend ist jetzt Winter. Die Sonne steht ziemlich niedrig im Norden und kein Regen fällt. Im hohen Norden, in Deutschland dagegen, ist jetzt Hochsommer. Dort steht die Sonne senkrecht.

Die kleinen Mädchen müssen hier wirklich schon sehr arbeiten. Die kleinen Dinger, oft kaum über 3 Jahre alt, müssen schwere Körbe Holz tragen. Die zu Hause bleiben, müssen Kinder hüten, Körbe flechten oder Bindfaden machen. Sowie die Kinder laufen können, müssen sie mithelfen.

13.VIII.

Ging wieder einmal nach Manoa. Die Leute dort haben mein Haus fertig, so werde ich wohl in den nächsten Tagen umziehen können. Mein neues Haus ist zwar nicht größer als die übrigen Negerhütten, hat aber die Tür auf der Querseite und drei Fenster, ist also heller und die Tür ist so hoch, daß man bequem hineingehen kann. Außen ist das Haus hübsch auf Ntum-Art schwarz-weiß gefärbt.

14.VIII.

Da gestern Abend noch der Häuptling von Matini, einem anderen Ntum-Dorf zu mir nach Nkum kam, und mich in sein Dorf zu kommen, einlud, ging ich heut früh halt mal dorthin, nahm aber alle meine Sachen gleich mit, denn ich will garnicht nach Nkum zurück, sondern von hieraus gleich nach Manoa gehen. Merkwürdig, in allen Ntum-Dörfern wurde ich verhältnismäßig liebenswürdig oder doch abwartend aufgenommen. Alle Okasi dagegen kommen einem von vornherein feindlich und herausfordernd entgegen. Die Ntum haben auch alle große Angst vor den Okasi; so ist auch Matini, wie alle Ntum-Dörfer, mit einer starken Bohlen-Mau[S. 158]er befestigt. Die kleinen Jungs hier haben sich nach meinem Muster (ohne Wert!!) Revolver aus Bambu geschnitzt, mit denen sie Steinchen schießen. Das ganze Dorf steht um mich herum, um mich zu sehen, bin ich doch der erste Weiße, den sie sehen. Auch hier haben die Leute die großen Fisch-Körbe, wie ich sie bisher nur in Essauong-Alen gesehen habe. Merkwürdig ist in diesem Dorf der fast vollständige Mangel an Tättowierungen. –

Soeben wollte ich einem Mann die Zahl „drei" zeigen, drei Löffel Salz und zeigte ihm Daumen, Zeige- und Mittelfinger, das verstand keiner, erst als ich ihm Mittel-, Ring- und kleinen Finger zeigte, wußten sie, daß sie „mela" drei Löffel Salz bekommen sollten. Für diese drei Löffel erstand ich ein beschnitztes Pulverfläschchen aus Holz. Ein anderes aus einer Schnecke (Pseudoachatina smithonii) angefertigtes kaufte ich für ein Blatt Tabak. – Ich bin heute nach langen und zahlreichen Beobachtungen zu der Ansicht gekommen, daß die Neger von Natur aus garnicht solch eine furchtbar breite Nase haben, daß diese erst durch das Tragen von Stöckchen und ähnlichen Sachen in der Nasenscheidewand so verbreitert wird.

Oskar, den ich seinerzeit krank am Bongola zurückließ, ist in Campo gestorben. Die Pulverflaschen aus Schneckenschalen sind, wie ich jetzt bemerke, hier bei weitem häufiger, als die aus Holz oder Varanhaut. Die aus Varanhaut hab ich in diesem Dorf überhaupt noch nicht gesehen.

15.VIII.

Heut bin ich also glücklich nach Manoa umgezogen. Wie in Deutschland, so auch hier: Mein Haus noch nicht ganz fertig, die Handwerker sind noch darin. Aber Spaß machts mir doch, nicht ganz auf eine Niggerhütte angewiesen zu sein. Mein eigenes Häuschen mit eingefriedetem Hof.

Sonntag, d. 16.VIII.

Heut ist Ruhetag d.h. meine Leute müssen trotzdem mein Häuschen fertigstellen. Auf dem Hof lasse ich eine alte Trommel eingraben und mit Wasser füllen für meine Enten und Schildkröten. Aber auch meine Schafe, Ziegen und Hühner können daraus trinken.

[S. 159] Die hiesigen Schafe und Ziegen sowie die Hühner können sich nötigenfalls monatelang des Trinkens enthalten und mit dem wenigen Tau auskommen, z. B. während der Trockenzeit; haben sie aber Gelegenheit zum Trinken, tun sie es gern und viel. Eine schöne und praktische Anpassung. – Meine Hütte ist niedlich und gemütlich, wenn auch klein. Raum ist in der kleinsten Hütte für einen Naturforscher, der nicht sammeln kann. Nach europäischem Maße sieht mein Anwesen aus wie ein kleiner Schafstall. Das schadet aber nichts. Gekostet hat mich die ganze Sache auch garnichts; die größte Arbeit haben die Ntum gemacht, erfreut, daß ich ihnen die Ehre gebe.

Beim Graben des Entenloches finde ich soeben, daß hier kein Laterit sondern brauner, lehmiger Boden und darüber tiefroter, stark eisenhaltiger Boden ist. Ich nehme einige Proben davon mit. Ob dies nur hier an dieser einen

Stelle oder hier in der Gegend allgemein der Fall ist, will ich durch häufigere Grabungen erfahren. Die rote Erde wird von den Mpangwes pulverisiert und in geringen Mengen als Medezin gegen Leibschmerzen gegessen. Ich will jetzt auch endlich anfangen, die Grundproben für Prof. Plate zu sammeln. Zu diesem Zwecke lasse ich mir von Bumbela Säckchen aus alten, zerissenen Taschentüchern nähen. Ein Beispiel zum Wortreichtum des Fang: Die „nku" (Schildkröten), die ich für „nku" (Salz) gekauft habe, befinden sich jetzt im „nku" (Wasserloch). Der Baum, aus dem die Mpangwes ihre Kanus bauen und der ihnen in seinem Harz Fackeln liefert, heißt Nkum. Der Baum, aus dessen Bast die Mpangwes ihre Zeuge machen, heißt Akam. So komme ich allmählich hinter die Bedeutungen von allerlei Dorfnamen.

18.VIII.

Begab mich heut früh auf die Reise nach Njanken-Alen und Essatop-Bebai, um die Beraubungspalaver zu besprechen, gleichzeitig will ich eine kleine Gummi- und Viehkarawane nach Meloko schicken und um Proviant und um Gewehre bitten. Mit meinem einem Karabiner komme ich hier nicht aus[,] ich kann den Kerls nicht energisch genug gegenüber treten. Ich darf es nicht zur Schießerei kommen [S. 160] lassen, da ich in solchem Falle einfach machtlos wäre. Heute früh, beim Durchmarsch durch Mfule erwischte ich einen Kerl, der mir schon lange 2 Kessel Gummi zu zahlen hat. Ich nahm mir den Kerl vor, er solle bezahlen. Da er keinen Gummi hatte, wollte ich 2 Gewehre als Pfand. Das wollte er nicht. Während dessen war einer meiner Leute in dessen Haus gegangen und brachte ein Gewehr an. Sofort war der Streit da. Andere versuchten ihm das Gewehr zu entreißen, andere kamen mit Speeren und Äxten angelaufen, andere spannten ihre Gewehre und gingen auf meine Leute los, die auch schon kampfbereit dastanden. Sogar die kleinen Jungs kamen mit Speeren, Schwertern und Haumessern angelaufen. Der Kerl, der mir die Gewehre geben sollte, wollte mit der ndoggo [= Streitaxt] auf mich los, ich kam ihm zuvor, packte ihn bei seinem Halsring und riß ihn nieder. Als der Häuptling, der etliche Speere schwenkte, dies sah, rief er seine Leute zurück und sagte, er wolle zu mir reden. Diese gehorchten nur unwillig und verhielten sich weiter feindlich, was auch mich bewog, mit dem Revolver in der Hand auf dem Fleck stehen zu bleiben und nicht in das Palaverhaus zu gehen, wohin mich der kukum zum Reden einlud. Ich sagte ihm, ich könne ihn auch dort hören, wo ich stand. Meinen Kerl hielt ich wieder am Halsring, nachdem ich ihm mit dem Stock die Axt aus der Hand geschlagen hatte. Der Häuptling bat mich, den Revolver fortzustecken und [den] Kerl laufen zu lassen. Ich entgegnete, nein, wenn ich aber innerhalb 5 Minuten noch ein Gewehr oder einen Spe[e]r oder dergl. in Händen seiner Leute sähe, wollte ich diesen Mann und meine Leute ins Palaverhaus schicken. Ich mußte jetzt alles aufs Spiel setzen. Aus den nächsten Dörfern waren auf den Lärm hin noch viele bewaffnete Leute herbei geeilt, und ich war mit meinen fünf Leuten mitten drin in verzweifelter Lage. Wäre von einer Seite ein unvorsichtiger Schuß gefallen, wäre das Gefecht im Gange gewesen und es hätte mir schlecht genug gehen können, selbst wenn ich etliche erschossen hätte. Na, diesmal gings noch gut ab, die Gewehre und übrigen Waffen [S. 161] verschwanden allmählich und der Häuptling brachte etliche Sachen als Pfand. Da ließ ich den Kerl dann laufen, war ich doch selbst froh, fertig zu sein. In solche Situationen kann man täglich kommen, jedes Dorf scheint nur auf die Gelegenheit zu warten. Unter diesen Umständen muß ich unbedingt noch einige Gewehre haben. Und nun sitz ich hier in Bebalen, einem ganz kleinen Nest, das mich und meine Leute kaum beherbergen kann. Weiter wollte ich nicht gehen, um nicht zu früh in Njankeng-Alen angemeldet zu werden.

Ich hab in den letzten Wochen wieder sehr unter Sandflöhen zu leiden. Täglich muß ich mir 5-6 herausnehmen lassen.

19.VIII.

Hier sitze ich in Alen und warte, um das Palaver besprechen zu können. Der eine Herr Nigger, der die ganze Sache angestiftet hat, ist vorsorglich weggerannt, und nun kann ich warten, bis die übrige Bande ihn vielleicht wiederholt. –

2 Stunden später brachten sie mir den Kerl, er gestand die Sachen gestohlen zu haben. Ich hab ihm gesagt, er habe die geklemmten Sachen und noch etliches mehr als Strafe zu bezahlen. Auch hier warten die Leute nur darauf, losschießen zu dürfen; von allen Seiten bin ich von Bewaffneten umgeben. Die Regenzeit macht heut einen sehr energischen Anfang. Der dritte Guß geht z.Z. 3^h p. nieder. Jetzt bringt der Kerl Speergeld[199] als Bezahlung seiner Schulden. Ich nehme es, aber mit fünffacher Veringerung seines Wertes. 20 Speere sind hier 1 Dll. Ich nehme 100 ekbarra für 1 Dll in Zahlung. Etliche Stücke Zeug aus spanischen Küstenfaktoreien bringt er auch an. Es ist doch recht schlechtes Zeug, das die Spanier den Negern da für 2 Dll. verkaufen. Da sind die Zeuge unserer Faktoreien zu denselben Preise doch bedeutend besser.

20.VIII.

Hab heut früh eine Gesandschaft nach Bebai gesandt, die Leute sollten bezahlen. Wäre ich selbst gegangen, wäre die ganze Bande ausgerissen, und ich hätte nichts erreicht. So hat der Häuptling von Nßumo, wo ich diese

---

199 Unter „Speergeld“ der Fang sind selbst geschmiedete Eisenplatten in Speerspitzenform zu verstehen, deren Größen variieren; die allgemein gebräuchlichen sind um 1908 handgroß. Tessmann weist in seiner Fang-Monographie darauf hin, dass in der Vergangenheit dieser Wertmesser die Form eines Beiles in Kleinformat hatte (Tessmann 1913, Band 2: 212). Abbildungen des Speergeldes und Umrechnungstabellen für unterschiedliche Gebiete siehe bei Tessmann ebd.: 213 ff.

Nacht schlief, vermittelt und mir bis jetzt 15 Dll in Form von einer Ziege, einer Ente, Ekbarra und Zeug-[S. 162]Stücken gebracht. Morgen werd ich nun selbst noch einmal hingehen und mir mehr holen.

Das große unbekannte Blasinstrument, das ich seinerzeit bei meinem ersten Durchmarsch nicht sehen konnte, stellte sich heute als ganz gewaltiges Holzhorn heraus. Ein Kerl in diesem Dorf mit unglaublicher Lunge versteht es lang andauernd zu blasen. Wunderschöne Ölpalmen sind hier, noch nicht zu hoch und mit schöner breiter Krone. Eine von ihnen hat eine kleine Kolonie Webervögel in ihren Wedeln. Wenn ich wieder zu Hause bin, möchte ich mir wohl ein pa[a]r dieser hübschen gelben Tierchen halten. – Die Regenzeit setzt recht kräftig ein hier; heut Vormittag starker Regen und Nachmittags ein kleiner Tornado. Es ist so furchtbar schade, daß ich hier von diesen schönen Hügeln und Bergen und einzelnen Partieen keine photogr. Aufnahmen machen kann. Hier im Chimpansen-Gebirge möchte ich wohl eine Station haben. Es ist so wunderschön hier. Wenn die Wolken so über die Hügel klettern, einzelne zeitweise verdecken, dann die grünen Kuppen wieder zum Vorschein kommen, einzelne Stellen von der Sonne erleuchtet, so sieht das wunderhübsch aus.

21.VIII.

Da es meinen Leuten gestern Abend noch gelang, einen von den Bebai-Leuten zu fangen, so brauche ich nun nicht selbst dorthin zu gehen, sondern schickte heut früh wieder den Kukuma hin und ließ den Kerls sagen, ich hätte jetzt eine Geisel, und sie sollten heut die übrigen 85 Dll bezahlen, sonst ging es ihnen schlecht. Heut will ich noch warten, morgen früh muß ich aufbrechen und nach Manoa zurückgehen.

d. 22.

Hab in Bebai gestern noch etliche Ziegen u.s.w. bekommen und den Leuten die übrigen 70 Dll noch gestundet. Auf dem Rückmarsch heut früh in Alen waren die Leute sehr vernünftig, versprachen, alles zu bezahlen und gaben mir acht Leute als Träger zum Pfand. Wird die Bezahlung nun nicht geleistet, müssen diese Leute die Summe abarbeiten. Abends kaufe ich in Alen-Essauong von [S. 163] meinem 100jährigen Freunde einen ganz neuen Medezin-Beutel (mpfök), den er selbst noch gestrickt hat.

Am 23.VIII. kam ich wieder in Manoa an, ließ meine Sachen waschen und verschiedenes ausbessern, und machte mich sonst bereit, am nächsten Tag wieder loszugehen. Auch zeichnete ich die beiden biang-Holzpuppen von Manoa. Mein Hetman zeigte mir in der Nähe des Dorfes den Platz und das Haus des „ngun" und erzählte mir alles damit zusammenhängende. In diesem „ngun" scheine ich endlich den Gott der Mpangwe gefunden zu haben, wenigstens ist seine ganze Tätigkeit der des christlichen Gottes fast gleich. Ich will bei nächster Gelegenheit, gestern wurde ich durch Regen verhindert, den Platz und das Haus noch zeichnen. Die Holzpuppen auf den „ngunga"-Kisten haben gar keine religiöse Bedeutung, sind nur Schmuck und Warnungstafeln für die Weiber, die nicht in diese Kisten hinein kucken dürfen.

Den 24.VIII.

Morgens früh 5^h machte ich meine bewaffnete Macht mobil. Diese besteht aus sieben Njan Ken[200]-Leuten mit Schwertern, Speeren und Feuersteingewehren. Ohne jede Last, nur den Rucksack als einziges Gepäck, zogen wir nach Nkum. Als Begleiter hatte ich mit Absicht Njankengs gewählt, diese sind Erbfeinde der Essamwus, daher war ich sicher, an diesen Kerls eine wirkliche Hilfe zu haben, falls es in Nkum zu Gefechten gekommen wäre. Daß die Essamwus derartiges vorhatten, hatte ich vorher gerüchteweise erfahren. Als ich aber nun mit den kampfeslustigen Njankeng in Nkum einzog, ließen die Leute dort von ihrem Vorhaben ab und versprachen kleinmütig, morgen ihren Gummi zu zahlen. So hab ich denn morgen wieder das Vergnügen, durch den Sumpf nach Nkum waten zu können. Nach dem letzten Regen ist kein Weg mehr trocken. Da kann der Rückmarsch zur Küste in drei Wochen ja recht nett werden, die Wasserverhältnisse sind glänzend.

Am 25.VIII. konnte ich Herrn Schladitz 4 Lasten [S. 164] Gummi schicken. Den Häuptlin[g] Abüssodo, der so gar keine Lust bezeigt, seine 40 Kessel Gummi zu bezahlen, werde ich jetzt mit List und Tücke dazu bewegen, mit mir zusammen nach Meloko zu gehen. Dort kann er sich dann persönlich mit Herrn Schladitz auseinandersetzen. Ich kann ihn nicht dazu bewegen, seinen Gummi zur Bezahlung seiner Schuld zu suchen.

Am 26.VIII. besuchte ich zwei Essassis[201]-Dörfer, Amwang und Nsom. Beides große Dörfer mit ausnahmsweise schönem Viehstand. Viele und große Schafe und Ziegen. Auf einem ziemlich hohen Landrücken gelegen, sind die Dörfer ziemlich kalt und windig, besonders da sich in der ganzen Gegen[d] kein Urwald, sondern nur niedrige Buschstrecken und alte und neue Farmen befinden. Aus Nsom brachte ich mir ein schönes mit Messing reich geschmücktes Gewehr mit.

Der 27.VIII. war Rasttag. Ich hab mal wieder etwas Ordentliches gegessen, hab ein bisch[en] gezeichnet und alles in Ordnung gebracht, um morgen wieder losgehen zu können. Morgen will ich wieder einmal den Uelle besuchen. In meinem Schildkröten-Tümpel entdecke ich heut eine Wasserwanze einer Gattung, die mir bis jetzt unbekannt ist. Auf dem Rücken trägt sie eine Menge kolbenförmiger Eier. Ich will versuchen, sie irgendwie zu erhalten. Alkohol hab ich ja leider gar keinen mehr. Meine Mabaea und Musseki-Leute, überhaupt meine Küstenleute haben sehr unter der Kälte hier im Hochland

200 Njan Ken bzw. Njankeng ist vermutlich der Name eines Familienverbandes.

201 Möglicherweise meint Jobelmann den Familienverband Esesī̧s, den Tessmann zu den Fang zählt, für ihn ein „Unterstamm" der Pangwe (Tessmann 1913, Band 1: 47).

zu leiden. Sie sind solche nächtliche Kühle halt nicht gewöhnt und nun alle erkältet. Die Mpangwe dieser Gegend tragen nicht mehr Kleidung, vielleicht noch weniger. Auch ich empfinde die Kühle. So halbnackend wie meistens auf Meloko kann ich hier nur in den Mittagsstunden herumlaufen und Nachts muß ich mich fest in meine Kamelha[a]rdecke einwickeln.

Abends 7^h 5 Min. fiel in N.O.O. ein großer Meteorit von O. nach W. steil hernieder. Sichtbar 4 Sek. [S. 165] Centrum rot, mit grünleuchtender breiter Umrandung. Diese lief wie in weißlichen Dampf aus. Geräusch konnte ich nicht wahrnehmen, desgleichen sah ich kein Zerplatzen sondern nur plötzliches Erlöschen.

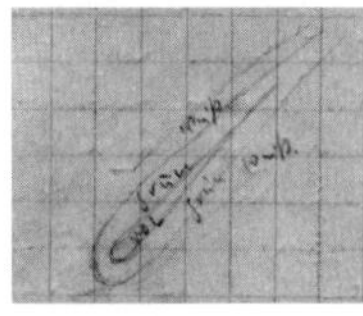

Den Mpangwe ist es Zeichen, daß in einem der Dörfer, die den Meteoriten sehen, in folgender Nacht ein Weib gestohlen wird. Nach Angaben der Leute hier sollen in den Tornadozeiten Meteoriten sehr häufig sein.

28.VIII.

Morgens ganz früh aufgebrochen und auf den selben Wegen wie früher schon, an den Benito (Uelle) gegangen. Dies mal aber hab ich mich an die andere Seite übersetzen lassen und hab dann gebadet. Der Uelle hat im Gegensatz zu den meisten hiesigen Flüssen sandigen und ki[e]seligen Grund. Ich nahm einige Grund- und Schlammproben. Auch eine Probe des Mpangwe-Töpfertons ließ ich mir geben. Die Stelle selbst, an der der Ton liegt, wollten mir die Leute nicht zeigen. Die Nigger haben Angst, ich beute das Lager zu sehr aus oder verrate die Stelle anderen. Hier sind Ziegen mit langen Mähnen und sehr langen Scheitelhaaren. Dabei scheinen sie aber keiner anderen Rasse anzugehören. Hab mir heut Nacht Brot mit Maismehl backen lassen, da mein Büchsenmehl knapp zu werden beginnt. Daß die[s] halb Weizen- und halb Maisbrot sehr gut schmeckt, kann ich nicht behaupten, aber besser als nichts ists jedenfalls.

29.VIII.

Nach langem Palaver kam ich erst Vormittags fort. Vorher kaufte ich noch ein schönes Fell einer Riesen-Otter, die im Uelle erlegt ist. Zum Ausstopfen ist das Fell leider nicht mehr zu gebrauchen, da die Nigger kein Fell abzuziehen verstehen. Vielleicht lasse ich mir zu Hause eine Mütze oder dergleichen davon machen; mal schauen! Auf dem Rückmarsch nahm ich etliche Grundproben aus Kassada-Löchern.

Mittags kaufte [ich] einen schönen Palaverstock mit einer Menge Schnitzereien darauf. Größtenteils dieselben Motive wie bei den Tättowierungen, aber auch ein Mann darunter, der erste, den ich geschnitzt finde außer den „biang".

[S. 166] Ein schwerer Tornado scheint zur Nacht kommen zu wollen. Überall am Horizont ballt es sich zusammen. Sekundenlang wird die Landschaft von Wetterleuchten erhellt und ferner Donner grollt dumpf. Das ganze Dorf ist in Aufregung. Die Weiber, die eben erst vom Fischen zurückgekommen sind, rasen wie Furien durch die Häuser und Bananen, um die Hühner zu fangen und ins Haus zu sperren. Einer nach dem anderen kommen die Männer wieder von der Jagd, von der Farm oder vom Gummischlag. Nun treiben sie in größter Eile Schafe und Ziegen in ihr Haus. Auch ich lasse mein Vieh zusammen treiben und unter dem vorspringenden Dache meiner Hütte anbinden. Die Enten mögen draußen bleiben, ihnen wird eine Douche sehr wohl tuen. Aus einem alten Taschentuch, das zu zerreißen anfing hab ich mir von Bumbela noch einige Säckchen nähen lassen, um darin die Grundproben aufbewahren zu können.

30.VIII.

Die Nacht verlief wieder Erwarten ruhig. Der Tornado verzog sich nach Süden und ist wohl in der Gegend von Nkolentangan niedergegangen. Dort hatten wir ja oft sehr schwere Tornados. Von hier aus liegt Nkolentangan südwestlich. Heut früh brachten mir die Leute einen Lemuren „anǔn“, den sie in der Schlinge gefangen hatten. Fell und Schädel habe ich mir geben lassen, das Fleisch wollten sie selbst essen. Das Skelett konnte ich nicht bekommen.

d. 3.IX.

Hatte gestern ein schweres Palaver in einem Ndong-Dorf, wobei es beinahe zum Kampfe gekommen wäre. Nur die Tatsache, daß ich mir rechtzeitig zwei Geiseln, einen Häuptling und einen andern Mann, genommen hatte, hielt die Ndong ab, anzufangen. In diesem Falle wäre es mir schlecht ergangen; ich stand mit meinen acht Leuten, einer Bande von über hundert gegenüber.

Viele Ananas und Eier konnte ich in den letzten Tagen kaufen. Täglich kann ich zwei Ananas essen und tue dies auch. Dabei sind die Dinger sehr billig. Für zwei Löffel Salz eine große Frucht. Ich wollt, ich könnte einige nach Hause schicken.

[S. 167] d. 6.IX.

Heut haben sich 18 Mann aus Manoa bei mir zur Arbeit gemeldet. Alle wollen zur Küste gehen.

Meine Leute haben mich einstimmig für den schönsten Weißen in Kamerun erklärt. Die müssens ja wissen. Viele sind schon für viele Europäer in Arbeit gewesen, und besonders mein Faktotum Bumbela, kennt die ganze Westküste und den Congo francais.

d. 7.IX.

Heut sah ich zum ersten mal eine beschnitzte Kürbisflasche bei den Mpangwe, die ich natürlich sofort kaufte.

d. 8.IX. ging ich wieder einmal nach den Essaßis-Dörfern und wurde dort wirklich sehr freundlich empfangen. Kaum war ich mit meinen Leuten im Dorfe angelangt, wurde auch schon die Kriegstrommel geschlagen und aus allen Hütten stürzten die bewaffneten Nigger heraus und begannen sofort zu schießen. Wir waren auch nicht faul und trieben sie in kurzer Zeit in den Busch. Auf unserer Seite nur zwei Verwundete, auf Seiten der Essaßis ein Toter und etliche Verwundete. Es ging noch gut ab so, aber störend und unangenehm war es doch, daß ich zu meinem Doppelkarabiner keine Patronen hatte. Es ist wirklich nicht angebracht, hier im Busch Gewehre nur als Ausstattung mitzunehmen. Mein Revolver tat mir gute Dienste, nur ist eine Feder gesprungen, und er repetiert nicht mehr von selbst. Gegenüber den Steinschloßgewehren ists aber doch eine gute Waffe. Sollte ich aber wieder einmal hierher kommen, muß ich mir unter allen Umständen mehrere Karabiner und eine gute Browning-Pistole mitnehmen.

d. 10.IX.

Heut ließ ich mir den Krankheitsfetisch ngi und sein Haus zeigen und zeichnete ihn. Dabei fragte er mich durch den Häuptling, wer mich zu ihm gerufen hätte und warum ich ihn in mein Buch schriebe, was ich überhaupt [S. 168] von ihm wollte. Er hätte nichts mit Weißen zu tun. Zuerst wollten ihn mir die Leute überhaupt nicht zeigen, dann wollten sie 6 Dll Bezahlung haben. Als ich sie fragte[,] ob sie verrückt seien, zeigten sie ihn mir.

12.IX.

Endlich nach vielen überwundenen Schwierigkeiten konnte ich heut früh meinen Rückmarsch antreten. Fertig geworden bin ich hier nicht. Habe aber keine Zeit, länger zu bleiben, da ich Ende dieses Monats wieder an der Küste sein muß. Träger hab ich genug bekommen können; mit 40 Mann reise ich jetzt. In dieser Gegend noch durch einige Palaver aufgehalten, konnte ich heute nur bis Efak-Majong kommen. Die Wege sind jetzt, Anfang der Regenzeit, schon fast alle unter Wasser, sodaß ich einen Kerl anstellen mußte, nur um mich durch die Sümpfe zu tragen. In Mpfule sah ich ein junges Weib, das Marga sehr ähnlich war. Der Zug um Nase und Mund, der Blick der dunklen Augen und auch etwas in Form der Nase. Bei dieser Negerin sah nun das, was in Margas Gesicht so anziehend ist, durchaus häßlich aus. Ein Ndong-Mann vom Uelle hat mir mein Ngom gestimmt, alle 8 Saiten ganz richtig in 8 ganzen Tönen. Dies hätte ich den Mpangwe nicht zugetraut, ihre übrigen Instrumente sind meist recht willkürlich oder garnicht gestimmt.

13.IX.

Schon am frühen Vormittag Nßini erreicht, mußte aber doch dort übernachten, da die Palaver kein Ende nahmen. Sah Medezin aus Waffen und Feldgeräten um gute Ernte und gute Jagd zu machen. Hörte, meine vor ca. 14 Tagen zur Küste geschickte Gummi-Karawane sei unterwegs angegriffen und beraubt worden. Das ist reizend so, jetzt kann ich wieder dorthin gehen und Krieg führen.

14.IX. bis Nßum gegangen[,] wo ich einige Tage Halt machen muß, um Palaver in Njankeng-Alen und Essatop-Bebai zu erledigen. Unterwegs sind noch etliche Leute dazu gekommen, die zur Küste gehen wollen; so hab ich jetzt über 50 Mann. In Alen bekam ich einen Stock mit geschnitzter weiblicher Figur geschenkt. [S. 169] Einer von meinen Njankeng-Leuten brachte mir ein Bündel Ngon mit Schmetterlingspuppen darin zu essen.

15.IX.08.

Ging Morgens nach Bebai, um das Palaver zu besprechen, da mir das aber zu lange dauerte, bestieg ich mit einigen Leuten währenddeß den Nkol-abarra. Der Aufstieg beginnt gleich hinter dem Dorf und ist ziemlich steil. Zuerst geht[s] ein[e] ganze Weile durch Urwald; eigentlicher Weg ist nicht, doch sieht man, daß manchmal einer [sic] Neger dort gegangen ist, um zu jagen. Nach ca. 25 Min. erreichten wir die Lichtung, und eine wundervolle Aussicht wurde frei. Tageweit konnte ich nach Süden ins Hochland hinei[n] sehen. Hügelreihen und einzelne Kuppen ragen aus dem unendlichen Urwaldmeer heraus. Kleine helle Pünktchen bilden einige Dörfer, die meisten sind im Urwald versteckt. Den Übergang des Urwaldes in die Lichtung bilden Kakteen, zum erstenmal sah ich sie hier in der Wildnis. Merkwürdig treten diese Trockenlandpflanzen aus dem üppigen Baumwuchs hervor. Die Lichtung selbst, bestehend aus steilen glatten Granitwänden, auf denen kein Humus liegen bleibt, ist nur mit kurzem Gras, Moos- und Flechten-Polstern und Steinbrech[202] bewachsen. Stellenweise, dort, wo der Regen in Gießbächen abläuft, sind tiefe Rillen im Gestein und in kleinen Strudellöchern liegen losgewaschene Kiesel. Hier hab ich es unendlich bedauert, keinen Photo-Apparat zu haben und so gar nichts, um Pflanzen und anderes konservieren zu können. Ich schätze den Nkol-abarra vom Hochland aus auf 700-800 m. Auf der Höhe feuerte ich meinen Karabiner ab, der Knall erschien mir viel schärfer und lauter als sonst. Nach 3 Sek. begann das Echo wie das Rauschen eines fernen Platzregens, schwoll zu leichtem Donner an, um abnehmend nach 15 Sek. aufzuhören.

---

202 Der Steinbrech (Saxifraga) hat etwa 350 Arten. Sein Name leitet sich von den in Ritzen von Felsen vorkommenden Hochgebirgsarten her (Urania-Pflanzenreich 1993: 173).

16.IX.

In der Nacht hörte ich, alle meine Träger wollten fortlaufen, wenn ich noch länger in Nßum bliebe. Was blieb mir übrig? Ich mußte fort. So ging ich denn heut früh los. Zehn Essassis-Leute waren aber doch schon fort. Wieder überschritt ich das Aoa-Gebirge. Es war, als ob sich das Hochland zum Abschied noch einmal in seiner ganzen Schönheit zeigen wollte. Mir [S. 170] war auch recht wehleidig zu Mute, als ich in die Sumpf-Niederungen hinabsteigen mußte. Wie gern möchte ich wiederkommen. So viel Schönheit kann ich nicht auf Nimmerwiedersehen verlassen. Auch meine Höhle besuchte ich wieder und nahm etliche Gesteinsproben mit.

17.IX.

Morgens hörte ich, mein zurückgelassener Hetman sei in Nßini überfallen, ausgeraubt und arg verschlagen sein. Sofort schlug ich Arlarm [sic] und zog mit meiner ganzen bewaffneten Macht in anstrengendem Eilmarsch über das Gebirge zurück dorthin, um den Kerl zu befreien. Er war schon vorher ausgerissen und kam mir entgegen. Da die Leute aber noch seine Sachen hatten, zog ich weiter und wurde durch die Verhältnisse gezwungen, dort ein ernstes Gefecht zu liefern, wobei es sogar zum Handgemenge kam. Hierbei bekam ich auch einen Schwertstreich über den Handrücken, der aber glücklicherweise nicht gefährlich war. Einem riesigen Kerl, der meinem Bumbela den Karabiner entreissen wollte, sprang ich wie ein[e] Katz[e] auf den Rücken und würgte ihn, bis er umfiel. Den Kerl habe ich aber binden lassen und werd ihn jetzt nach Meloko mitnehmen, wo er zur Strafe etliche Monate auf der Farm arbeiten kann. Sehr unangenehm war es mir, daß mein Revolver mehrmals versagte; der Hahn spannte nicht. Auf dem Rückwege wurde uns noch mehrmals aufgelauert. Zur Sicherheit hatte ich den Karabiner genommen, da ich mich auf meinen Revolver nicht verlassen konnte. Ich beschloß natürlich meine Karawane, um den Rücken zu decken, konnte aber der schlechten Wege wegen selbst nicht ordentlich aufpassen. Auf einmal sagt Bumbela: „Massa, man live for kom for bac you!“ Ich drehte mich um. Richtig, da bewegten sich die Büsche. Ich duckte mich und wartete. Als er näher war und Bumbela sah, legte er auf ihn an. Ich kam [S. 171] ihm zuvor und ließ ihn liegen. Auf dem Rückmarsch nahm ich noch zwei Leute aus Essatop-Bebai mit.

20.IX.08.

In Akonanje bei Herrn Müller. Gestern Post bekommen. Nur erfreuliche Nachrichten aus der Heimat.

21.IX.

Herrn Teßmann besucht, der jetzt nur 6 Stunden von Akonanje entfernt wohnt.[203] Hab ihm alle meine Zeichnungen und gesammelten Ethnographika gegeben. Wir sprachen ernstlich darüber, ob und wann ich wohl zur Expedition zurückkehren könnte. O, ich möcht schon, so bald wie möglich.

23.IX. nach Mejin gegangen. Laufe jetzt auf eigenen Sohlen, die Stiefel hab ich fortwerfen müssen, die Sohlen der Schuhe sind durch und nun tiefe Wege. Meine Füße schmerzen schauderhaft, aber ein anderes Verkehrsmittel als Laufen gibts hier nicht.

24.IX. nach Mebang gegangen und dort übernachtet. Im Palaverhaus am Lagerfeuer geschlafen, ohne Bett, ohne Decken, und gefroren.

25.IX. wieder aufgebrochen auf schmerzenden Sohlen, und bis Ambam gekommen.

26.IX. unter strömenden Regen auf entsetzlichen Wegen bis Akonitje gegangen. Streckenweise bis zur Brust im Wasser, dabei Gewehr und eine Ziege vor dem Ertrinken beschützend, Patronen unter dem Hut, Revolver um den Hals gehängt. Furchtbar müde kam ich Abends in Akonitje an. Vier Häuser und nichts zu essen für 30 Mann! Aber was hilfts, weiter gehts nicht. Diese Märsche mit der Ziegenherde sind entsetzlich. Mann [sic] kommt und kommt nicht vorwärts. Besonders das Übersetzen der Viecher über die Flüsse macht Schwierigkeiten.

27.IX.

In Regengüssen die Nkol-akonitje überstiegen. Diese Gegend ist eine der schönsten. Ich aber hab jetzt gar keine Augen dafür; meine Füße schmerzen mich so, daß ich nur noch vorwärts schleichen kann, und damit über Felsen kraxeln! Strömender Regen bis zum Abend. Völlig durchnäßt in Oweng angekommen. Allerhand Unglück! Mein Gewehr kaput, Schraube verloren. [S. 172] Zwei Ziegen tot vor Nässe und Kälte, zwei Schafe in den Busch gelaufen. Meine letzten Träger kamen 3 Stunden später als ich hier an. Bett durchnäßt, Wasser im Koffer, kein trockener Anzug zum Umziehen. Dabei schmerzende Füße und wenig zu essen. Entsetzlich!

28.IX.

Wenn Du Götzen zerschlägst, einem anderen, vergiß nicht, daß es ihm Götter sind!

---

203 Tessmann, der auf seiner Station „Bebai" lebte, verlegt in seinen Erinnerungen den Besuch auf den Oktober: „Im Oktober kam Herr Jobelmann durch" (Tessmann, Mein Leben, Band 4: 113 [Archiv Völkerkundesammlung der Hansestadt Lübeck, T_Leben_4]) bzw. Templin (Hg.) 2015: 131.

29.IX.

The rain is raining every day und in Strömen; alle Wege sind reißende Bäche. Der Rückmarsch zu Küste kann nett werden!

30.IX.

Machte heut mit Erfolg Jagd auf einen Varan, den ich auf einem gefallenen Baumriesen beobachtete. Jetzt hab ich ihn an der Leine und will ihn beobachten. Vielleicht eß ich ihn auch bald; das Fleisch soll ja sehr gut schmecken.

Bumbela war an den Mwila gegangen, um zu fischen und kehrte mit reicher Ausbeute heim. Große Karpfen, Hechte mit riesigen Hakenzähnen, Weißfische und eine Menge verschiedener Mormyriden[204]. Es ist zu schade, daß ich keinen aufbewahren kann, sie würden Dr. Pappenheim[205] sehr interessieren.

I.X.

Hab den Varan seziert und nur die Haut und Schädel konserviert. Sogar dies Viech hatte den Ewu[206], den mir einer unserer Jungs zeigte. In diesem Fall vertrat das ovarium die Person des ewu.

3.X.

Heut früh bei 35,3° Temperatur Chinin genommen, prophylaktisch, und nun 2^h pm. Schwarzwasser! Wie Tinte. Dabei Kopfschmerzen und Übelkeit und 37,2° Körpertemperatur. Hoffentlich ists nur ein kleiner Anfall, der schnell vorüberzieht. Sonst – das ist ja schrecklich! Ein Jahr bin ich jetzt gerade hier im schönen Westafrika, hab nie den geringsten Schwarzwasser-Anfall gehabt trotz häufiger heftiger Fieber, und nun auf einmal.

4.X.

Das war eine tolle Nacht. Der Fieber-Anfall war sehr schwer. Höchste Hitze 41,8°. Dabei Schüttelfrost und rasenden Kopf[S. 173]schmerz. Hatte wilde Phantasien und schwere Träume und soll, wie mir meine Jungs heut früh erzählten, nicht schlecht gewühlt haben. Mehrere haben mich gehalten, weil ich aus dem Bett springen wollte. Ich träumte mit größter Deutlichkeit und auch jetzt noch hab ich alles klar im Gedächtnis. Gegen 1 Uhr war die Krisis

---

204 Tessmann nennt von den Nilhechten (Mormyridae) den bei den Fang überall vorkommenden Gnathonemus moorii und den Marcusenius sphekodes (Tessmann 1913, Band 1: 108-109).

205 Der promovierte Zoologe Paul Pappenheim (1878-1945) war von 1909-1943 Kustos der Fischsammlung des Zoologischen Museums Berlin (heute: Museum für Naturkunde – Leibniz-Institut für Evolutions- und Biodiversitätsforschung an der Humboldt-Universität zu Berlin). Zwischen 1926 und 1938 war er zudem stellvertretender Direktor des Museums (Hackethal 1985: 389).

206 Die eṿū̕ bezeichnet bei den Fang den Sitz der Zauberkraft, die zumeist in der oberen Bauchgegend verortet wird (Tessmann 1913, Band 2: 126 ff.).

beendet, ich wurde ruhiger und lag wach im Bett. Schlafen konnte ich nicht vor Kopfschmerzen. Was ich träumte[,] hab ich heut niedergeschrieben.[207] Auch hatte ich gestern Abend schon, als ich merkte, daß der Anfall schwer werden würde und ich daran zu Grunde gehen könnte, Briefe an meine Lieben zu Hause und an Herrn Schladitz geschrieben. Merkwürdig, beim Schreiben dieser Briefe hatte ich das sichere Bewußtsein „heut Nacht stirbst Du“ und war ganz ruhig dabei; wie dann aber Nachts der Tod in persona zu mir kam, hab ich mich doch gewehrt. Nun ists glücklich vorbei und kommt hoffentlich nicht bald wieder.

5.X.

Hab heut Abend nach Eintritt der Dunkelheit nach der Scheibe geschossen. Konnte die Scheibe nur als weißen Fleck und das Korn des Gewehrs garnicht erkennen, hab aber doch mehrmals Mittelpunkt getroffen. Das ist gutes Resultat.

7.X. von Oweng aufgebrochen und unter strömenden Regen Abends in Alen eingetroffen und dort übernachtet Alle Wege unter Wasser, Bäche und Flüsse geschwollen. Meine Ziegen-Fell-Schuhe immer voll Wasser.

8.X.

Durch und unter Wasser bis zu dem kleinen Dorf Malen gekommen. Mit den Ziegen und Schafen ging es einfach nicht weiter. Meine Leute haben Lasten und, wenn das Vieh nicht laufen will, auch dies zu tragen; damit komm ich nicht schnell vorwärts. Und schon hier wollen die Dörfler keine Leute-Verpflegung mehr für Salz verkaufen, und Tabak hat mir Herr Schladitz nicht geschickt. Ich weiß garnicht, was ich da machen soll. Es sind noch 6 Tage bis zur Küste und meine Leute haben nichts zu essen. Schlimmstenfalls muß ich den Häuptlingen Gutscheine für Meloko geben, wenn die Kerls darauf eingehen. [S. 174] Übrigens ganz elendes Nest hier; nur 10 kleine halbzerfallene Hütten, viel schlimmer als ein typisches Mpangwe-Dorf.

9.X.

War heut der erste Tag, daß ich ohne Regen zu bekommen, marschiert bin. Hab das auch ausgenützt und einen großen Marsch gemacht. Die Ziegen sterben wie die Fliegen. Heut schon wieder die so und so vielte. Meine Träger freuen sich, auf diese Weise haben sie viel Fleisch.

Ein Kerl wollte mir heut einen Mban-e-ndschok[208] verkaufen; ich wog ihn und bot ihm für die 3 Ko 9 Dll. Das wollte er nicht, er meinte, an der Küste bekäm er 100 Dll dafür. Das soll er nur versuchen, mehr als 10 Dll gibt ihm kein Mensch, und das hätt ich schließlich auch gegeben.

---

[207] Jobelmann schrieb das Gedicht „Der Tod und ich“ nieder; siehe dieses Gedicht auf S. 171-173.

[208] Fang: mbă̦ṅ = Elfenbein, žǫ̆k = vom Elefanten (Tessmann 1913, Band 1: 53).

10.X.

Durch Sumpf und Wasser sieben Stunden marschiert und das Dorf Malen erreicht. Wieder ist eine Ziege gestorben. Morgen will ich Rasttag machen damit sich das Vieh erholen kann. Auch ich muß ruhen, die Märsche der letzten Tage haben mich sehr angestrengt, besonders da ich die letzten drei auf eigenen Sohlen gelaufen bin. Zwar die Füße schmerzen mich nicht so sehr, wie zuerst, aber das Laufen ermüdet. Das Ziegenleder, das ich frisch unter die Schuhe nähen ließ, ist von der fortwährenden Nässe einfach verfault. Morgen will ich nun neues unternähen lassen, das mich dann bis Meloko bringen muß.

Als ich in dies Dorf kam, waren alle Männer im Palaverhaus beim Spiel. Mit Kauris spielten sie und Speergeld und ziemlich hohe Summen; mehrere hatten hunderte ekbarra vor sich liegen. Wie das Spiel vor sich geht, hab ich trotz langen Zuschauens und mehrfachen Fragen nicht begreifen können, konnte ich doch auch bis jetzt kein Kartenspiel zu Hause erlernen.

11.X.

Ist mir doch gestern noch eine meiner schönsten Ziegen gestorben. Ein schönes großes Tier, das außerdem tragend war. Gerade deshalb wahrscheinlich konnte sie die Märsche nicht ver[S. 175]tragen. Ich fand sie liegend, Schaum am Maule, röchelnd mit verdrehten Augen. Schnell schoß ich ihr eine Kugel ins Gehirn. Meine Leute haben sie gegessen, doch vorher hab ich sie und die beiden Embryonen genau untersucht. Bei dem einen war das Fruchtwasser ganz eitrig, wahrscheinlich infolge eines Fußtrittes die Todesursache.

Eins meiner Ziegenfelle, das ich mangels an Gelegenheit nicht ordentlich hatte trocknen lassen können, war ganz verfault. Als ich es wegwerfen wollte, nahmen meine Träger es auf, haben es gekocht und gegessen. Es muß wohl ganz aromatisch geschmeckt haben!

Etliche Ziegen hab ich heut noch gegen Gummi umgetauscht; das ist ganz gut so, so können sie mir nicht unterwegs sterben. Den Enten gebe ich jetzt allabendlich meine Waschschüssel zum Trinken und Baden.

Ich bin hier direkt vor dem Mpfanemakok, dessen bewaldete Kuppen freundlich in das Dorf schauen. War ein wunderschöner Anblick heut morgen, wie sich die Nebelwände allmählich vor den Augen der Sonne verzogen und die Berge freigaben.

12.X.

Der alte Weg über den Mpfanemakok ist nicht mehr gangbar, da alle Dörfer die dort lagen aus Mangel an günstigen Farmplätzen verzogen sind. So ist jetzt der alte Weg 2½ Tage ohne jedes Dorf und kann deshalb von Karawanen nicht gebraucht werden. Der neue Weg liegt südlich vom alten, ist sehr, sehr schlecht, und auf ihm liegen nur wenige kleine Dörfer. Da er nur durch die Täler führt, ist er lange nicht so schön wie der frühere.

So sitz ich nun nach anstrengendem Marsche in Ekok, einem Dörfchen von nur 4 Hütten, da diese zu klein und schmutzig für mich sind, schlafe ich im Palaverhause, das nicht einmal Wände und nur ein sehr regenunsicheres Dach hat. Was hilfts; ist immer noch besser, als gar kein [S. 176] Dach über dem Kopf.

Unterwegs hab ich mir von meinem Hetmann das Märchen von der großen Schlange erzählen lassen. In diesem Märchen kommen die beiden Ideen vor, die der Europäer in der Sintflutsage und in der Sage von der Sphinx hat.

13.X.

Auf unendlich schlechten, zuletzt sumpfigen Wegen unter Regengüssen Mwinne erreicht. All diese neuen Wege noch gar nicht freigeschlagen sind kaum gangbar, die Flüsse ohne Brücken; und das in Deutsch-Kamerun, so nahe der Küste. Mehrmals mußte ich heute bis an die Hüften durchs Wasser waten. Meine Ziegenfellschuhe sind auch wieder durchgelaufen, und bin heut auf eigenen Sohlen gegangen. Das war auf den steinigen Wegen am Abhange des Gebirges nicht sehr angenehm.

Der neue Weg ist zwar, wenn gereinigt und mit Brücken versehen, näher und angenehmer, aber bei weitem nicht so schön, als der alte über den Mpfanemakok. Der frühere Weg hat so entzückende Felspartien und reißende große Wildbäche, die dem jetzigen fast ganz fehlen. Allerdings hab ich heute eine [sic] sehr, sehr hübsches Motiv gesehen, ähnlich denen im Ilsetal im Harz, wie sie Kohnert[209] und andere so oft gemalt haben, nur wilder. Dieselben Gebirgsbäche mit moosbewachsenen Steinen darin und der grünen Umgebung. Elefanten-Spuren sah ich ungeheuer häufig, und in allen Dörfern, durch die ich kam, baten mich die Leute, doch die ndschok wegzuschießen, sie verwüsteten ihnen alle Felder und fräßen ihnen alle Kassada und Planten weg.

Und unter diesen Umständen dürfen die Neger überhaupt nicht und Europäer nur bei Zahlung von 100 Mk für jeden [S. 177] nur 3 Elefanten jährlich erlegen.

14.X.

Auf besseren, aber für meine Füße unangenehmen Wegen bis Aschok gegangen. Die Wege sind alle bis auf wenige kurze Lehm-Strecken, mit gröberem und feinerem Lateritgeröll bedeckt, sodaß meine gestern noch angebrachten Schuhsohlen schon nach einer Stunde wieder durch waren und

---

209 Der in Tilsit geborene deutsche Maler und Graphiker Heinrich Kohnert (1850-1905) gilt als Landschaftsmaler, der die Darstellung von Ansichten der Ostseeküste, der Havel und dem Spreewald in seinem Werk bevorzugte (Vollmer [Hg.] 1927: 211).

ich mir meine eigenen Sohlen wundgelaufen habe. Auch heute gings noch ziemlich bergab.

Der Grund der jetzt reißenden aber nicht tiefen Flüsse ist hier überall scharfes Granitgeröll. Den Kerl, der mich barfuß überall durchtrug, hab ich nicht beneidet.

15.X.

Der Betan hatte bei Aschok eine schöne, breite Holzbrücke, die der jetzt äußerst reißende Strom aber fortgerissen hatte. Als Ersatz ist jetzt ein kaum armstarker Baum darüber. Ich sah, daß meine Leute alle bis zu den Hüften ins Wasser kamen und wollte mich deshalb tragen. Wie ich nun mit dem Nigger unter mir ungefähr in der Mitte der Strömung bin, bricht der Baum und wir beide fallen ins Wasser. Im ersten Schreck lasse ich meinen Träger nicht los und halte ihn durch mein Gewicht unter Wasser. Als mir nach einigen Sekunden einfällt, daß der arme Kerl da unten so elendiglich ertrinken müsse, laß ich ihn los. Dabei komme ich nun in die Tiefe und wäre, durch mein Gewehr und den schweren Regenrock am Schwimmen behindert, beinahe ertrunken, wenn der Kerl, den ich beinahe getötet hätte, nicht meine Lage erkannt und mich mit einem Arm hochgehalten hätte. So erreichte ich denn glücklich das andere Ufer. Und nun patschnaß, dazu von oben Regenströme; huch, da hab ich gefroren!

Bis zur Brust bin [ich] heute unterwegs [S. 178] noch öfter ins Wasser gekommen beim Überschreiten von Flüssen und Bächen. Naß war ich ja doch einmal.

Meine Uhr steht natürlich, ist voll Wasser gelaufen. Ich werd sie wohl zum Reinigen nach Hause schicken und mir in Campo eine neue kaufen müssen.

16.X.

Heut früh ½6 Uhr sind mir gleich zwei Kanus voll Kautschuk, die den Bengola überschreiten sollten, umgekippt, in der Nähe des Wasserfalls des Bebabömwode. Wiederholte Versuche meinerseits, in einem Mabaea-Kanu fahren zu können, blieben erfolglos. Es ist mir nicht möglich, in diesen schmalen Dingern das Gleichgewicht zu erhalten.

16.X.

Nachmittags 3 Uhr nach anstrengendem Marsch quer durch die vom Ntem und Bongola gebildete Insel glücklich auf Meloko eingetroffen.

Nach späteren Berechnungen hat sich herausgestellt, daß Herr Schladitz durch diese Expedition etliche hundert Mark Verlust hat. Ich selbst habe 30 Mk Gewinn an dem Gummi.

19.X.

Herr Schladitz ist heut mit Herrn Ruete auf einige Wochen auf Elefantenjagd gegangen und ich bin nun wieder allein auf Meloko mit wenigen

Arbeitern und viel Arbeit. Ich muß nun auch eilen mit der Post fertig zu werden, hab sehr viel zu beantworten und 13 Briefe und mehrere Karten zu schreiben. Hab auch schon angefangen.

Mein Zimmer hatte ich in großer Unordnung vorgefunden und bin mit aufräumen noch nicht fertig.

Ein Schmetterlingszug, den ich jetzt [S. 179] seit 12 Tagen beobachte, ist heute so dicht, wie Schneefall zu Hause.

28.X.08.

In Bata ist Aufstand ausgebrochen, die Faktoreien sind bedroht. Herr Schladitz ist sofort mit Herrn Ruete dorthin aufgebrochen. Nun sitz ich hier wieder allein auf Meloko und darf es bewachen. Für den Fall, daß es auch hier unruhig wird, soll ich gleich zu[r] Station schicken.

Na, hoffentlich passiert hier nichts aber wenn, dann sollen sie nur kommen, die blody nigger.

3.XI.

Noch immer keine Post vom Zwischendampfer gekommen. Meine diesmalige Heimatpost ist nun glücklich fort; hu, das war schwere Arbeit diesmal. 9 Briefe und 7 Karten hab ich geschrieben.[210]

Auf der Farm ist nichts los; ich kann nicht immerzu hinter 12 Arbeitern stehen.

In Batta war nichts, der ganze Aufstand blinder Lärm.

Der Melonen-Reichtum ist hier z.Z. großartig. Täglich 4 große Papayas reif. Kann ich allein garnicht aufessen.

8.XI.

Gestern Abend schickte mir Herr Schladitz 10 Jaunde Arbeiter. Mit denen hoffe ich nun etwas mehr anfangen zu können, da sie nicht fortlaufen können. Auch Post kam; nur ein Brief von Mutter und eine Karte von Marga.

Es ist schrecklich, nicht einmal am Sonntag hat man Ruhe, in einem fort Lauferei mit Khank kaufen oder irgend etwas verkaufen. Den ganzen Vormittag hab ich zu tun gehabt mit den Leuten.

Gestern fingen die Arbeiter eine sogenannte [S. 180] Buschratte[211]. Sie sieht aus wie ein Erdferkel[,] ist aber nur so groß wie ein Kaninchen. Fell und Schädel ließ ich mir geben, auch ließ ich mir den ewu zeigen. Die Gallblase gab man mir als solchen an.

---

[210] Siehe den Brief an seine Mutter vom 24. Oktober 1908 auf S. 194-202.

[211] Die afrikanische Buschratte, die nahezu unbehaart ist und einen langen Schwanz besitzt, gehört zur Familie der Muridae (Westheide und Rieger [Hg.] 2015: 561).

Von 6-6½h pm. war gestern eine ganz merkwürdige Beleuchtung. Die Sonne war im Untergehen begriffen mit ganz kleinem kreisförmigen Abendrot. Der bedeckte Himmel vom Westen bis zum Zenith schwefelgelb, während von Osten her ein Tornado mit dicken tief blau-schwarzen cumuli heraufzog. Die ganze Scenerie war wunderbar klar und plastisch mit äußerst scharfen Konturen, aber alles wie durch eine Gelbscheibe betrachtet. Auch die Spiegelflächen des Ntem waren bedeutend klarer und schärfer als sonst.

12.XI. kam Herr Schladitz wieder und brachte den Gouverneur von Batta und den span. Militärarzt von dort zu Besuch mit. Die Herrn wollten hier in der Umgegend mit Herrn Schladitz Elefanten jagen. Sie blieben denn auch drei Tage lang hier, schossen aber nichts trotz täglicher Ausflüge. Die Spanier können natürlich nicht deutsch sprechen und wir nicht spanisch, so mußte die Conversation französisch gemacht werden. Ich verstand nun fast alles, was die Herren sprachen, konnte aber in den ersten Tagen nicht recht mitreden, da ich erst lange nach Ausdrücken suchen mußte oder diese mir überhaupt nicht einfielen. Allmälig [sic] aber gings und ich redete munter mit.

Sonntag d. 15.XI. brachen die Spanier wieder auf, und ich brachte sie in unserem Kanu nach span. Campo auf die Militärstation. Unterwegs, während der 6-stundenlangen Flußfahrt unterhielt ich mich mit dem Dr. Gomez über [S. 181] Malaria und die verschiedenen Theorien ihrer Entstehung.[212] Dr. Gomez ist Anhänger der Moskito-Theorie und berief sich dabei auf Laveran[213] und Koch[214]. Ich wars früher auch, bin aber seit Kenntnisnahme der Broschüre von Dr. Schwalbe[215] entschieden Gas-Theoretiker. Auch alle meine eigenen Malaria-Anfälle stimmen damit überein. Daß ich solche Unterhaltung aber nur in französisch führen konnte, machte mir schon Spaß. Daß hätt ich kaum gedacht.

---

212 Die Übertragungswege der Krankheit waren zu dieser Zeit noch unbekannt. Rund 85% aller Europäer, die im 19. Jahrhundert nach Westafrika reisten, starben an Malaria oder trugen dauerhafte Schäden davon (Gerabek et al. [Hg.] 2005: 886).

213 Der französische Bakteriologe und Militärarzt Alphonse Laveran (1845-1922) vertrat zuerst die Überzeugung, dass der Erreger der Malaria außerhalb des menschlichen Körpers als Parasit der Stechmücken zu finden sei. Er entdeckte am 6. November 1880 den Malariaerreger. 1907 erhielt er den Nobelpreis für Medizin/Physiologie. Sein Werk stand im Zeichen verschiedener Tropenkrankheiten (Gerabek et al. [Hg.] 2005: 830).

214 Der berühmte deutsche Bakteriologe und Hygieniker Robert Koch (1843-1910) verbrachte insgesamt sieben Jahre in tropischen Ländern, u.a. zum Studium der Malaria. 1905 erhielt er den Nobelpreis für Medizin/Physiologie (Gerabek et al. [Hg.] 2005: 768).

215 Der Mediziner Carl Schwalbe war der Meinung, dass Moskitos oder andere Insekten nicht die Träger des Malariagiftes sein können, sondern vertrat die These, dass die Ursache der Krankheit eine Vergiftung mit Malariagasen sei. Er veröffentlichte zu diesem Thema u.a. 1900 und 1901 in Berlin die Schrift „Beiträge zur Malaria-Frage“.

In span. Campo blieb ich dann noch zum Mittagessen, einem merkwürdigen spanischen Mittagessen, und sah mir die Station genau an. Es sind dort 30 Neger-Soldaten und vier Europäer, aber nichts, nichts zu tun. Die Leute haben keinerlei Bücher dort, nicht einmal ein[e] Karte ihres Gebietes konnte mir gezeigt werden. Soldaten, Serganten und Offiziere haben schlechte, schlampige Uniformen[,] sonst aber keine Formen.

Von dort ging ich nach deutsch Campo hinüber, wo ich Waren und Proviant für Meloko holte, auch mir verschiedenes kaufte.

16.XI. fuhr ich nach Meloko zurück, erreichte aber nur Dipicar zur Nachtzeit. Während dieser Fahrt sah ich zum erstenmal wunderschöne weiße Reiher am Ufer. Sie blieben bis zu 6 Stück ganz ruhig auf den Mangroven sitzen und ließen das Kanu ganz dicht hinankommen, um sich im letzten Augenblick mit elegantem Flügelschlage hinweg zu heben.

[S. 182] 25.XI.-28.XI. war ich wieder einmal recht krank. Hatte heftiges Fieber und in den drei Nächten Schwarzwasser.

4.XII.

Hab in den letzten Tagen mehrere Mussetschi-Mädchen gezeichnet.[216] Dabei die Beobachtung gemacht, daß diese Mädchen, die ihre Stamba meist über den Brüsten zusammengeknüpft tragen, an den von der Stamba unbedeckten Stellen bedeutend dunkler sind, als weiter unten. Bei einem Mädchen war dies besonders auffallend. Gesicht, Hals, obere Brust, Schultern, oberer Rücken und Außenseite der Arme dunkelschokoladenbraun, genau bis zur Grenze der Stamba. Alle Flächen, die unter der Stamba liegen und die Innenseite der Arme und Hände bedeutend heller bis milchkaffeefarben. Also offensichtlich doch Einwirkung der Sonne.

5.XII.

Das geht nicht mehr so weiter. Ich muß nach Hause, ich muß! Hier auf der Pflanzung verkomme ich ganz und gar. Hab keine Arbeit und kann mir hier auch keine machen. Ich muß wieder unter Zoologen. Muß mich wieder mit zoologischen Studien und Arbeiten beschäftigen können.

Ich muß nach Deutschland, möglichst bald!

Ende des ersten Bandes.

---

216 Siehe die Zeichnungen Abb. 27-30 (S. 223-224), die Jobelmann im November 1908 angefertigt hat; sie zeigen nach seinen Angaben zwei Frauen und zwei Mädchen.

Tagebuch II (Fragment)

[1908]

[S. 1] 10.XII.

Nun hab ich mich doch entschlossen, noch länger hier zu bleiben. Warum eigentlich? Ich hab so viel Gründe, die mich nach Hause ziehen. Hab solche Sehnsucht nach den Meinen, nach Berlin, nach Großstadtleben. Und doch, ich kann nicht fort, noch nicht. Ich hatte es mir so fest vorgenommen, Herrn Schladitz's Angebot, im Januar heim zu fahren, mit beiden Händen zu ergreifen, und nun kann ich mich doch dazu [nicht] entschließen. Was hält mich denn hier? Meloko und die Pflanzung gewiß nicht. Das Gehalt ist auch nicht so, daß ich mich dadurch angezogen fühlte. Und doch kann ich nicht fort. Diese tausendfältigen, immer neuen Schönheiten der reinen gewaltigen Natur hier, dies innige Zusammenleben in und mit dieser Natur, das bindet und hält mich hier; ich kann nicht fort, noch nicht. Ich kann mich noch nicht losreißen. Das hat mich schwere Kämpfe gekostet, das Durchringen zu dieser Erkenntnis, und doch ist sie auch wieder so plötzlich über mich gekommen, daß ich mich ihrer nicht erwehren konnte. So vieles zieht mich nach Hause, so viel vermisse ich hier, was ich in Berlin leicht haben könnte, auch Schönheiten. Schönheiten der Kunst und der Wissenschaft. Aber diese reinen Schönheiten der Natur, die ich hier habe, könnte mir in Berlin keiner geben. Und sie sind zur Zeit mächtiger als die Kultur-Schönheiten.

Viele Schönheit, Kultur-Schönheit, werde ich allerdings kaum mehr richtig zu betrachten und zu beurteilen wissen, da mir seit [S. 2] nun eineinhalb Jahren jedes Vergleichsmaterial und dadurch jeder Maßstab fehlt. So hauptsächlich im Kunstgewerbe, einem Gebiete, das mich immer ungeheuer interessiert hat und dies noch tut. Damit hab ich seit meiner Ausreise jede Fühlung verloren.

Dann in Mädchenschönheit. Seit eineinhalb Jahren hab ich kein europäisches Mädchen mehr gesehen und auch da jeden Maßstab für Schönheit verloren. Ich glaub, ich würde zur Zeit jedes beliebige weiße Mädchen, und wäre es unter dem Durchschnitt, schön finden, im Gegensatz zu den Negermädchen hier. Kann man sie eigentlich vergleichen, Germanenmädchen und Negermädchen? Nein, sie sind etwas zu verschiedenes. Germanenmädchen, an sich auch Naturschönheiten, doch nur noch in einem Milieu von Kultur, in einer kulturellen Aufmachung zu sehen; meist sogar so weit, daß von ihnen selbst fast nichts, sondern nur noch die Aufmachung zu sehen ist. Das ist ein großer Fehler der Überkultur, dem die Anhänger der „Schönheit"-Ideen abhelfen wollen und hoffentlich auch können und werden. Die Negermädchen dagegen sieht man immer in ihrer ureigensten natürlichen Schönheit in einem Milieu reinster Natur. Sie sind also echte rechte Naturschönheiten. Aber durchaus nicht immer Schönheiten nach arischem Begriff. In den ersten Monaten meiner afrikanischen Zeit stießen mich alle Neger ab, alle fand ich häßlich. Allmählich aber fand ich auch unter ihnen solche, die hübsch aussahen und allmählich sogar Schönheiten mit manchmal direkt edel geformten Zügen in der Profil-Linie. Schlanke, in jeder [S. 3] Hinsicht wohlgeformte Körper haben viel[e] Negermädchen, um die sie manches heutige Germanenmädchen einer Kulturnation beneiden könnte. Oder besteht dieser Vorzug nur darin, daß die Negerinnen ihre Körper zeigen, während die Europäerinnen dies nicht tun, wenigstens nicht offen und so kein Vergleichsmaterial geben, und wenn, dann in einer vollkommen entstellten Form, die nichts oder doch wenig menschenähnliches mehr an sich hat.

Bei alledem, der Durchschnitt der Neger (Männer und Weiber, von letzteren nur die jungen) gewisser Stämme ist schön, auch nach europäischem Geschmack.

All diese Naturschönheit nun, die Europa mir in dieser Fülle nicht bieten kann, hält mich hier. Sie will ich noch genießen, so viel ich kann und will ruhig in der strengen Naturwissenschaft noch etwas Ferien machen.

11.XII.

Busch wird geschlagen. Sechs ha. um Campo für Kakao-Felder. Es tut mir leid um jeden Baum, der fällt. Wenn das Holz später wenigstens noch gut verbraucht würde, aber nein, alles verrottet an dem Platze, wohin es eben gefallen ist. Welch Anblick, wenn so ein alter gewaltiger Urwaldriese von 100 m und mehr Höhe von den Äxten bis ins Mark getroffen, hinstürzt. Erst ein Singen und Rauschen im Wipfel und in der Krone, dann ein Knarren, Ächzen und Brechen an der Schlagstelle. Er fällt, erst langsam beugt er sich nieder, dann schneller und schneller unter eigentümlichem Singen und Pfeifen. Die Krone, die dem Luftdruck am meisten Widerstand leistet biegt sich zurück, welke Blätter, die der Luftstrom abreißt, fliegen auf und bleiben im Fluge zurück. Die Krone erreicht den Erdboden, ein prasselndes Brechen der Äste und Zweige – ein dumpfes Aufschlagen des Stammes, das die Erde [S. 4] erzittern macht. Es ist vollbracht. Wieder ist ein Alter gestürzt, ein Abkomme der alten Zeit, um Jungen Platz zu machen. Wieder hat Kultur ein Stück Ur-Natur beseitigt. So geht es im Kleinen wie im Großen.

Jetzt wird es Winter auch hier. Die Sonne steht schon recht niedrig, aber kalt oder wenigstens kühler wird es scheinbar nicht. Mir ist jetzt oft viel heißer als in der Regenzeit. Die Bäume sind immer grün, einen Laubwechsel bemerkt man nur, wenn man besonders darauf achtet. Einige Bäume sind kahl, einige haben junge Knospen, andere ganz junges hellgrünes Laub, andere stehen in dunkelgrüner sommerlicher Pracht da, noch andere haben braune und rote Blätter und lassen die ganz welken niedersinken.

Ein Zeichen der Fruchtbarkeit bemerkte ich heute mit Staunen, ein Zeichen, da[s] man im kat[h]olischen Deutschland für ein Wunder halten würde. Einige Stangen, die vor einem Jahre ungefähr geschlagen und auf der yard als Stützen für die Wäscheleine in die Erde gesteckt wurden, beginnen jetzt wieder auszuschlagen, einige haben schon junge Blättchen.

12.XII.

Gestern Abend hab ich noch lange draußen gesessen und nach den Sternen geschaut. Hier ist jetzt ein wunderbar klarer Himmel Abends. Da Trockenzeit ist, ist die Luft rein und keine Dünste verdecken die Aussicht, der Mond, zur Zeit abnehmend, geht sehr spät auf und überstrahlt somit auch nicht die Sterne.

Von Süd-Ost ist der Gürtel des Orion aufgestiegen und steht nun klar und leuchtend am Himmel. Es ist ein stolzes erhabenes Sternbild. Orion und den großen Bären halte ich für die schönsten. [S. 5] Beim herum klettern in den Urwaldrodungen über Stock und Stein brach heut Vormittag ein dicker Ast unter mir, ich fiel etliche Meter tief ins Gestrüpp und riß mir dabei an einem starken Span den linken Arm auf. Glücklicherweise ists nicht weiter schlimm, nur ein großer Hautriß, der schnell heilt wenn kein Schmutz hineinkommt. Häßlicher wärs gewesen, wenn ich womöglich den Arm gebrochen hätte. So etwas heilt hier in den Tropen erstens überhaubt [sic] schwer und dann vielleicht noch schlecht ohne ordentlichen Arzt, sodaß der Arm lahm bleibt oder später in Europa nochmal aufgebrochen werden muß. Besonders als ich im Busch war hab ich oft daran denken müssen, was ich wohl in solchen Fällen tun würde.

So viele, viele Ananas gibts jetzt hier. Täglich fast esse ich 1-2 Stück. Augenblicklich z.B. hängen sechs auf der Veranda und zwei hab ich schon gegessen heute. Und so billig sind die Dinger. Für zwei bis drei große Früchte zahle ich einen sixpence in Waren, so daß jede ungefähr 10 Pf. kommt. Im Congo francais bezahlte ich nur 2 Eßlöffel Salz für eine Ananas; allerdings kostet dort 18 Ko. Salz = 10 Dll = 20 Mk.

„Die Schönheit ist Gottähnlichkeit" und „Die Schönheitskultur ist die einzig wahre Religion" las ich heut bei A. O. Weber[217]. Es ist traurig, daß solche Wahrheiten erst unter Satyren von einem Weber gebracht werden müssen, daß die Menschen, die so stolz auf ihre Kultur sind, das nicht längst wissen und danach handeln.

Hätten etwas mehr Kulturmenschen diese Religion, es stände besser um körperliche und geistige Gesundheit der Völker, die sich Kulturstaaten nennen. So hat Weber [S. 6] wieder Recht, wenn er sagt: „Der Mensch ist das einzig unvernünftig lebende Säugetier."

---

[217] Der 1868 geborene Schriftsteller Alexander Otto Weber war zu seiner Zeit mit satirischen Schriften und Gedichten erfolgreich. Von ihm erschien u.a. 1905 in Leipzig das Buch „Und Satyr lacht. Neue Satiren".

Ich scheine in letzter Zeit ja großes Glück zu haben. Vor ein pa[a]r Tagen schon kaufte ich einen Büffelschädel für 1,50 Mk und jetzt eben hab ich mir ein wunderhübsches Jaguar-Fell für 3,50 M erstanden. Für so ein Dings hätt ich vor noch kurzer Zeit mit Freuden Mk 10 gegeben.

Hab in den letzten Tagen wieder viel gezeichnet.[218] Hauptsächlich Weiber. Es macht sich sehr bemerkbar, daß ich kein Fixativ hier habe, die Zeichnungen verwischen so schnell.

Hab soeben zu meinem Schrecken ausgerechnet, daß ich hier auf Meloko schon 160 Mk verbraucht habe. So viel hätte ich nicht gedacht. Will doch sparsamer leben in den nächsten Monaten, möchte doch, wenn ich nach Hause komm, wenigstens ein pa[a]r hundert Mark mein Eigen nennen können.

Die Mussetschi haben heute, wie ich hörte, bei Dipica[r] ein Flußpferd in einer Fallgrube gefangen und getötet. Natürlich schickte ich den Leuten sofort Nachricht, daß sie mir den Schädel bringen.

Sonntag d. 13.XII.08.

Sonntag, ein schöner sonniger Sonntag, und auch ruhig, ohne Lärm. Aber ordentliche Sonntagsruhe hab ich doch nicht, den ganzen Vormittag hab ich in der Faktorei zu tun gehabt und dann kamen die Mussetschi mit dem Flußpferdschädel und ich hab eineinhalb Stunden handeln müssen, ehe ich ihn in endgültigem Besitz hatte. Das kam, weil ein anderer Europäer von der P.G.S.K.[219] vor mir schon ein Angebot gemacht hatte. 30 Dll wollten die Leute dafür haben, [S. 7] schließlich, nach unendlichen Reden bekam ich ihn dann für 15 Mk. Das ist ja ein ganz hübsches Stückchen Geld, aber solchen Schädel bekommt man auch nicht alle Tage.

Am Spätnachmittag machte ich noch einen kleinen Jagdausflug auf dem Ntem, kam aber nicht weit, da wir mit dem Kanu nicht gegen die starke Strömung ankommen konnten. Mehrmals waren wir nahe daran zu kentern oder gegen die Klippen geschleudert zu werden. Auf den Inseln und Sandbänken, auf denen sonst Flußpferde und Krokodile liegen, war auch nichts los, nur ein pa[a]r Krokodile krochen bei unser[er] Annäherung ins Wasser und verschwanden auf Nimmerwiederschaun, so fuhr ich halt mit der Strömung flußabwärts zu „meiner Insel“, um mal nachzuschaun, ob die Überschwemmung der letzten Regenzeit dort irgend etwas verändert hätte. Beim Näherkommen sah ich auch dort einige große Krokodile mit halbem Körper auf den Felsen liegen, die aber auch gleich in den Fluß platschten,

---

218 Siehe die Zeichnungen auf S. 225-230.

219 P.G.S.K. ist vermutlich die Abkürzung für „Plantagengesellschaft Süd-Kamerun“ bzw. „Pflanzungsgesellschaft Südkamerun“, die vielfach mit „GSK“ abgekürzt wird. Zu dieser Gesellschaft siehe Anmerkung 141.

so daß ich nicht zu Schuß kam. Einmal glaube ich, eine große Schildkröte von ungefähr 30-50 cm Länge, zwischen den Raphia-Palmen im Sumpf verschwinden gesehen zu haben. Die Schönheit der Insel hat mich wieder von neuem aufs höchste entzückt. Ich hab tief bedauert, nich[t] zeichnen, nicht malen, ja nicht einmal photographieren zu können. Die ganze Insel kenne ich noch nicht einmal, ich hab bis jetzt nur die östlich Hälfte besucht. In der Mitte ungefähr liegt ein größerer Raphia-Sumpf, über den bin ich noch nicht hinausgekommen. Mit dem Kanu rings herum fahren kann ich auch nicht, da ich nur mit der Strömung von [S. 8] Meloko aus auf der Ostseite der Insel landen kann, auf der Nord- und Südseite sind viele sehr scharfe Klippen und bei der Einengung des Flusses durch die Insel äußerst heftige Strömung.

d. 18.XII.08.

Gestern Abend gegen 4^h kam ein sehr heftiger Tornado von Osten her angerückt. Schon ½ Stunde vorher sah ich, wie sich dicke dunkel bleigraue Kumulus-Wolken am Horizont zusammenballten. Als ich genau wußte, der Tornado kommt hierher, sagte ich mir, der kann uns helfen beim Buschschlagen. Ich ließ nun alle Mann eine Anzahl der stärksten Bäume halb anschlagen und überließ das endgültige Fällen dem Sturm. Ich hatte mich nicht verrechnet. Schnell schob sich die Wolkenwand herauf und heran. Einzelne Fetzen wurden mit rasender Schnelligkeit durch den Raum gejagt. Als die ersten Windstöße kamen und ein verdächtiges Ächzen und Knarren durch die Bäume ging, rief ich alle Arbeiter schleunigst zurück[,] damit mir keiner unter den fallenden Riesen begraben würde. Und dann brachs los, unter Singen und Pfeifen fiel der Sturm ins Gehölz, alles Holz vor sich her niederreißend. Dann ein furchtbarer Regenguß, der den Gummifeldern gut getan hat. Mehrere Hütten wurden von dem rasenden Sturme abgedeckt. Nach einer Stunde war alles vorbei, die Wolken, jetzt lichter[,] flogen nach Westen ab, und blauer Himmel und heiße Sonne beherrschten die Landschaft.

In den letzten Tagen haben mir die Mussetschi-Weiber öfter Krabben gebracht. Diese sind sehr ähnlich den [S. 9] Meer-Garnelen, doch viel größer. Sie schmecken sehr gut und werden im Ntem mit Körben, in dem sich etwas faulender Khank befindet, gefangen.

Wie ich heut vormittag im Urwald spazieren ging, bemerkte ich, wie ein Chamäleon sich auf dem Erdboden ein Loch buddeln wollte. Zum größten Entsetzen des mich begleitenden Jaunde-Mannes faßte ich das Tier mit der Hand an, um es mitzunehmen. Mein boy warnte mich, das ntzingo hätte einen Stock mit böser Medezin im Munde.

Soeben fand ich eine wunderschöne Stelle in Göthes Faust, die man als Motto eines naturwissenschaftlich-ästhetischen Wirkens nehmen könnte.

„Erhabner Geist, du [...]
Gabst mir die herrliche Natur zum Königreich,
Kraft, sie zu fühlen, zu genießen. Nicht
Kalt staunenden Besuch erlaubst du nur,
Vergönnst mir, in ihre tiefe Brust,
Wie in den Busen eines Freunds, zu schauen.
Du führst die Reihe der Lebendigen
Vor mir vorbei, und lehrst mich, meine Brüder
Im stillen Busch, in Luft und Wasser kennen.
Und wenn der Sturm im Walde braust u. knarrt
Die Riesenfichte stürzend Nachbaräste
Und Nachbarstämme quetschend niederstreift,
Und ihrem Fall dumpf hohl der Hügel donnert,
Dann führst du mich zur sichern Höhle, zeigst
Mich dann mir selbst, und meiner eignen Brust
Geheime tiefe Wunder öffnen sich.
Und steigt vor meinem Blick der reine Mond
Besänftigend herüber, schweben mir
Von Felsenwänden aus dem feuchten Busch
Der Vorwelt silberne Gestalten auf
Und lindern der Betrachtung strenge Lust.“[220]

Nachmittags schoß ich eine Chalcopelia afra[221].

[S. 10] 24.XII.08.

Weihnachtsabend! Ich hab heim gedacht, hab die Vergangenheit betrachtet, in die Zukunft geträumt. Hab Göthes Briefe und im Faust gelesen und bin um 10 Uhr zu Bett gegangen. Wie stimmungsvoll wars im vorigen Jahr auf Nkolentangan. Diesmal allein hier, ganz allein, nicht einmal Post hab ich, die kommt erst am 30. Und nächstes Jahr? Hoffentlich zu Haus!

28.-30.XII. hatte ich wieder einen schweren Schwarzwasser-Anfall. Ich fürchtete schon, es könnte wirklich gefährlich werden, da ich alles Wasser, das ich zur Ausspülung der Nieren trank, wieder von mir geben mußte. Doch allmälig [sic] wurde es auch diesmal wieder gut.

Am 31.XII. erhielt ich von Mama die Nachricht von Papas Tode. ——

—— Traurige Sylvester. Und zu Haus. Was wird Mutter tun? Ich muß baldmöglichst nach Hause.

---

220 Diese Zeilen, die Faust spricht, stammen aus dem ersten Teil der Tragödie „Faust“ von Johann Wolfgang von Goethe (Goethe 1976: 103-104).

221 Brehm nennt ein im mittleren Afrika lebendes Mitglied der Turtel- und Lachtauben, das durch einen kurzen abgerundeten Schwanz, hochläufigem Fuß und metallischer Färbung der Oberarmschwingen gekennzeichnet ist, Zwergtaube (Chalcopeleia afra). Siehe Brehms Thierleben 1879: 650-651 sowie eine Abbildung ebd.: 649.

[1909]
Den ganzen Januar über war ich auf Meloko. Hab Busch schlagen lassen für Kakao-Pflanzungen.

Auch im Januar waren schon einige recht heftige Tornados mit ausgiebigen Regengüssen.

Am 1.II. brach ich auf von Meloko, um einen Elefantenschädel mit Zähnen aus dem Busch zu holen. Fünf Stunden gings im Eilmarsch durch dichtesten Urwald; einige kleinere Bäche und Flüßchen mußten überschritten werden. 12^h m. traf ich auf Herrn Schladitz Jagdschloß ein. Ein Schutzdach aus Blättern und Stangen darunter das Feldbett und Stühle. Etliche kleine Hütten derselben Art, aber kleiner, für das Personal. Eine halbe Stunde weiter, in einem kleinen Bach, lag der Elefant, die [S. 11] Stoßzähne tief in den Schlamm gebohrt. Das Schlachtfest begann. Zuerst wurde die Haut abgeschält, wovon wir einige Streifen zu Peitschen aufbewahrten. Alles Fleisch wurde abgeschnitten, in Säcke verpackt und zum Jagdschloß gebracht. Die Knochen und Eingeweide überließ ich den Mpangwe, die wie die Wölfe darüber herfielen und sich um die Reste schlugen. Nichts blieb übrig von diesem Urwaldriesen. Die Stelle war wieder lehr [sic], wo vorher ein viele Zentner schweres Tier gelegen hatte. Mit 12 Traglasten frischen Fleisches ging ich zum Lager zurück, wo ich das Fleisch gleich rösten ließ und den Schädel in einen Ameisenzug legte. In der Nacht hörte ich mehrere Elefanten in der Nähe brechen auch Affen un[d] Büffel hörte ich Abends und Morgens am Wasser. Der nächste Tag verging mit Fleischrösten. Ich aß mehrmals Elefanten Suppe, auch ließ ich mir die Zunge und Herz schmecken. Am Abend des 2.II. kam ein Tornado hoch. Da ich für mein Schloß Angst hatte, ließ ich es mit Lianen festbinden. Der Tornado kam, doch ohne heftigen Wind. Gewaltige Regengüsse gingen nieder und mehrmals kamen ganz in der Nähe Blitze herunter.

Am Morgen des 3.II. trat ich den Rückweg an. Auf einigen alten Dorfplätzen traf ich wilde Zitronenbäume an, von deren Früchten ich eine Menge mitnahm. Auch aß ich etliche gleich roh, sie kommen mir jetzt nicht mehr so sauer vor wie früher. Ein Fluß war vom letzten Regen so angeschwollen, daß wir heute nicht hindurch konnten. Ein Träger versuchte es, wäre aber beinahe ertrunken. So mußten wir anderen einen weiten Umweg machen, bis wir einen über den Fluß gestürzten Baum als Brücke verwenden konnten. Am Nachmittag kam ich mit 5 Lasten Fleisch, so sehr war es durch das Rösten zusammengetrocknet, wieder in [S. 12] Meloko an.

Meine Reise an den oberen Uelle (Benito), Congo francais, und zurück. Juni-Oktober 1908.[222]

Erhabner Geist, du ....
Gabst mir die herrliche Natur zum Königreich,
Kraft, sie zu fühlen, zu genießen. Nicht
Kalt staunenden Besuch erlaubst du nur,
Vergönnest mir, in ihre tiefe Brust,
Wie in den Busen eines Freunds zu schauen.
Du führst die Reihe der Lebendigen
Vor mir vorbei, und lehrst mich meine Brüder
Im stillen Busch, in Luft und Wasser kennen,
Und wenn der Sturm im Walde braust und knarrt,
Die Riesenfichte stürzend Nachbaräste
Und Nachbarstämme, quetschend niederstreift,
Und ihrem Fall dumpf hohl der Hügel donnert,
Dann führst du mich zur sichern Höhle, zeigst
Mich dann mir selbst, und meiner eignen Brust
Geheime tiefe Wunder öffnen sich.
Und steigt vor meinem Blicke der reine Mond
Besänftigend herüber, schweben mir
Von Felsenwänden aus dem feuchten Busch
Der Vorwelt silberne Gedanken [Gestalten] auf,
Und lindern der Betrachtung strenge Lust.
Goethe. (Faust.)[223]

Meloko! Ein langgestrecktes weißes Steinhaus, niedrig, auf Pfählen stehend, von einer breiten Veranda umgeben und durch ein breites Mattendach gegen die Strahlen der Tropensonne geschützt. Auf einem sanft gerundeten Hügel liegt dies Haus mit einer entzückenden Aussicht auf den Ntem, der ihn mit seinen Klippen und Inseln von drei Seiten umgibt. Rings ist Meloko von Urwald umgeben, nur drei Hügel sind freigeschlagen und gerodet. Von diesen trägt der mittlere das Europäerhaus und die Wirtschaftsgebäude, während der westliche eine Kautschuk-Pflanzung aufgenommen hat und der östliche von jüngeren Kakao-Feldern bedeckt wird. Eine Kultur-Oase in

---

222 Fragment eines acht Seiten umfassenden handschriftlichen Berichtes von Hans Jobelman über seine Uelle-Reise 1908. Das Original befindet sich im Besitz von Thomas Böhme, Dresden. Der Text beschreibt lediglich die ersten drei Tage der Reise. Ein Hinweis auf die mögliche Entstehung dieses Berichts findet sich in einem Brief von Hans Jobelmann an seinen Onkel Adolf Döring vom 19. April 1909: „Glaubst Du wirklich, daß eine von den großen Zeitungen etwas von mir annehmen würde? Ich wills mal probieren, weiß nur nicht recht, in welcher Form ichs schreiben soll“ (siehe S. 160).

223 Vergleiche den Eintrag vom 18.XII.08 im zweiten Teil des Tagebuchs (siehe S. 163).

der Wildnis allerdings nur einen Tagemarsch entfernt von der Küstenstation Campo.

Von dort brach ich auf, am 6. Juni mit einer Karawane von zwölf Mann, außer mir. Meine ganze Bewaffnung bestand in einem Karabiner M. 88., einem Zentralfeuer-Doppelkarabiner Kal: 9 mm und einem geringwertigen Revolver zu Browningpatronen passend[.]

Kurz hinter Meloko durchschritt ich einige Ssama benga[224]-Dörfer und betrat dann das große Stück Wald, das, ganz unbewohnt, von hier bis zum Bongola reicht. Ich gedachte noch vor Abend über den Bongola zu setzen und in dem Essassum[225]-Dorf auf der östlichen Seite des Flusses zu übernachten. Wir gingen und gingen, durch kleine und größere Bäche, durch kleine und größere Sumpfstrecken. Vorbei gings an riesig hohen Wollbäumen mit mehreren Metern Durchmesser an der Basis. Hinüber gings über gestürzte Baumriesen oder hindurch durch ein Gewirr von Ästen und Zweigen eines solchen; ein beschwerliches, ermüdendes Klettern! Der eigentliche Weg hatte bald aufgehört und nur auf ausgetretenen Jagdpfaden, als solche nur von dem ortskundigen Führer erkenntlich, gingen wir vorwärts. Am späten Nachmittage hoffte ich, jeden Augenblick das entfernte Rauschen des Bongola hören zu können, doch nichts. Immer dichter wurde der Wald, immer dunkler. Vom Führer an der Spitze kommt die Nachricht, der Weg sei falsch, wir hätten uns verlaufen, er wüßte nicht mehr weiter. Ich ließ halten und schickte den Kerl zurück, um den richtigen Weg zu finden. Nach einer Weile kam er wieder, wir müßten zurück. Fast eine Stunde ging es zurück, dann hatten wir angeblich den richtigen Weg wieder erreicht. Es war eben 6 Uhr und dunkelte schon, doch da Mondschein zu erwarten war, und der Bongola angeblich nicht mehr weit, ließ ich weiter gehen, in der Hoffnung den Fluß noch zu erreichen. Doch es wurde 8 Uhr[,] das Wasser [war] noch nicht zu hören, die Träger ermüdet und schlapp. So ließ ich denn halten und übernachtete im Walde. Ein Zelt führte ich nicht bei mir, das Feldbett aufzuschlagen war kein rechter Platz. Ich ließ die Lasten zusammenlegen, mehrere Feuer anzünden, wickelte mich in meinen Poncho und schlief im Liegestuhl. Ein erquickender Schlaf war das nicht in dieser Nacht, und oft erwachte ich aus der unbequemen Lage.

Eine schöne Mondnacht wars. Der Busch gespenstisch beleuchtet und die Baumstämme glänzten. Gegen 3^{h} Morgens wurde es ziemlich kühl, ich setzte mich an ein Feuer unter die schlafenden Neger, konnte aber nicht ordentlich

---

224 Hinter dieser und sechs weiteren Bezeichnungen im Bericht hat Jobelmann Fußnotenziffern gesetzt, die jedoch nicht ausgeführt sind.

225 Den Namen des zu den Ntum (siehe Anmerkung 65) gehörenden Familienverbandes Esasúm leitet Tessmann von „Tiere treiben", „Treibjagd abhalten" ab (Tessmann 1913, Band 1: 46). Auf einer Landkarte in Tessmanns Fang-Monographie, die Wohngebiete von einigen Familienverbänden zeigt, findet sich das Essassum-Gebiet oben links (ebd.: zwischen 48 und 49).

warm werden und war froh, als es endlich hell genug zum Aufbruch war, und ich die Leute wecken konnte.

Mein Dolmetscher, schon seit einigen Tagen krank, hatte die ganze Nacht überhaupt nicht geschlafen, sondern sich nur stöhnend seinen stark geschwollenen Arm gehalten. Der arme Kerl, der heftige Schmerzen zu haben schien, tat mir sehr leid, aber ich konnte ihm nicht helfen. Bald nach dem Aufbruch fanden wir auch den rechten Weg und trafen zwei Stunden später auf den Bongola. Vorher gings durch viele sog. alte Farmen, die wohl die schönsten Landschaften im afrikanischen Busch bilden. Die verwilderten Bananenhaine auf den verlassenen Dorfplätzen erlangen eine schöne Höhe, das übrige bildet sich zur Parklandschaft aus. Am Bongola liegen einige Mabaea-Dörfer, die, wenn auch nach demselben Plan gebaut, wie die Wohnplätze der Mpangwe, doch freundlicher und sauberer aussehen.

Die Überfahrt über den Bongola wurde in zwei großen Mabaea-Kanus bewerkstelligt und dauerte recht lange, da die jenseitige Landungsstelle weit flußaufwärts liegt. Der Bongola ist ungefähr halb so breit wie der Campo. Die Ufer bedecken Mangroven- und Rhaphia-Dickichte, stellenweise tritt auch der Buschwald an den Fluß heran. Den Untergrund des Flusses bilden Granit- und Gneiß-Klippen, die hier jedoch nicht, wie im Campo (Ntem), so häufig die Oberfläche erreichen. Flußpferde und Krokodile sind nicht selten hier, und auch Elefanten und Büffel kommen zahlreich zur Tränke an den Bongola. Gleiches ist der Fall in der nächsten Umgebung des Ntem, nur scheinen Flußpferde im Ntem häufiger zu sein; vermutlich weil die Inseln dort an flachen Sandbänken, den Lieblingsruheplätzen dieser Tiere, reicher sind.

Gegen 11^{h} Vormittags d. 7.VI. kam ich in dem Essassum-Dorf Ntem an, wo ich hörte, das nächste Dorf sei soweit entfernt, daß ich es vor Mitternacht nicht erreichen könnte. Ich hatte nicht Lust, nochmals im Busch zu übernachten, so blieb ich denn hier. Dies Dorf liegt an der Mabela, einem Nebenflüßchen des Bongola, das in einem prächtigen, wilden Fall in diesen mündet.

Am nächsten Tage marschierte ich durch mehrere Mabaea-Dörfer, überschritt den Betan, auf dessen östlicher Seite ich wieder auf Mpangwe vom Stamm der Fang stieß. Bald darauf kam ich auf die große Karawanenstraße Campo – Nemajong. Ich übernachtete in Akak. Da mir die Wohnhütten alle zu klein und zu schmutzig waren, schlug ich mein Lager im Palaverhause auf, das in diesem Dorf ausnahmsweise groß und sauber war. In vielen Fällen besteht das Palaverhaus nur aus einem Dach auf etlichen Pfählen, dies aber hatte drei Wände, war hoch und geräumig. Ein Albino-Mädchen wurde mir zum Kauf angeboten; die Fang dachten, ich als whiteman müßte ein weißes Mädchen doch wohl leiden mögen und waren sehr erstaunt, als ich dankend ablehnte. Das Mädel war gar nicht häßlich als Negerin, aber gerade die negerhaften Gesichtszüge in weiß, übersät mit roten Punkten, widern an.

Die Mpangwe selbst heiraten Albinos sehr gern, ich hörte von einem großen Häuptling, der fünf Albino-Frauen haben soll.

Der nächste Tag brachte schlechte Wege und weite Sumpfstrecken, so daß meine Karawane nur sehr langsam vorwärts kam. Ich übernachte am Fuße des Randgebirges, das hier den Namen Mpfanemakok hat.

Batanga-Märchen[226]

Die beiden Webervögel

Es war zu der Zeit, da noch alle Tiere in demselben Dorfe wohnten. Zwei Webervögel, die eng befreundet waren, wollten sich ihre Häuser nebeneinander bauen. Sie verabredeten sich nun, am nächsten Morgen zusammen zum nächsten Sumpf zu gehen, um Bambu (Raphia-Palme) zu schlagen und Matten für die Häuser zu machen. Da aber Spatz, der noch nicht lange im Dorfe war, den Weg zum Sumpf nicht kannte, sollte Baele auf ihn warten, und sie wollten dann zusammen gehen.

Der nächste Morgen kam. Spatz, der von der Arbeit des vorhergehenden Tages sehr ermüdet war, schlief lange. Baele aber war schon früh auf, denn sie hatte am Tage vorher nichts gearbeitet, war nur im Busch umhergeschweift und hatte sich dort vergnügt. Jetzt freute sie sich des jungen Tages, sah wie die aufsteigende Sonne die abziehenden Wolken des nächtlichen Regens rosig färbte, sah wie das Nebelmeer im Flußtale sich allmälig [sic] lichtete und die einzelnen Schwaden die Hügel hinaufstiegen. Da dachte Baele bei sich: „Wenn Spatz so lange schläft, geh ich allein. Der Morgen ist so schön, weshalb soll ich die Zeit versäumen?! Und sie ging; ging durch den regenfeuchten Urwald zum Sumpf. In der Ferne hörte er [= sie] den Baumschliefer rufen, der noch immer nach seiner Mutter schrie, die der Leopard gefressen hatte.[227] Hier im Sumpf holte Baele sich Palmblätter und machte Matten für ihr Haus. An Spatz dachte sie kaum noch.

Als Spatz spät am Vormittag erwachte und sah, daß Baele schon fort war, war er sehr traurig. Er konnte sich nun kein Haus bauen, denn allein fand er nicht den Weg zum Sumpf, und auch alle anderen Tiere waren schon längst zur Arbeit in den Busch oder in die Pflanzungen gegangen, nur der Häuptling des Tierdorfes, der Elefant, lag im Palaverhaus. Vor ihm aber hatte Spatz große Angst.

---

226 Im Nachlass von Hans Jobelmann befinden sich zwei handschriftliche Niederschriften dieses Märchens. Das hier wiedergegebene Original (Niederschrift 1) ist im Besitz von Thomas Böhme, Dresden. Zur anderen Niederschrift (verbesserte Niederschrift 2), die etwas variiert, gehört eine einseitige Erklärung von Jobelmann zu diesem Märchen. Er weist darauf hin, dass er die Vögel als „Spatz" und „Baele" benannt hat, bei den Batanga heissen beide Vögel „Baele" (Hans Jobelmann, Die beiden Webervögel [Archiv Gottfried Böhme, Berlin]). – Es sei darauf verwiesen, dass zum Nachlass von Hans Jobelmann zwei weitere aufgeschriebene Märchen gehören. Zum einen das „Mpangwe"-Märchen „Das Märchen von der Schlange Mwom", zum anderen das sowohl in Pidginenglisch als auch in Deutsch niedergeschriebene kurze Märchen „The elephant and the frogs" (Archiv Gottfried Böhme, Berlin).

227 Anmerkung von Jobelmann am Rand: „Baumsch. schreit nicht Morgens".

Gegen Mittag kam Baele heim, brachte viele Matten mit und fing an, ihr Haus fertig zu machen. Spatz saß traurig im Hause einer Freundin und ging nicht zu Baele.

Am Abend, Baele war mit seinem [= ihrem] Hause soeben fertig geworden, kamen dicke, dunkle Wolken und bald darauf fing es an, zu regnen. Baele ging vergnügt in sein [= ihr] neues Haus und legte sich auf das Bett ans Feuer, wo es schön trocken und mollig warm war. Spatz aber, der sich kein Haus hatte bauen können, flog auf das Dach von Baeles Haus und rief: „Baele, abeabeabe, Baele abeabeabe“, das heißt: „Baele hat mich belogen, Baele hat mich belogen!“ Weil er [= sie] doch nicht auf Spatz gewartet, wie er [= sie] versprochen hatte.

So kann man auch jetzt noch oft den Webervogel auf einem Hausdach sitzen sehen, wo sie [= er] ruf[t]: „Baele abeabeabe!“

Der Tod und ich.[228]

Seht, dort steht er – – – in der Ecke.
Freude strahlt aus seinen leeren Augenhöhlen.
Grinsend nickt er mir zu, mir
Mit der Sense winkend.
„Nun, Menschlein,
Schönheit suchendes,
Komm!
Du hast genug gefühlt!
Hast Du genug gefunden?!"

„Geh, laß mich!
Gefunden hab ich viel
Doch nicht genug!
Geh, laß mich!
Laß mich weiter suchen!
In vielen, vielen Jahren darfst Du
Wiederkommen.
Doch jetzt, noch laß mich!
Viel Schönheit hab ich
Gefunden.   Doch nicht die
Schönste, die es gibt auf Erden,
Die zu finden
Wir geboren werden und
Leben!
Frauenschönheit!
Mädchenschönheit, die
Mir eigen, die
Mir gehört.
Schönheit der
Liebe! – Drum
Laß mich!
Geh!"

---

228 Dieses Gedicht bzw. diesen „Schwarzwasser Fiebertraum", wie er es nennt, schrieb Hans Jobelmann in der Nacht des 3. auf den 4. Oktober 1908 mit Bleistift beidseitig auf ein DIN-A4-Blatt.

„Ich hab genug von dem Gerede
Jetzt.
Laß das und
Komm! – – – Bin nicht auch
Ich schön?   Wie viele
Menschen sagten das. Wie
Schön ist doch der
Tod!“

„Die Dich nicht kannten, Dich nie
Sahen!
Ja, wärst Du ein
Wunderschönes Mädchen, das fest
In seinen Arm
Mich nähme, mir küßte
Stirne, Augen, Wang und Mund,
Die Wärme ihres jungen, süßen
Körpers fühlen ließe mich,
Mich an sich drückend und – –
Erdrückend.   Ja, wär
das Sterben so, dann wärst
Du schön, Du, der
Tod.

Doch so wie jetzt, in dumpfer
Negerhütte liegend,
Fern allen Lieben,
Einsam mit
Mir und meiner
Natur, deren
Schönheit ich schaute,
Jetzt suchst Du mich auf?
Jetzt kommst Du in Deiner
Schrecklichsten Gestalt?
Nein, geh!   Was willst
Du von
Mir?“

„Ich will Dich“, ich will,
Du kommst.“

[„]Ich aber will
Nicht!

Noch nicht.   Ich will
Leben!
Ich will!“

Ich rang mit dem
Tode. –
Stundenlang. –
Mit seinen harten
Knochengliedern schlug er mir
den Kopf, daß er schmerzte,
Schlug er mir die Brust,
Dumpf klangen die Schläge,
Dumpf stöhnte ich auf. Und
Ich rang mit dem Tode,
Stundenlang. – Bis ich
Ihn endlich
Schweißtriefend
Niedergerungen hatte.

Auszüge aus Briefen

Brief von Hans Jobelmann, Berlin, an Louis Douzette, Barth, vom 21.VII.07:

Lieber Großvater!

Gehört hast Du nun wohl schon von verschiedenen Seiten, daß ich schon so bald nach Afrika fahren werde; heut will ich Dir nun selbst darüber schreiben.

Also: Als Zoologe und wissenschaftlicher Zeichner nehme ich an der vom Lübecker ethnologischen Museum veranstalteten Mpangwe-Expedition unter Leitung des Ethnologen Herrn G. Teßmann teil. Die Expedition hat den Zweck, die Lebensweise, Sprache und Gedankenwelt der Fang-Neger und die Lepidopteren-Fauna der dortigen Gegend zu erforschen.

Am 23. August fahren wir mit dem Postdampfer Kamerun der Hamburg-Amerika-Linie von Hamburg ab über Madeira und die Canarischen Inseln nach Duala in Kamerun wo wir drei Tage Aufenthalt haben, um uns fünfundzwanzig bis dreißig Träger und zehn schwarze Soldaten anzuwerben. Von dort fahren wir nach Kribi, wo während eines Aufenthalts von acht Tagen die Lasten verteilt und alles besorgt wird. Dann gehts nach Campo und von dort in langen und vielen Tagemärschen ins Innere von Frz. Congo dem Ogowe zu. Im Gebiete der Fang-Neger, einem Unterstamm der Mpangwe, wird eine Station gebaut und das eigentliche Sammeln und Forschen kann beginnen. Anthropologische Aufnahmen zu machen, Schmetterlingszuchten einzurichten und zu behandeln, die zu den Eingeborenen in Beziehung stehenden Tiere zu sammeln zu konservieren und zu beobachten ist meine Arbeit. Außerdem habe ich mit Herrn Teßmann zusammen meteorologische Beobachtungen und auf den Märschen die Routen-Aufnahmen zu machen. Herr Teßmann wird von der Station aus Exkursionen auf die Dörfer machen, um seinen ethnologischen Studien obzuliegen und zu sammeln. Botanisch werde ich auch arbeiten müssen. Die Vielseitigkeit finde ich gerade fein. Ich lerne dabei ungeheuer viel dazu. Das Leben dort wird, denke ich, sehr interessant sein.

Rückkehr ist in zweieinhalb bis drei Jahren geplant, doch kann es, wenn wir sehr gute Erfolge und reiche Ausbeute erzielen, früher werden.

Da[s] Klima dort ist allerdings als sehr ungesund bekannt, doch dagegen kann man ja etwas tun. Ich bin laut ärztlichen Gutachtens als völlig gesund, kräftig und durchaus tropendiensttauglich befunden worden. Ich glaube, im vorigen Jahre wäre ich das noch nicht gewesen und möchte meine Ko[n]stitution jetzt nur der im letzten Jahre sehr betriebenen Körperkultur zuschreiben.

Gegen die Malaria ist die Chininprophylaxe da, und, indem man sich ihr regelmäßig unterzieht, schützt man sich gegen das Schwarz-Wasser-Fieber. Regelmäßige Lebensweise schützt gegen viele innere Krankheiten. Auch nehmen wir ja eine große Apotheke mit.

Herr Teßmann, der erst dreiundzwanzig Jahre alt ist, war schon drei Jahre dort und ist auch ganz gesund wiedergekommen, obgleich er damals allein mit drei Trägern war. Diesmal sind wir zwei Europäer mit fast dreißig Trägern und zehn Soldaten, also doch bedeutend besser ausgerüstet.

Zur Sprachforschung nehmen wir z.B. einen guten Phonographen mit, um Gesänge und Ähnliches der Fang aufzunehmen. Über hundert Walzen dazu nehmen wir auch zu unserer Unterhaltung mit. Herr Teßmann will nach unserer Rückkehr eine Monographie der Fang, hauptsächlich aber ein Werk über ihre Sprache herausgeben. Überhaupt; es wird hoch interessant werden.

Vor der Abreise hab ich noch sehr viel zu tun und zu lernen. Z.Z. nehme ich mit Herrn Teßmann zusammen einen photographischen Kurs bei Jens Lützen, der auch den großen Schillings[229] ausgerüstet und ausgebildet hat. Englisch will ich noch so viel wie möglich lernen und auch die meteorologischen Instrumente handhaben.

Das Gehalt ist ja nicht allzuhoch; jährlich nur 1000 M. Davon gebrauche ich aber während der Expeditionszeit garnichts, da ich alles frei habe und drüben auch keiner Geld annimmt. Hier in Berlin müßte ich schon ein sehr hohes Gehalt bekommen um jährlich soviel sparen zu können.

[...]

Auf dieser Expedition möcht ich nun zeigen, was ich leisten kann, wenn ich für eine Sache Interesse habe, und wie ich das, was ich gelernt habe, anwenden kann.

[...]

Mit den herzlichsten Grüßen von uns allen an Dich, ... bin ich Dein Dich liebender

Enkel

Hans Jobelmann.

---

229 Karl Georg Schillings (1865-1921) war ein deutscher Forschungsreisender und Zoologe, der zwischen 1896 und 1904 in mehreren Expeditionen Teile von Ostafrika besuchte und einzigartige Fotos von Tieren in der Wildnis mitbrachte. Mit diesen Aufnahmen erregte er Aufsehen. Er gilt als Vorkämpfer der Naturschutzbewegung (Killy und Vierhaus [Hg.] 1998: 640).

Brief von Hans Jobelmann, Lomé, Togo, an Karoline Jobelmann vom 14.IX.1907:

Lieb Mutterchen!

Heut an Deinem Geburtstag möchte ich Dir noch einmal meine herzlichsten Glückwünsche übersenden. Meine Karte zu diesem Tage, die ich von Conakry aus geschickt hab, wird wohl nicht zur Zeit angekommen sein, da nur fünf Tage dazwischen lagen. [...]

Dem Kontrakt nach kann ich ja schon nach 1½ Jahr erfolgreicher Tätigkeit auf Expeditionskosten nach Haus fahren. Ich meine aber, daß es bei dem relativ geringen Gehalt für mich besser ist, solange wie möglich auszuhalten. Wenn die Sache guten Erfolg hat, werd ich jedenfalls mehr bekommen, das hat Herr Teßmann mir bestimmt, wenn auch nur mündlich versprochen. Auch sonst werd ich später am Lübecker Museum und Dr. Karutz Stützen finden. Ich habe in Herrn Teßmanns Eltern und Hamburger Verwandten sowie in Dr Karutz so sehr nette, liebe Menschen kennen gelernt, sie und durch sie das mir unbekannte Lübeck ordentlich lieb gewonnen, daß ich schon aus diesen Gründen mein Möglichstes zum bestmöglichen Erfolg beitragen will, besonders da wir und unsere Expedition, wie Dr Karutz sich ausdrückte, der Stolz und die Hoffnung von ganz Lübeck seien. Wer weiß, was mir von dort noch Gutes kommen kann.

Nun leb wohl, liebe Mutter, grüß Vater und die Geschwister von mir und sei Du herzlichst gegrüßt und geküßt von

Deinem dankbaren
Sohn
Hans.

Brief von Hans Jobelmann, Kampo, Kamerun, an Karoline Jobelmann vom 27.IX.1907:

Liebe Mutter!

Zuerst entschuldige, daß ich in der Eile mit Bleistift schreibe, aber Herr Teßmann hat jetzt das einzige hier anwesende Tintenfaß in Gebrauch.

Gestern bin ich hier angekommen, und morgen Vormittag bricht unsere Karawane ins Innere auf.

Meinen Koffer kann ich Euch nicht schicken, es würde mindestens 10 M kosten. Das ist schade, denn wenn meine Sachen hier aufbewahrt werden, verschimmeln sie jedenfalls.

[...]

Wie ich mich freue auf den Busch, auf die unendliche, schöne freie Natur. Der afrikanische Busch ist ganz wundervoll. Viel schöner, als ich dachte.

[...]

Brief von Hans Jobelmann, Nkolentangan, Station der Mpangwe-Expedition, an Karoline Jobelmann vom 17.XI.1907:

Liebe Mutter!

[...]

Mir selbst geht es verhältnismäßig gut, wenn ich auch sehr unter dem Klima zu leiden habe. Ich hatte schon mehrere Malaria-Anfälle mit über 40° Temperatur und diese Krankheit hat bei mir jetzt die schleichende Form angenommen, sodaß ich am Tage die weit unternormale Temperatur von 35,2-3°, jede Nacht dagegen bis 39,5°-40° habe. Dies ist nun recht aufreibend; ich fühle mich nie recht wohl, bin immer müde und habe oft Kopfschmerzen. Manch mal kommts vor, daß die Temperatur schon Nachmittags steigt; ich bekomme dann Schüttelfröste und muß mich bald zu Bett legen. Dabei hab ich immer guten Appetit und glücklicherweise eine ganz geregelte Verdauung. Das viele Chinin hat mich sehr nervös und blutarm gemacht, sodaß ich Nachts oft friere. Doch bin ich noch nicht erkältet gewesen, während Herr Teßmann, der nun immer wollene Unterbeinkleider und Hemden trägt, in einem fort hustet. Ich trage keine Unterhosen und Hemden nur Nachts und fühle mich dabei sehr wohl. Nachts ists hier oft empfindlich kalt, besonders wenn dazu noch ein Tornado vorbei braust. Der Wind pfeift dann durch die Wandritzen und ich wickele mich dann ganz dicht in meine Decke und – friere. Am Tage ists nie über +35° und unangenehm empfindet man die Hitze nur dann, wenn man in den Mittagsstunden von 1-4^{h} marschieren muß.

Die Verpflegung ist gut und reichlich, nur recht wenig abwechslungsreich. Das Hauptgetränk Wasser ist schlecht. Ursprünglich Sumpfwasser, muß es gekocht werden und ist dann dunkelgelb, immer lauwarm und schmeckt schlecht. Ein Genuß ist es nie und wenn man noch so durstig vom Marsch kommt. Ich möchte Euch darum bitten, Euch doch mal in der Drogerie oder Apotheke nach Weinsteinsäure und Citronensäure (nicht Citronensaft in Flaschen!) zu erkundigen und, wenn eins davon billig ist, mir bei Gelegenheit davon zu schicken. Ich habe in mehreren tropenhygienischen und medizinischen Büchern darüber gelesen, glaube aber, daß diese Sachen sehr teuer sind. In dem Fall bemüht Euch nicht weiter darum. Brauselimonadenbonbons wären auch ganz nett, halten aber nicht lange vor und verderben in dieser Feuchtigkeit schnell.

[...]

Meine Zeichnungen und Malweise von Raupen und Pflanzen haben Herrn Teßmann nicht zugesagt. Er meint, sie seien doch nicht so vollendet, daß es sich bei den hohen Reproduktionskosten lohne, solche Bilder zu bringen. Ich solle diesen Zweig dann fallen lassen. Er hätte mich als Zeichner hauptsächlich mitgenommen und eigentlich erwartet, daß ich den Anforderungen nachkommen könnte. Unter diesen Umständen könne er mir allerdings keine Gehaltserhöhung versprechen. Das war mir recht traurig zu hören. Ich hatte mich so auf das Zeichnen gefreut. Auch Herrn Teßmann war es recht unangenehm; ich sollte nun gerade sein Werk über die afrikanischen Schmetterlinge illustrieren. Ja, das hilft nun nichts. Ich mache nun ethnogr. Zeichnungen, die mir gelingen, photogr. Aufnahmen, meteorolog. Beobachtungen und größere Buschreisen um Routenaufnahmen zu machen und ethnogr. zu sammeln. Auf diese Reisen allein mit ein pa[a]r Soldaten freue ich mich am meisten. Ich habe schon ein pa[a]r sehr interessante Gebiete vor, in dem noch kein Mensch war, nicht ein mal die Fang. In diesem bewaldeten Bergland soll ein merkwürdiges Zwergvolk wohnen. Diese Reise von ca. einem Monat werde ich gleich nach Neujahr antreten. [...]

Richtig, noch eins! Seife schicke mir, bitte, auch möglichst bald. Die gewöhnlichste Dienstmädchenseife kann es sein, wenn es nur 12 Stücke sind, aber nicht zu kleine.

Mit dem Waschen von Leibwäsche ist das hier so'ne Sache. Alles wird nur kalt gewaschen. Sauber wird nichts! Die Taschentücher, glücklicherweise hab ich nicht alle in Gebrauch, sind grau bis braun. Blutflecke sind nicht heraus zu bekommen. Alle riechen nach Rauch, da sie in den Negerhütten über den Lagerfeuern getrocknet werden. Ebenso ists mit Socken, Handtüchern und den Anzügen. Einen Khaki-Anzug, den ich während der ersten fünf Wochen täglich getragen hatte, war klebrig, schmierig und roch. Jetzt ist er gewaschen; fleckig und riecht nach Rauch. Die „gewaschenen" Socken sind braun mit dunkelbraunen Füßen.

Um die Körperwäsche ists ähnlich bestellt. Wir haben sog. Waschschüsseln: Vogelnäpfe. Das Waschwasser ist schmutzig braun. Unsere Badestelle ein elendes Sumpfloch. Jedoch jeden Samstag Abend zwing ich mich zu einem Moorbad mit Seife. Bei diesen Gelegenheiten operieren mich die Neger von Sandflöhen. Die Entfernung dieser lästigen Parasiten verstehen die Kerle famos, da sie selbst immer daran leiden.

Unangenehme blutsaugende Insekten gibts hier in Mengen. Mücken und Moskitos, die Krankheiten übertragen, Bremsen, Wespen und vor allem die winzigen Sandfliegen, die einen in Schwarm anfallen, sehr jucken und viel Blut saugen. Nur das Sitzen im Rauch schützt davor; dabei brennen mir aber die Augen so sehr, daß ich nicht arbeiten kann.

Unser Haus ist richtig nur aus Blättern hergestellt, die natürlich durch Balken gestützt werden. Die Blätter der Raphia-Palme, die hier in den umliegenden Sümpfen wuchert, werden zu Matten geflochten, und diese auf ein Gerüst in Hausform gelegt und mit den Stengeln derselben Palme befestigt. Auch Betten, Tische und Bänke sind aus diesen Bambu-Streifen hergestellt. Sehr bequem sind diese Möbel natürlich nicht.

[...] Ich denke viel an die Heimreise und freu mich schon darauf, wenn sie auch hoffentlich noch fern ist. Herr Teßmann spricht mit den Eingeborenen nur noch Fang, das er fast ganz beherrscht. Ich habe das Neger-Englisch ziemlich schnell gelernt und kann mich mit den boys und Soldaten ganz gut verständigen. Das muß ich auch, wenn ich allein reisen will. Dabei sind ja öfter Palaver zu erledigen.

Nun will ich schließen, eine Beschreibung von Land und Leuten folgt mit der nächsten Post. [...]

Brief von Hans Jobelmann, Nkolentangan, an Otto Jobelmann vom 15.XII.1907:

Lieber Vater!

[...]

Zwei Monate bin ich nun schon hier auf Station, hab schon viel gesehen und erlebt, so daß ich in mancher Hinsicht „ganz genug" hab; doch will ich solange wie möglich hier bleiben.

Die Fang, unter denen wir hier leben sind Anthropophagen, und nur zu häufig trifft man auf Hinweise dafür. Die Leute sind schön gewachsen mit kräftigen Muskeln, trotzdem sind sie nicht stark.

Die Märsche hierher waren wunderschön, jeden Tag wechselnde Landschaft, der Tag, an dem wir das Randgebirge überstiegen, war der schönste. Diese gewaltigen Felspartien mit Urwald bewachsen, darin rauschende Wasserfälle und reißende Gebirgsbäche. An andern Tagen ging es durch Buschwald oder Sümpfe, die mit ihren Rhaphia-Palmen sehr hübsche Ansichten bieten. Viele Flüße und Ströme mußten wir überschreiten auf schmalen Kanous oder Flößen oder elenden, schwankenden Brücken. Die Buschwege sind überall fürchterlich; über Wurzeln, Lianen und gestürzte Bäume muß man stolpern und klettern. Die Dörfer liegen inmitten alter Bananenhaine, meist auf einem Hügel in der Nähe eines Flusses[.]

Nkolentangan liegt auch auf einem Hügel, ist aber ringsum von Sümpfen umgeben, sodaß es recht ungesund liegt, zumal der Hügel garnicht hoch ist. Scharen von Moskitos besuchen uns allabendlich und Nachts, daher kommen auch meine häufigen Fieber. Auch sonst ist das Klima hier grausam. Solange man hier wohnt, ist man halb Invalide, das hilft nun nichts. Auch Herr Teßmann ist nicht gesund und hat schon mit voriger Post nach Lübeck geschrieben, daß es ihm zweifelhaft erscheint, daß wir zwei Jahre hier auf Station bleiben können. Weiter im Inneren ist wieder gesünderes Gebirgsland; doch würden wir, wären wir dort hingezogen, keine Träger zu[r] Küste bekommen, also von jeder Postverbindung abgeschnitten sein. Das geht aber nicht, sonst würd ich ja keine Weihnachtskiste gekriegt haben. Träger sind überhaupt sehr schwer zu bekommen. Auf den Märschen hatten wir riesige Schwierigkeiten damit. Sehr oft sind uns über Nacht alle Träger fortgelaufen, und wir konnten Morgens schaun wie wir weiter kamen. Da haben wir dann oft ganze Dörfer zu Trägerdiensten ausgehoben, haben ihnen hohe Belohnungen versprochen, wenn sie ein pa[a]r Tage weit mitkämen, und richtig, am nächsten Morgen waren wieder alle fort. Auf dem Marsch von Campo bis hierher haben wir ungefähr fünfzehn mal Trägerwechsel gehabt.

Unsere Jungs, dumm und faul wie alle Nigger, sind aus verschiedenen Stämmen geholt. Die beiden Jaunde sind noch die Besten. Die Duala taugen nichts, sie sind diebisch und lügnerisch.[230]

Wir verständigen uns mit den Jungs durch das sog. Küsten-Englisch. Dies ist eine ganz merkwürdige Sprache. Im Satzbau ist es Mpangwe, die Worte stammen aus dem Englischen, Deutschen und Spanischen. [...]

Brief von Hans Jobelmann, Nkolentangan, an Karoline Jobelmann vom 29.XII.1907:

Lieb Mutterchen!

[...]

Meine sämtlichen Back[en]zähne und einige Vorderzähne sind schlecht. Sie bröckeln Stück für Stück ab, und die drinnen bleibenden Wurzeln schmerzen weiter. Und ich hab gar kein anständiges Mittel dagegen hier. Es wäre doch besser gewesen, ich hätte mir den Mund vor meiner Abreise noch einmal ordentlich nachsehen lassen. Aber das hätte mindestens 20 M gekostet, und die hatte ich nicht. Ich pflege hier meine Zähne so gut ich kann, aber ich habe kein ordentliches Desinfektionsmittel hier, um die einmal anwesenden Fäulniserreger abtöten zu können. Zu Haus hab ich das immer mit dem schönen Lysoform gemacht und hatte daher sehr selten Zahnschmerzen.

---

230 In Berichten über Kamerun zur Zeit des Kolonialismus fällt immer wieder die negative Beurteilung von Angehörigen der Duala-Ethnie (siehe Anmerkung 82) auf. Sie werden u.a. in einem stenographierten Bericht über die Verhandlungen des deutschen Reichstages 1907 als „träge, feige, hinterlistig, verlogen und dabei anmaßend" beschrieben (Hausen 1970: 157, Anmerkung 47). Hintergrund ist, dass vor 1900 der gesamte Küsten-Streifen der Kamerunbucht wirtschaftlich von den Duala dominiert wurde. Waren gelangten nur durch sie – mit Aufpreis – ins Landesinnere. Ihre Interessen gerieten zunehmend in Gegensatz zur Kolonialmacht und dagegen wehrten sie sich. Siehe dazu Eckert 1991.

Ach überhaupt, Mutterchen, ich wollt, ich wär erst wieder zu Haus. Ich fühl mich hier garnicht wohl. Land und Leute und das Leben hier, auch meine Arbeiten, sind interessant, und deretwegen würde ich es hier schon ein pa[a]r Jahre aushalten. Aber ich müßte ganz gesund dabei sein. Und das bin ich hier jetzt durchaus nicht. Ich fühle mich jeden Tag weniger wohl. Die häufigen Fieber bringen mich ganz herunter. Die Nahrung bekommt mir nicht, überhaupt leide ich sehr unter den ganzen unhygienischen und schlechten Klimatischen Verhältnissen, unter denen zu leben ich hier gezwungen bin. Das Chinin macht mich nervös, dazu hilft der ewige Ärger mit den dummen boys, die, wenn man ihnen etwas sagt, halb hinhören, nichts verstehen und dann alles falsch machen. Die fortwährende Unsicherheit, allzeit Hand am Revolver, hilft ja auch ein wenig mit, doch hab ich mich daran am allermeisten gewöhnt. Du mußt Dich nun aber nicht ängstigen, Mutter, irgend eine ernstliche Krankheit hab ich durchaus nicht; nur so eine allgemeine Schwäche, die allerdings stetig größer wird. Ich würde mich freuen, wenn Herr Teßmann eines Tages sagte, er müßte mich wegen Krankheit oder vielmehr weil ich das Klima nicht ertrage, zurückschicken. Ja, ich muß offen gestehen, ich sehne diesen Augenblick herbei. Aber ich bereue durchaus nicht, herausgefahren zu sein; diese wundervolle Reise und diese schönen Märsche hierher, ersetzen mir manches und sind mir unersetzlich und Erinnerungen, die ich nicht missen möchte.

d. 2. Januar 1908

[...]

Diese schlaflosen Nächte hier sind mir schrecklich. Mit Zahnschmerzen auf diesen harten Betten liegen ist entsetzlich. Tagsüber bin ich dann so müde, daß ich fast beim Zeichnen einschlafe, und hab doch so viel zu tun. Auch verschiedene Wege hab ich noch aufzunehmen, doch kann ich das jetzt nicht, ich fühl mich zu schlapp.

[...]

Brief von Hans Jobelmann, Meloko, Süd Kamerun, zool. Station in spe., an Karoline Jobelmann vom 27.II.1908:

Liebe Mutter!

[...]

Der andere Brief an Dich, der hier mit inliegt, und den ich noch auf Nkolentangan geschrieben habe, ist nicht mehr in allem giltig, doch schicke ich ihn Dir, wie er ist, denn zu der Zeit, als ich ihn schrieb, war er giltig.

Der darin von mir ersehnte Zeitpunkt, an welchem Herr Teßmann mich nach Haus schicken würde, kam im Januar, als Herr Teßmann von seiner

Wanderung zurückkam und mich vollständig schlapp und heruntergekommen vorfand.

So sollte ich also am 23. Jan. mit der Post nach Campo und mit dem nächsten Dampfer nach Hause. Ich war zu der Zeit so, daß ich nicht selbst gehen konnte, sondern in der Hängematte getragen werden mußte.

Ich sollte III. Klasse nach Hause fahren, und bekam, abzüglich Vorschuß, etwa 6 M Gehalt. Ich verkaufte einige Sachen an Teßmann, wie meinen Koffer, Gamaschen, Unterbeinkleider u.s.w. sodaß im Ganzen 29,05 M herauskamen. Damit sollte ich nun nach Hause fahren! Da mir unterwegs meine Träger fortliefen, wodurch ich einige Tage Aufenthalt hatte, verpaßte ich den Dampfer und kam zu spät nach Campo. Das war mir schon recht, denn ich hatt[e] bis zum Abgange des Dampfers Gehalt zu bekommen, was hierdurch mehr wurde.

Jetzt bin ich sehr froh, den Dampfer verpaßt zu haben, denn mit keinem Pfennig nach Hause zu kommen, wäre mir bei Eurer jetzigen Lage sehr schwer gefallen. Ich wäre Euch wieder zur Last gefallen. Im Museum wäre ich von Prof. Brauer[231] bestimmt wieder aufgenommen worden, aber doch wieder mit dem kleinen Gehalt von 38 M. Das wäre doch nichts gewesen. Abgesehen davon, daß mich diese Gegend Afrikas jetzt, da ich sie ein wenig näher hab kennen gelernt, erst recht anfängt zu interessieren, und ich deshalb schon ungern wieder abgereist wäre.

Meine ganze Krankheit, eine eigentliche Krankheit war es ja garnicht, war nur durch die unhygienischen Verhältnisse und durch die unzureichende, ungesunde Nahrung auf Nkolentangan gekommen. Ohne Moskito-Netz in Moskito- und malariareicher Gegend, täglich zweimal dünne Hühnersuppe und Huhn, dazu einige schwere Neger-Speisen. Dann das nervös machende Chinin. Teßmann ist das ja gewöhnt, hat sich akklimatisiert. Ich konnte mich nicht so plötzlich daran gewöhnen und wurde krank davon.

Auf dem Marsch zur Küste erholte ich mich so, daß ich die letzte Hälfte wieder allein gehen konnte und ganz wohl in Campo ankam. Da ich nun nur fünf Träger hatte, ging es ziemlich schnell, besonders da wir von Morgens ½6^{h} bis 4-½5^{h} Abend[s] ohne Aufenthalt durchgingen. Also 10-11stündige Märsche täglich. So kam auch ich in 15 Tagen zur Küste. Die Märsche waren wieder wunderschön, wenn ich auch in einem Dorf ein feindliches Palaver mit den Leuten hatte und zuerst nicht glaubte, daß es gut abgehen würde.

---

231 Der Zoologe August Bernhard Brauer (1863-1917) war von 1906 bis zu seinem Tod Direktor des Zoologischen Museums in Berlin (heute: Museum für Naturkunde – Leibniz-Institut für Evolutions- und Biodiversitätsforschung an der Humboldt-Universität zu Berlin). Zu Brauer siehe Vanhöffen 1918.

Zwei bekannte Herrn, die ich unterwegs traf und alle Herren in Campo sagten mir, es wäre ein Wunder, daß ich es so lange unter diesen Umständen in Nkolentangan ausgehalten hätte. „Andere wären da längst draufgegangen.“ Es sei ein Skandal, daß mir Teßmann nicht bessere Verhältnisse geschaffen hätte. Ich sollte Teßmann verklagen, Alles genau nach Lübeck berichten u.a.m.

Z.Z. hat sich ja Alles zum Guten gewandt und ich will, außer dem letzten nichts gegen ihn unternehmen, da ich mich nicht mit ihm verfeinden will. Auch möchte ich mit ihm in verbindung bleiben. Es ist ja richtig, er hätte, wenn er gewollt hätte, alle Verhältnisse bessern können. Er dachte aber, früher haben die Weißen hier noch ganz anders gelebt und man kann im Notfall gut mit Eingeborenenkost auskommen. Jeder kann das eben nicht. Schließlich hab ich seine Hoffnungen mit Zeichnen und Malen auch nicht erfüllt und er war auch ein sehr liebenswürdiger, netter Mensch.

Jetzt ist ja alles gut.

Jetzt sitze ich auf Meloko, der Pflanzung des Herrn Schladitz. Noch an demselben Tage, da ich in Campo angekommen war, fragte er mich, ob mir sehr viel daran gelegen sei, jetzt schon nach Hause zu fahren oder ob ich nach Meloko kommen wollte. Er sei die meiste Zeit auf Jagdzügen abwesend und brauchte einen zuverlässigen Menschen, der die Arbeiten in der Pflanzung beaufsichtigt. Diese Arbeit sei nicht schwer und gestatte mir, noch nebenbei meinen zool Studien nachzugehen. Wenn ich Lust hätte, sollte ich gleich mitkommen nach Meloko; er selbst wolle in den nächsten Tagen eine 14tägige Elefantenjagd unternehmen. Diese 14 Tage sollte ich zur Probe auf Meloko arbeiten. Ich war hocherfreut und sagte natürlich sofort zu.

Vorgestern ist Herr Schladitz nun zurückgekommen und hat mich auf zwei Jahre angenommen. So bin ich glücklich aus der Klemme.

Wir wollen uns nun mit mehreren Museen und zoologischen Händlern in Verbindung setzen. Herr Schladitz jagd, ich präpariere und fange Insekten und andere kleine Tiere. Mit diesem Handel gedenken wir noch monatlich ein pa[a]r Hundert Mark zu „machen“. Ja, ja, Muttchen, ich werde noch ein ganz tüchtiger Kaufmann. Hier auf Meloko ist auch viel Gummihandel, wozu Herr Schladitz mir noch die nötige Buchführung beibringen will. Gepflanzt wird auf Meloko Gummi und Kakao. Zu diesem Zwecke sind Hunderte von Arbeitern nötig, um die Felder sauber zu halten und neue anzulegen. Die Lage ist gesund und die Verpflegung großartig. So hatte ich z.B. für die 14 Tage Alleinseins 8 Flaschen Rotwein. Fein, was? Schade, daß ich Dir keine schicken kann, ich hab nur drei gebraucht.

[…]

Brief von Hans Jobelmann, Meloko, Süd Kamerun, an Louis Douzette vom 9.IV.1908:

Lieber Großvater!

[...]

Daß ich nicht mehr bei der Expedition weile, wird Dir Mama wohl schon geschrieben haben. Ja, beinahe wäre ich schon wieder nach Hause gekommen, das wäre in vieler Hinsicht gar nicht gut gewesen. Hier auf Meloko fühle ich mich wieder so wohl, daß ich noch zwei Jahre zu bleiben vorhabe. Gewiß habe ich viel Heimweh und vermisse viel Liebes, Gutes und Schönes, das mir Deutschland und besonders Berlin bieten könnte, dafür aber habe ich hier so viel, so unendlich viel Naturschönheit, die mich ganz in Anspruch nimmt. Immer dasselbe ist mir die nächste Umgebung doch täglich neu und täglich entdecke ich neue Schönheiten. Auf einer kleinen Insel im Ntem (Campo-Fluß) habe ich vor wenigen Tagen ganz entzückende Motive und wunderschöne Fels- und Baumpartien entdeckt. Das Eiland besteht aus gewaltigen Granitblöcken und ist in der Mitte hauptsächlich von Raphia-Palmen bewachsen. Kleine Tümpel mit bemosten Felsblöcken und überhängendem Gestrüpp bilden idyllische Winkel. Es ist ein paradiesisches Plätzchen, allerdings auch ein Paradies für Krokodile und Schlangen. Von den Eingeborenen wird die Insel deshalb nicht betreten, und ich bin jedenfalls einer der ersten Menschen und bestimmt der erste Weiße, der seinen Fuß darauf setzte. Sie ist nicht weit von Meloko entfernt; nur etwa 10 Minuten Fahrt im Einbaum. Gestern hatte ich einen kleinen photographischen Ausflug dorthin gemacht und hab auch eine Anzahl gute Aufnahmen erreicht, aber beim Entwickeln und Baden sind mir sämmtliche [sic] Platten infolge der zu warmen Bäder verdorben. Es ist zu schade um die Aufnahmen; in den nächsten Tagen will ichs noch einmal versuchen. Ich erlegte dort eine große Nashornschlange, die giftigste Kamerunerin. Aus der wunderschön gezeichneten Haut will ich mir einen Gürtel machen lassen. Ich habe die von mir getaufte „Klippen-Insel“ als mein Eigentum annektiert und will sie mir später auch noch formell vom Gouvernement kaufen. Dann habe ich auch die Jagd dort und bin Gutsbesitzer in Kamerun. Teuer kann sie nicht sein. Das riesige Stück Land auf dem die Pflanzung Meloko liegt hat nur 190 M. gekostet. Danach kann die Klippen-Insel höchstens 10 bis 20 M kosten, besonders da sie zu irgendwelcher Bebauung gar nicht zu gebrauchen ist. Wie groß sie im Ganzen ist, weiß ich noch nicht genau; jetzt, während der Regenzeit kann man des äußerst reißenden Stromes wegen nicht mit dem Kanu ringsherum fahren. Auf ihr selbst durchzudringen ist durch die dichten Raphia-Gebüsche unmöglich gemacht. Auf ihr aber Wege zu schlagen und etwa über die Teiche Brücken zu schlagen, dazu ist mir diese große noch ganz unberührte Natur zu heilig.

Ach Großvater, könntest Du doch einmal herkommen und all diese Schönheiten sehen.

[...]

Doch wie lange wird das dauern? „Wir leben im Zeitalter anthropomorpher Umformung“! Wenige Jahrzehnte und hier liegt eine Kakao- und Gummipflanzung neben der anderen. Und so muß es kommen; dazu haben wir Kamerun, erst dann ist es ertragreich. So wie es jetzt ist, hat es keinen Zweck; kostet dem Reich große Summen und viele Menschenleben und bringt nichts ein. Man soll die Kolonie fördern und nicht an der Entwicklung hindern. Die Bibel, der Schnaps und der Assessor, das ist für die Nigger zu viel Kultur, das können diese Kinder nicht vertragen. Man sollte alle drei fortlassen und Menschen herschicken.

Für heut Schluß, lieber Großvater, es ist schon spät Abends und morgen früh 5 Uhr heißts wieder auf.

Würdest Du wohl so gut sein, mir „Varuna“[232] leihweise auf wenige Monate herzuschicken? Ich wäre Dir sehr, sehr dankbar. Hier, inmitten eines Naturvolkes interessieren mich diese Probleme ganz besonders.

[...]

Brief von Hans Jobelmann, Meloko, Süd-Kamerun, an Karoline Jobelmann vom April 1908:

Lieb Mutterchen!

[...]

Würdest Du, lieb Mutterchen, wohl die Güte haben und mir einige Exzerpte aus der Mineralienkund[e] machen und bei Gelegenheit herschicken? Es muß nicht postwendend sein Zeit von Deiner so wenigen freien Zeit dazu nehmen. Wenn Du aber mal Zeit hast, möchte ich Dich um Aufklä-

[232] „Varuna – Eine Welt- und Geschichts-Betrachtung vom Standpunkt des Ariers“ von Willibald Hentschel (siehe Anmerkung 246) erschien 1901 in Leipzig in zwei Teilen. In späteren Auflagen wurde der Text überarbeitet und die dann dreibändige Ausgabe mit dem Untertitel „Das Gesetz des aufsteigenden und sinkenden Lebens in der Völkergeschichte“ versehen. Diese voluminöse völkische Weltgeschichte, deren Titel auf einen vedischen Gott verweist, ist u.a. durchzogen von Antisemitismus und radikaler Ablehnung des Christentums. Es ist das rassentheoretische Hauptwerk von Hentschel, der in der Tradition von Ernst Haeckel Weltgeschichte als Teil der organischen Entwicklungsgeschichte darstellt, die durch Bezüge auf Joseph Arthur Compte Gobineau Rassengeschichte wird (Pelger 2008: 240).

rung bitten über: Laterit, Quarz, Glimmer[233], Ton, Kaolin[234], Raseneisenstein[235]. Das sind nämlich die Gesteine, die hier den Untergrund bilden.

Ich wollt, ich könnt erst mit meinen zoologischen Arbeiten beginnen. Etwas hab ich ja schon gesammelt, aber so wie ich möcht kann ich noch nicht wegen Mangel an Alkohol und allen andern Sachen. Ein pa[a]r Chamäleone hab ich im Käfig, auch Schildkröten und die großen singenden Schnecken. Heut brachte mir ein Mpangwe Krokodileier, die ich in der Sonne auszubrüten versuchen will.

Neulich hab ich eine Elefantenjagd mitgemacht. Mir wurde aber doch ein bischen schwumrig zu mute, als der Kerl so mit bös blickenden Augen, erhobenen Rüssel, brummend und trompetend auf uns zu kam. Da hab ich gezeigt, daß man auch im dichten Buschwald ohne jeden Pfad laufen und springen kann. Als der König des Urwaldes nachher gefallen war, hab ich ihn photogr. aufgenommen.

[...]

Brief von Hans Jobelmann, Meloko, an Luise Jobelmann vom 27.IV.1908:

Liebes kleines J,

das heißt, Du bist wohl sehr groß geworden inzwischen; ja?

[...]

Wenn Du einmal hier sein und die Negerkinder sehen könntest, das würde Dir viel Spaß machen.

Sie sitzen auf den Dorfplätzen und spielen, wenn ich aber einmal durch das Dorf komme, laufen sie alle fort und weinen und rufen „anna, anna"! Das ist mpangwe und heißt deutsch: „Mama, mama". Die kleinen Negermädchen haben alle große Angst vor dem weißen Mann, ganz so wie in Deutschland viele kleine weiße Mädchen den schwarzen Mann fürchten. Zu denen, die das tun, gehörst Du aber nicht, gelt?

Wie vergnügt sind die Negerchen aber, wenn sie Nachmittags zum Baden an den Fluß gehen. Dann freuen sie sich und lachen und schreien und spielen im Wasser und bespritzen sich. Die kleinen Jungs können alle

---

233 Als Glimmer bezeichnet man eine Gruppe von Silicat-Mineralien. Glimmer gehört zu den am häufigsten in Gesteinen anzutreffenden Mineralien. Zu Glimmer in Kamerun siehe Schnee (Hg.) 1920, Band I: 740 f.

234 Kaolin, das auch als Porzellanerde bezeichnet wird, ist ein überwiegend aus Kaolinit bestehendes Gestein. In reinem Zustand ist es schneeweiß (Lexikon der Geowissenschaften, Band 3: 48-49).

235 Mit Raseneisenstein werden eisenhaltige Verfestigungen benannt, die bei geringen Schwankungen der Oberfläche eisen- und manganionenreichen Grundwassers eine Oxidation in einem schmalen Saum bewirken (Lexikon der Geowissenschaften, Band 4: 2001: 269).

sehr schön schwimmen und tauchen, die Mädchen aber lernen das nicht. Die ganz kleinen Kinder werden von ihren Müttern in den Fluß getragen und gewaschen. Sie schreien dabei ebenso und strampeln mit den Beinen, wie Du es früher in der Badewanne gemacht hast. Die kleinen Negerchen haben hübsche Gesichter und schöne große dunkle Augen. Wenn sie aber größer werden, werden sie häßlich, und die Mamas sehen fast alle aus wie häßliche alte Hexen.

So, kleines J, nun schreib mir auch bald wieder, wie es Dir geht und was Du tust und weißt. Gib Dorchen einen Kuß von mir und sei Du vielmals gegrüßt und geküßt von Deinem Bruder Hans.

Brief von Hans Jobelmann, Meloko, Süd-Kamerun, an Otto Jobelmann vom 28.IV.1908:

Lieber Vater!

[...]

Schau, einer Deiner Wünsche hat sich jetzt erfüllt. Ich bin, wenigstens so halb und halb, Kaufmann geworden. Naturalienhandel, in jeder Hinsicht. Ich sammle zoologisch für Museen und Händler und kaufe nebenbei Kautschuk und Elfenbein. Letzteres in Firma „Handel und Plantage Meloko". Auf der Plantage bin ich auch Pflanzer, also sehr vielseitig. Wir bauen Kautschuk und Kakao, später kommt noch Kola[236] dazu.

[...]

Meine Sammelausrüstung vom Berliner Museum ist ja leider noch nicht eingetroffen und ich kann in dieser Sache deshalb noch nicht ordentlich arbeiten. Unterdessen beobachte ich die Natur, soweit ich sie ohne besondere Hilfsmittel, als meine Augen, erreichen kann. Denn meinen naturwissenschaftlichen Studien kann ich hier besser nachgehen als auf Nkolentangan, wo ich nie recht zu mir selbst kam.

Mit Meloko haben wir, d.h. Herr Schladitz und ich, noch große Pläne. Augenblicklich bestehen nur erst einige Kautschuk-Felder. Dann sollen Kakao und Kola gepflanzt werden, eine große Vie[h]zucht soll eingerichtet werden und, mein größtes Interesse, die zoologische Station. Zuerst als Sammelstelle gedacht, damit sie etwas einbringt, will ich sie sobald als möglich etwas wissenschaftlicher gestalten.

---

236 Die Nuss des Kola-Baumes findet sich im Waldgürtel der afrikanischen Tropen. Sie wird aufgrund ihres hohen Koffeingehaltes als Genussmittel gekaut, um Hunger, Durst und Müdigkeit zu vertreiben. Auch wenn vierzig Arten des Baumes bekannt sind, so haben in Afrika jedoch nur fünf eine Bedeutung für den Handel. Zum Kolahandel in Westafrika siehe Agiri 1981.

So ists gekommen, daß ich meine Zukunft in Kamerun liegen sehe. Nicht blos für die folgenden zwei Jahre. Doch will ich erst mal sehen, was wird. Auch an Helmuth denke ich dabei. Hier in Afrika ist noch etwas zu machen.

Nu[n] genug, lieber Vater, das Kanu muß eiligst zur Küste, wenn es den Dampfer noch erreichen soll.

Nochmals viel Glück und gute Gesundheit.
Mit herzlichstem Gruß und Kuß
Dein Dich liebender Sohn
Hans.

Brief von Hans Jobelmann, Meloko, an Karoline Jobelmann vom 20.V.1908:

Lieb Mutterchen!

[...]

Die Stiefel sind ja tadel[l]os, viel zu schön für Afrika. Die gehören auf den Kurfürstendamm und in Cafes. [...]

Ach, Mutterchen, nun bin ich schon zwanzig Jahre alt. Du schreibst, das sei die schönste Zeit im Leben. Könnte es sein, ja! Aber für mich z.Z. nicht. Ja, wäre ich jetzt in Berlin, in guter Stellung am Museum, bei Prof. Tornier und Weltner. Ja dann wäre es für mich die schönste Zeit. So aber nicht. Gewiß ists schön hier. Aber ich bin doch so allein, hab keinen Menschen zum Aussprechen. Herr Schladitz ist ja ein sehr netter Herr und ebenso die anderen Herren, die manchmal hierher kommen, aber so ganz mein Fall doch nicht.

[...]

Zum ersten mal seit langer Zeit war ich vor kurzem heftig erkältet. Und das im heißen Afrika! Ja, aber Nachts ists kühl. Da ich ohne jede Bedeckung unter dem Moskitonetz zu liegen pflege, hab ich halt mal in einer besonders kühlen Tornadonacht der Regenzeit mir einen regelrechten Husten und Schnupfen geholt. Nun ists wieder vorbei.

[...]

Meloko liegt direkt am Campo-Fluß, da wo er schon nicht mehr schiffbar ist. Nach Campo ists eine Tagereise. Fast etwas über eine Stunde über Land und dann 5-7 Stunden Wasserfahrt im Kanu. Doch kann man nur bei günstigen Wasserverhältnissen so schnell fahren. Die Ebbe und Flut geht weit hinein in den Ntem (Campo). Ist nun im Fluß ablaufendes Wasser, kann man nicht von Campo aus hinauffahren, und wenn das Wasser aufläuft kann man nicht nach Campo hinunter.

Herr Werner Schladitz ist Deutscher Landwirt aus Wittenberge gebürtig. Sein Vater war Offizier, sein Bruder ist z.Z. Leutnant bei der Artillerie in Münster in W. und hat den chinesischen Feldzug[237] mitgemacht. Eine seiner Schwestern ist Diakonissin in Berlin, die andere wollte Schauspielerin werden, hat ein pa[a]r mal negativen Erfolg gehabt und sich deshalb wieder zurückgezogen.

[...]

Brief von Hans Jobelmann, Nkum, Frz. Congo, an Karoline und Otto Jobelmann vom 21.VII.1908:

Liebe Eltern!

Ob und wann Euch dieser Brief erreichen wird weiß ich zwar nicht, trotzdem will ich ihn schreiben, denn ich weiß nicht, wann ich wieder Gelegenheit dazu haben werde. Auf beiliegender kleiner Kartenskizze könnt Ihr sehen, wo ungefähr ich mich befinde. Das Okasi-Dorf Nkum liegt sechs Tagemärsche von Akonanje entfernt auf französischem Gebiet. Akonanje liegt genau dort, wo sich die deutsche, spanische und französische Grenze schneiden. Vom Uelle od. Benito bin ich nur zwei Stunden entfernt. Auf der Karte sehen die Entfernungen alle sehr klein aus; doch hab ich von Meloko bis hierher drei Wochen siebenstündiger anstrengender Tagemärsche gebraucht. Das sind andere Reisen als in Deutschland auf der bequemen Eisenbahn. Bedenkt man, das[s] diese Strecke in der Luftlinie ungefähr dasselbe ist wie die Strecke München – Nürnberg, so kommt es einem ganz lächerlich vor, daß dies hier drei Wochen sind. Raum ist eben nur ein Begriff von den Menschen und ihren Verkehrsverhältnissen gemacht. Wäre diese Strecke Meloko – Nkum von elektrischer Schnell-Schwebe-Bahn betrieben, so wäre es Fahrt von wenigen Stunden.

Aber so unbequem und anstrengend diese Märsche einesteils sind, so schön sind sie andernteils. Auf der einen Seite die entsetzlichen ermüdenden Wege, die steilen felsigen Anstiege hier im Hochland, dann die langen Sumpfstrecken, wo man oft bis zu den Hüften im potto-potto versinkt, stundenlanges Waten durch Bäche und an Flüssen entlang, dazu tagelang strömender Regen. Wasser von oben, Wasser von unten, immer

---

237 Das Deutsche Reich hatte sich 1897 eines Gebietes in der chinesischen Provinz Shandong bemächtigt. Auch andere Staaten erzwangen sich wirtschaftliche Privilegien in China. Jobelmann verweist vermutlich auf die Reaktion auf diesen Imperialismus, den so genannten Boxer-Aufstand im Sommer des Jahres 1900. Die Boxer (engl.) bzw. Yihequan („Fäuste für Gerechtigkeit und sozialen Frieden"), Mitglieder einer Bewegung, die gegen den religiösen und wirtschaftlichen Einfluss der Westmächte und Japan in ihrem Land kämpften, überfielen Einrichtungen der Fremden, ermordeten den deutschen Gesandten und besetzten das Gesandtschaftsviertel. Nach einer offiziellen Kriegserklärung Chinas kam es zu einem bewaffneten Eingreifen von Großbritannien, Italien, Deutschland, Russland, Frankreich, Österreich-Ungarn sowie den Vereinigten Staaten von Amerika, das mit einer Niederlage Chinas endete. Zum Boxer-Aufstand siehe u.a. Tan 1955, Purcell 1963 und Esherick 1987.

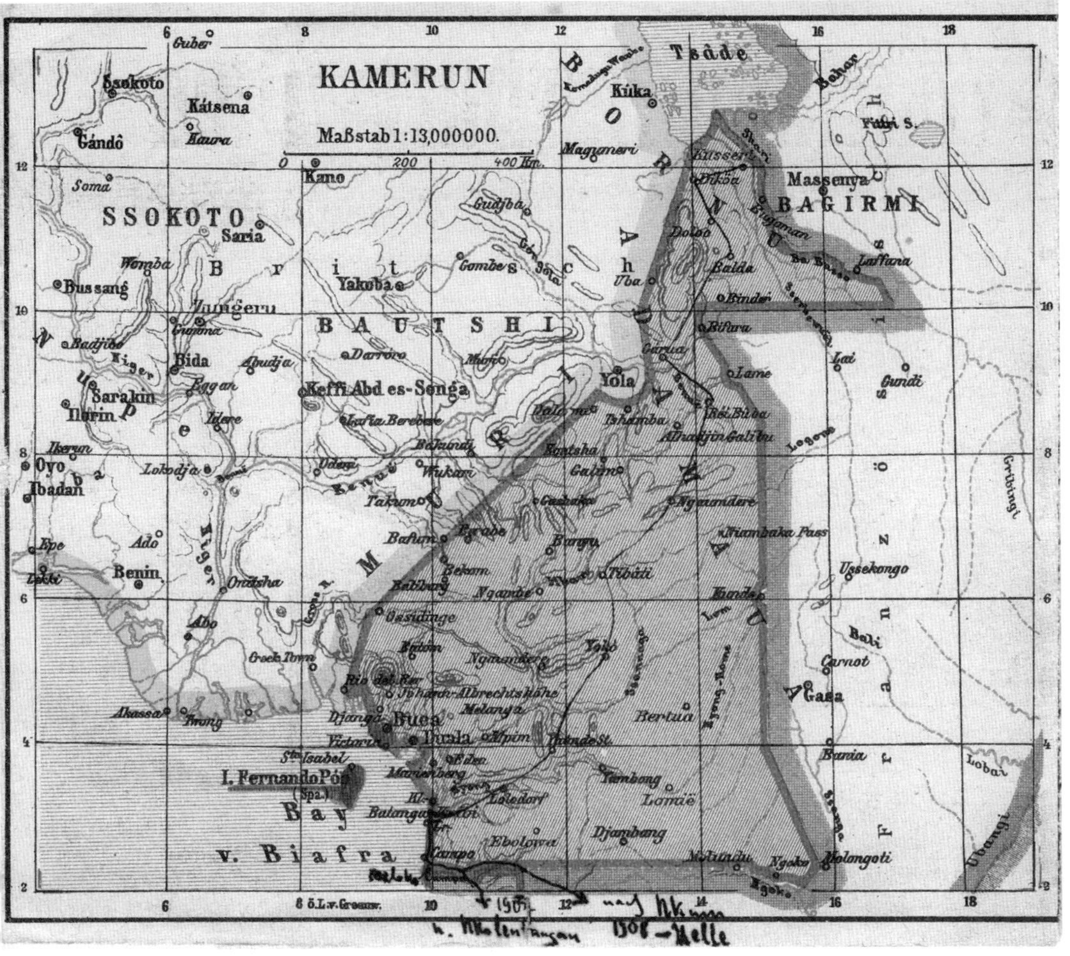

nasse Füße, immer regenschwere Kleider. Abends ein elendes schmutziges Mpangwe-Dorf, eine windige, schmutzige, verrauchte Hütte zur Nacht. Schlechtes Trinkwasser und, wenn die Konserven ausgehen, mangelhafte Nahrung. Ewiger Ärger mit den Trägern und womöglich noch feindliche Stämme. Auf der anderen Seite die Schönheit und Größe der Natur. Der stolze, finstere Urwald mit dichtestem Lianengewebe. Die Raphia-Sümpfe mit ihrem unheimlichen Rauschen und Ächzen, auf den Höhen freundliche Haine von Ölpalmen und Bananen. Die Hügel mit sanft gerundeten Kuppen und die Berge mit wundervollen Felspartieen, mit tiefen Schluchten, in denen Wasserfälle brausen, mit Höhlen und unterirdisch rauschenden Bächen. Der ganze afrikanische Busch mit Elefanten trompeten, nächtlichem Jaguar-Gebrüll, Affengekreisch und all den anderen Schönheiten die man eben nur auf Fußreisen bemerken und genießen kann.

Und dann die Leute dieser Gegenden. Je weiter östlich ich kam, desto ursprünglicher, und interessanter fand ich sie. Zuerst die Mwai[238], dann, nach Überschreitung des Llume, die Ntum und hier am Uelle die Okak[239].

Die Ntum stehen unter diesen wohl am niedrigsten. Die Mwai als die der Küste nächsten haben schon viel Kultur und noch mehr Unkultur von den Europäern und ihren Waren übernommen. Die Okak, unter denen ich z.Z. lebe sind ein schönes, kräftiges, aber auch kriegerisches Volk, das den ntangan [= Weißen] weder liebt noch fürchtet, sondern ihn nur duldet, weil er ihm eben Zange, Messer und andere angenehme Sachen bringt. So ists denn recht schwer, mit ihnen auszukommen, noch schwieriger, etwas von ihnen zu erreichen. Gewiß; die Waren, die man ihnen bringt, nehmen sie gern, aber nachher Kautschuk dafür zu zahlen, das paßt ihnen weniger. Jeder Mann hat sein Steinschloßgewehr, mancher Häuptling mehrere, die von Bata aus bis hierher durchdringen. Die Okak haben aber ihre eigene Eisenindustrie und so kann man öfters Gewehre sehen, die nach europäischem Muster ganz hier hergestellt sind. Der Schaft ist selbst geschnitzt, die Eisenteile selbst geschmiedet, alles mit Messingdraht und Nägeln hübsch verziert. Daneben haben sie kurze breite Schwerter, Spe[e]re und Streitäxte, die sie sich, neben Geld, selbst schmieden. Das Eisen gewinnen sie auch selbst aus dem hier im Hochlande sehr häufigen Rasen-Eisenstein. Etwas wird ja auch in Form von Haumessern, Band- und Stangen-Eisen eingeführt, die größere Menge aber ist eigenes Fabrikat. Jedes größere Dorf hat seinen Eisenofen und seine Schmiede, und wie jedes Weib für den Hausbedarf selbst töpfert, schmiedet sich jeder Mann seine Waffen und sein Geld selbst. Nur in der Holzschnitzerei herrscht schon Arbeitsteilung. Nur sehr wenige Dörfer haben geschnitzte Götzen, die aber in Wirklichkeit gar nicht das sind, was wir unter „Götze" verstehen. Nur sehr wenige Männer können diese Figuren schnitzen. Manche dieser „biang" sind hervorragend gut gemacht mit direkt ausdrucksvollen Gesichtern, bei anderen sind die Gesichter nur angedeutet; je nach dem Können desjenigen, der sie gemacht hat. Ich wollte etliche erwerben; die Originale wollte mir kein Häuptling geben, und fragte ich nach dem Künstler, war der entweder schon gestorben oder in andere Gegenden gewandert. Selbst zum Zeichnen die biang zu bekommen ist meist unmöglich; erst in zwei Dörfern ists mir gelungen, die Häuptlinge nach stundenlangem Palaver zu bewegen, mir die Figuren auf kurze Zeit zu leihen, und selbst dann noch standen zwei Mann Ehrenposten dabei und paßten auf, daß ich keine Me-

---

238 Die Mvai zählen zu den Fang (Born 1975: 699). Sie lebten in der Ntem-Region. Zur Lage und Herkunft dieser Untergruppe der Fang siehe eine Karte bei Perrois (Perrois 2006: 6). Zu den Mvai siehe auch Schnee (Hg.) 1920, Band II: 609.

239 Die Okak sind eine Untergruppe der Fang, die im ehemaligen Rio Muni-Gebiet (siehe Anmerkung 77) lebten. Born zählt sie zu den „Bulustämmen" (Born 1975: 699).

dezin machte. Und dann das Erstaunen der Kerls, als sie auf dem Papier den biang wiedererkannten!

Medezin ist den Leuten alles, was sie nicht kennen und was sie sich nicht gleich erklären können oder wohinter sie irgend eine böse Absicht vermuten. In einem Dorf hatte ich erst ein heftiges Palaver mit den beiden Häuptlingen ehe sie mich in ihrem Dorf übernachten lassen wollten. Als ich endlich soweit war, wollte ich zu Abend essen und öffnete eine Büchse ko[n]densierte Milch, wobei ich bemerkte, daß diese verdorben war. Achtlos goß ich die ganze Bescherung weg. „⊥Eki, ej⊥eki“ riefen die, die es sahen und begannen sofort, die große Palavertrommel zu schlagen, worauf die ganze Mannschaft in vollem Kriegsschmuck herbeigelaufen kam. Erregtes Rufen und Sprechen. Dann kam der Häuptling und sagte, das sei böse Medezin, alle Leute würden krank und ich sollte das fortbringen. Ich bedeutete ihnen, sie sollten warten bis es trocken sei, dann würde die Medezin von selbst weggehen. „Nein, Nein!!“ Jetzt gleich müßte die Medezin fort, dabei spannten einige schon die Hähne ihrer Gewehre. Was blieb mir übrig? Um des lieben Friedens willen ließ ich einen meiner boys die Milch wieder aufnehmen und in den Busch bringen. Schwer beruhigten sich die Nigger wieder, lange noch hörte ich ihr erregtes Sprechen.

Unterwegs kommt es öfters vor, daß man unter gestürzten Baumriesen hindurch kriechen muß. Jeder Mann legt in solchem Fall ein Blatt auf den Baum als Medezin gegen Rückenkrankheiten.

Chimpansen und Gorilla[s] sind hier ziemlich häufig, aber schwer zu Schuß zu bekommen. Man hört sie wohl gelegentlich im Busch wirtschaften und schreien, aber sie sehen ist schwer. Ein pa[a]r Schädel hab ich mir schon schenken lassen, will aber bei Gelegenheit, wenn ich mal Zeit hab, selbst Jagd auf sie machen. Auch einen jungen lebenden Chimpansen möchte ich mir gern erwerben. Vor kurzem sah ich einen, der zur Küste gebracht wurde. Es kommt oft vor, daß Männer, die um Gummi zu schneiden auf die Lianen hinaufgestiegen sind, von Gorillas angefallen und getötet werden. Kleinere Affen sind leichter zu jagen, auch ich schieße und esse sie öfter, ebenso wie Turakos und Nashornvögel und Perlhühner.

Die Ratten sind in den Negerdörfern eine böse Plage. Mir selbst haben sie zweimal je eine Revolvertasche ganz und gar aufgefressen, desgleichen einen Gewehrriemen. Eine Khakijacke und ein Handtuch haben sie mir ganz zerlöchert.

Leoparden möchte ich zu gern noch erlegen. Zwei Nächte hab ich schon auf einen gewartet mit einer Ziege als Lockung, doch ist keiner gekommen. Wenn ich auf meinen Rückmärschen wieder durch die Gegend komme, wo sie häufig sind, will ich es wieder versuchen.

Das gefährlichste sind ja die Büffeljagden, doch hatte ich dazu noch keine Gelegenheit, reiße mich auch nicht danach.

Im Schießen kann ich mich auf mich verlassen, nur mit dem Revolver gehts nicht recht. Sonst hab ich einen Karabiner M. 88. und als mein Eigentum eine Doppelbüchse für Kugel und Schrot. Das ist für den Ernstfall ja nicht allzuviel, muß aber genügen, und dann braucht der Ernstfall ja auch nicht einzutreten. Mit dem Karabiner mit Stahlmantelgeschossen will ich evtll. Elefanten gegenübertreten und für meine Büchse hab ich mir für die allenfaltigen Mpangwes Dum-Dum-Geschosse selbst hergestellt. Man muß sich selbst sicher fühlen, dann kann man den Niggern sicher gegenübertreten, und das hilft sehr viel.

Oft, wenn ich an Sonnentagen durch die Landschaft ging und die so unendlich verschiedenen Farbenstimmungen und Farbenspiele beobachtete, hab ich an moderne Malerei denken müssen. Im lichten Buschwald, wenn die Sonne die buntesten schillernden und strahlenden Flecke durch das Blätterdach auf Stämme und Wege wirft, wenn die tief lila blauen Schlagschatten selbstleuchtend fast plastisch hervortreten, hab ich oft denken müssen, warum ist man verrückt, wenn man so etwas malt? Jeder sieht es verschieden, Kunst ist Natur, gesehen durch ein Temperament, alle verschiedenen Temperamente sind verschieden aber gleichwertig, warum ist das eine als klassisch gut und richtig, das andere als modern verrückt und Pfuscherei. Ich kann das nicht einsehen.

Wann ich nun nach Meloko zurückkommen werde und wieder einen ordentlichen Brief mit Sicherheit werde abschicken können, weiß ich noch nicht, deshalb will ich jetzt Dir, lieb Mutterchen, meine allerherzlichsten Glückwünsche zum Geburtstag senden. Zwar glaub ich nicht, daß diese Zeilen Dich zur rechten Zeit erreichen werden, doch, kommen sie auch zu spät, haben sie doch hoffentlich die gleiche Wirkung. [...]

Brief von Hans Jobelmann, Meloko, Süd-Kamerun, an Karoline Jobelmann vom 24.X.1908:

Mein lieb Mutterchen!

[...]

Ja, Muttchen, was aus uns noch mal wird; wissen möcht ich es jetzt noch gar nicht, offen gestanden. Ich möcht überhaupt niemals fertig werden, möcht immer beim Werden bleiben, immer weiter lernen und forschen. Darin liegt ja das Schöne und das immer wieder von neuem zur Arbeit anspornende. Immer mehr und geistesfreier werden möchte ich. Ein ewiger Student sein und bleiben möcht ich. Das ist mein Leben und solls bleiben. Und so nenn ich mich halt Naturforscher und bin es auch. Welche Form dabei das Lebensmittel, der Broderwerb, hat, ist ja ziemlich gleichgültig, wenn ich mich auch immer bemühen werde, mein Lebensmittel meinem Leben nach Möglichkeit aufs beste anzupassen. So möchte ich Dich auch bitten, nicht allen zu erzählen, ich sei Pflanzer. Das bin ich ganz und gar nicht, habe auch nicht die geringste Lust, es je zu werden. Daß ich z.Z. auf einer Pflanzung mein Brod verdiene, hat mit Mir selbst, mit meinem Ich, nicht das geringste zu tun. Ich bin durch und durch Naturforscher.

Ich möchte auch deshalb nicht als Pflanzer angesehen sein, weil die westafrikanischen Pflanzer bei der Mitwelt in durchaus nicht gutem Rufe stehen und, wie ich mehr und mehr erkenne, mit vollem Recht. Daß der Inhaber der Firma Meloko in dieser Hinsicht obenan steht, ist traurig, und ich wurde dadurch verschiedendlich in Mitleidenschaft gezogen. So kommt es, daß ich mit Herr[n] Schladitz außer Dach und Tisch nichts Gemeinsames habe und immer mit mir allein bin.

Deinen Brief vom 21.V. erhielt ich am 12.VIII. mit meiner Proviantkarawane nachgeschickt. Ich war gerade unterwegs inmitten eines großen Urwaldes als mich der Postträger einholte. Weit drinnen im Congo francais wars in der Nähe des Uelle. Das war eine Freude! Wie ich ging und stand, öffnete ich den Brief und las ihn.

[...]

Negermärchen werd ich auch bald wieder senden. Ich hab noch mehrere aufgezeichnet, die ich noch verdeutschen will, denn die einfachen Übersetzungen sind unverdaulich. Ich lasse mir die Märchen vom Dolmetscher in Neger-Englisch erzählen, denn soviel Mpangwe kann ich noch nicht. Auf meiner letzten Buschreise hab ich ziemlich viel Mpangwe gelernt, hatte aber auch nur mit Mpangwe-Negern zu tun. Hier in der Nähe der Küste aber sind soviel verschiedene Dialekte, daß ich meine pa[a]r Kenntnisse garnicht anwenden kann. Ich hab hier auf Meloko mit Mwai, Mabaea, Mussetschi und Niassa zu tun. Alle sprechen anderen Dialekt und nur die Mwai sind Mpangwe.

[...]

Mir tuts schon weh, wenn hier bei Meloko ein Stück Urwald zur Anlegung eines Gummi- oder Kakao-Feldes geschlagen wird. Und doch muß das sein, denn nur der Naturschönheiten wegen sind die Kolonien nicht da.

[...]

Ach Mutterchen, ich wollt ich könnte recht, recht bald heimkommen. Ich hab solche Sehnsucht nach Euch allen Lieben und nach meinem geliebten Berlin. Wenigstens hier von Meloko möcht ich fort, möcht wieder zu Herrn Teßmann, möcht mit Herrn Teßmann durch den Congo francais marschieren.

[...]

Und nun zu meiner Buschreise.

Ende Mai erhielt Herr Schladitz, der eben erst von einer mehrwöchentlichen Jagdreise zurückgekommen war, die Nachricht daß seine Karawane, von einem schwarzen Händler geführt, von den Ntum überfallen und geplündert worden sei. Keiner aber wußte, wo der Händler steckte, ob der auch gefangen gehalten würde oder gar mit irgendeinem Häuptling gemeinschaftlich die Karawanenberaubung ins Spiel gesetzt habe, um sich den größten Teil der Waren zu sichern. So mußte halt schon einmal ein Europäer selbst dorthin gehen und nach dem Rechten schauen. Herr Schladitz war krank, konnte, soeben zurückgekommen, nicht sofort wieder aufbrechen. So bot ich mich dann an, die Expedition auszuführen, ehe Herr Schladitz mich danach gefragt hatte. Ich hatte verschiedene Gründe dazu. Einesteils interessierte mich die Sache. Die Gegend, wo der Überfall passiert war, war noch garnicht von Europäern begangen worden, ja, wo ich überhaupt hin sollte, wußte keiner, da der Überbringer der Nachricht keine genaueren Angaben machen konnte und nur wußte, daß das Dorf weit sei. Außerdem hatte ich gerade von den anstrengenden Arbeiten auf der Pflanzung genug und sehnte mich nach freiem fröhlichem Buschleben, besonders auch, da Herr Schladitz in seiner Krankheit unausstehlich und dem regelrechten Tropenkoller nahe war. Dann auch verknüpfte ich damit die Absicht, von mir selbst aus diese Buschreise als Forschungsreise anzusehen und viel Schönes, Interessantes und Neues zu sehen und aufzunehmen.

Das waren meine Beweggründe die Sache zu übernehmen, und ich war sehr erfreut, als Herr Schladitz mich entsandte. Jetzt wo ich zurück bin, freue ich [mich] es getan zu haben, denn schöner und interessanter kann man kaum vier Monate verbringen, als ich in diesem Falle. Ich habe nie, auch in den gefahrvollen Situationen nicht, gedacht: ö, wärst Du doch auf Meloko geblieben. Ich hab mich immer mit der Gegenwart, wie sie ist, herumgeschlagen.

So brach ich denn auf von Meloko, ging durch ganz Südkamerun und noch eine Strecke in den Congo francais hinein. Schön wars überall, doch am schönsten im Chimpansengebirge und später im Hochlande. Im Gebirge bestieg ich einen den höchsten Hügel und hatte von dort eine wunderbare Aussicht über das ganze Hochland nach Osten hin.

Hügel reiht sich an Hügel, alle mit sanftgerundeten Kuppen, nur ganz vereinzelt steilere Nadelspitzen, die hell, beinahe glänzend aus den Urwäldern hervorstehen. An den Abhängen der Hügel riesige Felsblöcke über- und durcheinander, tiefe Höhlen bildend. In eine solche Höhle stieg ich hinab, tief gings hinunter zu einem geräumigen Platz, der von einem einzigen riesigen Gneisblock überdacht wurde. Unten in sandigem Boden ein klares Quellbächlein mit glasdurchsichtigen Fischchen. In einer

Ecke, unter einem Haufen größerer Blöcke, braust dumpf tief unten ein unterirdisch[es] Wasser. Keine Fußspur irgend eines Tieres auf dem Sandboden, nur die Abdrücke meiner Stiefel.

Und wie schön, wie schön wars, wenn ich in hellen Mondnächten auf die Jagd ging. Aus dem Schauen und Bewundern kam ich da gar nicht heraus. Und hatte ich dann nach stundenlangem Pirschen endlich irgend ein Tier aufgestöbert, so mußte ich wieder so lange schauen und beobachten bis die Gelegenheit zu schießen vorbei war. So war denn die Jagdbeute auch meistens nicht allzu groß. Doch hab ich oft allerhand Getier geschossen, um es zu essen. Besonders die Pinselohrschweine[240] schmecken famos.

Das Interessanteste waren aber doch die Jagdgänge, bei denen ich unsere lieben Vettern, Chimpanse und Gorilla, begegnen wollte. Da hat es mir immer leid getan, zu schießen und so hab ich hierbei gar keinen Erfolg zu verzeichnen. Aber eins hab ich gelernt. Will man unsere Verwandtschaft mit diesen Tierchen recht verstehen, muß man sie beobachtet haben in ihrer Häuslichkeit, im Urwalde selbst. Wie furchtbar menschenähnlich benehmen sich da doch die Chimpansen; genau wie Kinder. Einmal hatte ich das Glück, eine Familie zu beobachten, wirklich ein entzückendes Idyll. Da konnte ich mich nicht entschließen, zu schießen.

Auch Gorilla[s] sah ich einige Male, doch ists sehr schwer, diesen zottigen Urwaldriesen recht nahe zu kommen. Die Gorilla[s] sind äußerst scheu und fallen nur wenn sie gereizt sind, den Menschen an, dann aber auch ordentlich. Ich sah eine Negerleiche, die von einem Gorilla arg zugerichtet war. Der Nigger war hoch in die Lianen gestiegen, um dort Gummi zu schneiden und dabei wohl einem Gorilla-Hause zu nahe gekommen. Der hat den armen Kerl dann an Brust, Hals und Gesicht arg zerkratzt und zerbissen und dadurch getötet.

Die Okak-Stämme oben im Hochland sind noch echte Menschenfresser, die nach ihren Metzeleien die Toten und Verwundeten der feindlichen Partei aufessen. Sehr häufig sah ich Medezin-Behälter aus menschlichen Oberschenkelknochen gefertigt, und einmal wollte ein Häuptling mir einen Gefangenen eines anderen Stammes abkaufen, um ihn zu verspeisen. Sie haben auch ganz bestimmte Messer, die nur zum Zerschneiden menschlicher Leichen gebraucht werden.

Manche Dörfer sind regelrechte kleine Festungen mit hohen Mauern aus starken Bohlen. Die Tore, die Nachts geschlossen werden sind oft so

---

240 Im Deutschen Kolonial-Handbuch von 1901 ist über die Tierwelt Kameruns zu lesen: „In den sumpfigen Niederungen tummelt sich das gefräßige Pinselohrschwein“ (Fitzner 2013: 73). Der Name des im westlichen und zentralen Afrika zu findenden Pinselohrschweines (Potamochoerus porcus) rührt nach Angabe des Deutschen Kolonial-Lexikons von einem sehr langen, einem Pinsel ähnlichen Büschel an seiner Ohrspitze (Schnee [Hg.] 1920, Band III: 326).

klein, daß man nur im Liegen hindurchkriechen kann. In einer solchen Festung hab ich einen Monat lang gewohnt und mich dort ziemlich wohl gefühlt. Die Einwohner, die vordem noch keinen Weißen gesehen hatten, hatte ich mir zu Freunden gemacht und war dort ziemlich sicher. Dies Dorf Manoa war noch ganz besonders befestigt. Die Wege, die durch die es umgebenden Sümpfe führten, waren mit Fußspuren wie übersät, so daß ein barfüßiger Neger nicht ohne Führer durchkommen konnte.

Wie ich das erstemal dorthin ging, machte meine ganze Karawane vor den Sümpfen halt und wollte nicht weiter. Durch das Antilopenhorn und Schrein wurde das Dorf, das ich noch nicht einmal sah, von meinem Kommen benachrichtigt. Dann hörte ich in der Ferne trommeln, und nach einer ganzen Weile kam vorsichtig ein Mann um nachzuhorchen, was ich wollte. Ich unterhandelte mit ihm und ließ mich und meine Leute dann von ihm ins Dorf führen. Der Häuptling war mir bis vor die Befestigungen entgegengekommen und begrüßte mich mit Handschlag. Durch drei Befestigungen mußte ich schreiten, zwischen denen die Krieger in voller Bewaffnung Spalier standen, ehe ich in das eigentliche Dorf kam. Da kam mir doch der Gedanke, daß, falls mich die Leute hier fest halten wollten, ein gewaltsames Entkommen aus dieser Festung ziemlich unmöglich sei. Doch die Obuk hatten nichts gegen mich, und ich hab die ganze Zeit mit ihnen in freundschaftlichem Verhältnis gestanden.

Anders die Essamwus in Nkum. Die hatten direkt etwas gegen mich vor, wie ich aus Andeutungen und Reden meiner und anderer Leute entnahm. Nach Nkum mußte ich aber öfters gehen, denn dort waren sehr viel Ausstände in Gummi. Da ich mich allein mit meinen wenigen Küstenleuten nicht sicher genug fühlte, warb ich mir 10 kräftige Kerle aus dem den Essamwus feindlichen Stamme der Njan-Keng an, bewaffnete sie mit erbeuteten Gewehren und Speeren und zog so, wenn ich nach Nkum ging oder sonst größere Ausflüge machte, nur noch mit ganzer Streitmacht los.

Mehrmals ist es ja auch zu kleinen Gefechten gekommen, doch ist alles gut abgelaufen. Mein Ponscho [sic] hat mir dabei gute Dienste geleistet. Ich hab ihn, um den Arm gewickelt, als Schild gebraucht und damit die mir entgegengeschleuderten Speere aufgefangen.

Hier auf Meloko kommt so etwas aber nicht vor, da brauchst Du keine Angst zu haben, Mutter. Ein Mpangwe-Aufstand ist ganz undenkbar, trotzdem die Station Eboloa[241] einen solchen fürchtet und deshalb den

[241] Um das Dorf Ebolowa im Südwesten Kameruns konzentrierte sich nach 1900 der europäische Handel, insbesondere der mit Kautschuk. Aufgrund von kriegerischen Aufständen der Einheimischen verschiedener Ethnien gegen die Kolonialmacht wurde aus einer ehemals provisorischen Station Ebolowa eine stark besetzte Militärstation aufgebaut, um den Widerstand zu brechen (Stoecker [Hg.] 1968: 31-33).

Kaufleuten im Mpangwe-Busch nicht helfen will.[242] Wozu sind denn die Stationen da, wenn nicht zum Schutz der Kaufleute. Ich selbst habe zweimal, vor meinem Aufbruch von Meloko und später noch einmal durch Eilboten, als mir die Sache bei den Okak zu brenzlich wurde, um Stationskarabiner und evtll. um Soldaten gebeten und beide Male abschlägigen Bescheid bekommen. Die Mpangwe sind viel zu zerstückelt, all die kleinen Unterstämme haben Fehden unter sich, als daß sie gemeinschaftlich einen Aufstand unternehmen könnten.

Ethnographisch hab ich viel gearbeitet, viel gezeichnet und beobachtet. Hab damit auch guten Erfolg gehabt und viel Neues erforscht. Unendlich Leid hat es immer und immer wieder getan, nicht photographieren zu können. Wie viel schöne, interessante und wissenschaftlich wertvolle Aufnahmen hätt ich da machen können. Aber was hilfts; es geht halt nit, es ist zu teuer. Würde ich mir auch einen Apparat auf Abzahlung kaufen, das ginge ja noch, aber die ganze Zubehör zu den Arbeiten ist auch so teuer.

In ruhigen Nächten hört man oft ein sekundenlang anhaltendes „Tüüü—üt". Bald näher bald ferner. Oft mehrere zugleich, oft einige in rascher Aufeinanderfolge. Das sind die singenden Schnecken, sagen die Neger. Sie haben auch ein Märchen darüber, weshalb und was die Schnecken rufen.[243]

Einige Europäer hier behaupten nun, es seien nicht die Schnecken, sondern Chamäleone. Das aber halte ich für unmöglich. Die Chamäleone haben nicht die Stimmorgane, um solch lautes Geschrei hervorzubringen. Eher könnten es schon Frösche sein. Bei Chamäleonen, die ich häufig in großer Anzahl in Gefangenschaft hielt, hab ich außer einem Fauchen wenn man sie reizt, nicht die geringste Stimme bemerkt. Die Schnecken, Achatina, aber können es sein. Bewiesen ist es aber auch noch nicht. In der Gefangenschaft singen sie nicht, und im Busch hört man es nur und kann es nicht sehen. Auch wird behauptet, sie sängen nur Nachts. Ich habe sie auch öfters an stillen, sonnigen Nachmittagen gehört.

Mit meiner Gesundheit war ich während der ganzen Reise ziemlich zufrieden. Fieber hab ich ja ein pa[a]r mal gehabt, aber daran hab ich mich schon so gewöhnt, daß ich das garnicht mehr als krank bezeichne. Meine Füße wurden auch bald wieder heil. Sonst hat mir nichts gefehlt.

---

242 Jobelmann spielt möglicherweise indirekt auf die im April 1907 erfolgte Regierungsermächtigung zur „Sperrung unruhiger oder noch nicht verkehrsreifer Gebiete im Schutzgebiet" an, die auch den Ebolowa-Bezirk betraf. Diese bei den privaten Kolonisatoren äußerst umstrittene Maßnahme hatte das Ziel, das Kolonisierungstempo zu verlangsamen und somit Sicherheitsbedürfnisse vor Profitinteressen zu stellen (Hausen 1970: 266-267).

243 Siehe Tessmann 1913, Band 2: 361-362 und Tessmann 1921: 22-24.

Oft hab ich durch die Verhältnisse gezwungen Wasser frisch weg aus der Natur trinken müssen, das mir nicht ganz sauber, keim- und einwandfrei erschien, doch hab ich nie Dyssenterie bekommen, wie ich manchmal fürchtete. Ich möchte dies nur dem Umstand zuschreiben, daß mein Magen und Darm noch garnicht von Alkohol geschwächt ist.

Auf dem Rückmarsch hörte ich, Herr Teßmann habe seine Station jetzt nur einen Tagemarsch von Akonanje entfernt.[244] Natürlich besuchte ich ihn. Das war ein frohes Wiederschaun.

Herr Teßmann freute sich sehr, daß ich noch weiter für das Lübecker Museum arbeite, und ich übergab ihm alle meine gesammelten Gegenstände und die meisten meiner Zeichnungen. Viel wertvolles befindet sich darunter, wie ich jetzt zu meiner großen Freude erfuhr.

Herr Teßmann fragte mich, ob ich wohl wieder zu ihm kommen könnte, um unter den alten Bedingungen wieder mit ihm zusammen zu arbeiten. Gewiß, sagte ich sobald wie möglich, nur müßte er mir bessere Verpflegung bewilligen.

Und das möchte ich auch, nur fürchte ich, Herr Schladitz wird mich nicht freilassen wollen.

Wir besprachen auch noch alles weitere. Herr Teßmann erzählte mir auch, daß das Lübecker Museum vergrößert werden solle und ich dann auch eine Stelle dort erhalten könne, wenn ich nicht Pflanzer bleiben wolle. Letzteres kann ich nicht gerade behaupten.

Herr Teßmann hat sehr, sehr viel gearbeitet in der Zeit, trotzdem hat er, seit ich fort bin, die zoologische Seite ganz fallen lassen, weil er allein nicht alles machen kann. Über 150 Märchen befinden sich in seiner Sammlung.[245]

Vor meinem Aufbruch hab ich ihm noch ein pa[a]r Photos von früher ausgespannt, die ich hier mitschicke.

Ach Mutterchen, ich wollt, ich könnt wieder zur Expedition stoßen um dann im nächsten Jahre mit Herrn Teßmann zusammen durch den Congo frc. zu marschieren.

Auf dem weiteren Rückmarsche durch Kamerun mußte ich in Oweng noch einmal einen Halt von acht Tagen machen, da mir viele Träger ausgerissen waren. Dort hatte ich auch einmal einen schweren Schwarzwasser-Anfall, der aber glücklicherweise schnell vorüber ging.

---

244 Im August 1908 bezog Tessmann eine neue Station, die wie das gleichnamige Dorf Bebai hieß; siehe Tessmann, Mein Leben, Band 4: 106 (Archiv Völkerkundesammlung der Hansestadt Lübeck, T_Leben_4) bzw. Templin (Hg.) 2015: 128.

245 Einige der von Tessmann gesammelten Märchen finden sich in dem von ihm publizierten Werk „Ajongs Erzählungen. Märchen der Fangneger" (Tessmann 1921).

Die letzten Märsche waren überhaupt grauenhaft. Die Regenzeit in vollem Gange, täglich 7-10 Stunden strömende Güsse, infolge dessen alle Flüsse und Bäche überfüllt, reißend und fast unpassierbar. Dadurch ist mir unterwegs der größte Teil meiner Vieh[h]erde, über 30 Ziegen und Schafe, vor Nässe zugrundegegangen. Nur noch 3 Ziegenböcke brachte ich heil nach Meloko. Und dann ich selbst! Auf zwei Monate hatte ich mich ausgerüstet, und viereinhalb waren daraus geworden. Die letzte Woche war ich ohne Hemd, die letzten 14 Tage ohne Sohlen unter den Schuhen. Die Sohlen aus frischem Ziegenfell waren jedes mal nach ein pa[a]r Stunden durch. Meine Khakijacken hatten die Ratten zerfetzt. Die ersten Tage war es schmerzhaft, auf eigene[n] Sohlen zu laufen, aber auch daran gewöhnt man sich. Nur beim Übergang über das Mpfanemakok-Gebirge holte ich mir wunde Füße.

Zu allerletzt, nur noch 1½ Tage von Meloko entfernt, wär ich beinahe ertrunken. Ich mußte durch den jetzt äußerst tiefen und reißenden Fluß Betan waten; die früher bestehende Brücke war durch die ungeheuren Regenfluten weggerissen. In der Mitte des Flusses war eine Insel, zu der mußten wir erst, dann auf der anderen Seite noch einmal hindurch. Die erste Strecke Fluß war tiefer, so tief, daß das Wasser meinen Leuten, die auf einem als Brücke dienenden Baum hindurch schritten, trotzdem bis an die Brust ging. Es war Morgens, und da ich nicht sofort ganz naß werden wollte, entschloß ich, mich tragen zu lassen. Ich setzte mich also, meinen Poncho über der Schulter, das Gewehr umgehängt, einem meiner Leute auf die Schultern und nun gings los. Schritt für Schritt gings vorwärts. Entsetzlich langsam, ich wurde fast schwindelig da oben, wie ich sah, wie der arme Kerl, der mich trägt, so schwer gegen die Strömung ankämpfte. Ich fürchtete, er könne unter meiner Last ausrutschen auf dem glitschigen Baumstamm. Und richtig, noch ungefähr 3 m von der Insel entfern[t] fühle ich plötzlich den Halt unter mir schwinden und dann die Wasser über zusammen schlagen. Im ersten Schreck denke ich garnicht daran, daß ich einen Menschen unter mir habe und klammere mich nur fester mit den Beinen. Erst als ich schon wieder den Kopf über Wasser hatte, fiel mir ein, daß der arme Kerl unter mir so ertrinken müsse, und ließ ihn los. Dabei sank ich aber wieder unter. Wie ich wieder hoch kam, diesmal dauerte es schon länger, sah ich meinen Träger eben abschwimmen und klammerte mich noch schnell an seinen Schultern fest, denn schon wollte die Strömung mich mitnehmen. Nach einigen bangen Sekunden erreichte ich denn auch die Insel. Hätte ich auch wirklich schwimmen können, in diesem Fall hätt es mir nichts genützt. Das Gewehr und der wasserschwere Poncho hätten mich hinabgezogen und die Strömung fortgerissen.

Und nun, ich völlig durchnäßt, das Gewehr voll Wasser, der Revolver voll Wasser, die Uhr voll Wasser und stehend, mein wertvolles Notizbuch aufgeweicht. Meine Karawane voraus und das nächste Dorf etwa 4 Stunden weit. Was blieb mir übrig, ich lief los wie ich war und dachte mir, wenn kein Regen kommt, trocknet mich die Sonne. Und kein Regen kam, aber noch ein pa[a]r Flüßchen, durch die ich, bis Brust oder Hals im Wasser, waten mußte. Im nächsten Dorfe brachte ich zuerst mal meine Uhr in Ordnung. Ich öffnete sie, pustete sie aus und hielt sie übers Feuer. Und siehe da, sie ging wieder. Nun, und da ging auch ich weiter.

Ach und welch angenehmes Gefühl als ich, auf Meloko wieder angekommen, mich wieder ordentlich anziehen und an einem gedeckten Tisch wieder ordentlich essen konnte.

Und jetzt auf der Pflanzung – ja, bequemer und sicherer ist ja das Leben hier, aber schöner und interessanter ists im Busch, und ich ziehe ein Buschleben dem Leben auf einer Pflanzung auf jeden Fall vor und würde mich außerordentlich freuen, wenn ich wieder zur Expedition zurückkönnte.

[...]

Brief von Hans Jobelmann, Meloko, an Louis Douzette vom 10.XI.1908:

Lieber Großvater!

Gestern Abend wurde ich fertig mit Lesen von „Varuna", für dessen Übersendung ich Dir nochmals herzlich danke. Das ist ein feines Buch und hat mich mächtig interessiert.

Bis jetzt war ich nicht Antisemit und fand sogar den Antisemitismus wie ich ihn in meinem Berliner Bekannten Kreise vorfand, höchst abstoßend. Weil nämlich diese „Christen" jeden Juden von vornherein als „verdammten Judenlümmel" ansprachen und behandelten. Da konnte ich nicht mitmachen, unter meinen jüdischen Bekannten befanden sich nur nette, liebenswürdige, gebildete junge Menschen.

Jetzt aber bin ich Antisemit, nicht gegen irgend eine Persönlichkeit, sondern gegen den Semitismus und gegen die Versemitierung des deutschen Volkes und Landes.

„Varuna" hat mir darüber die Augen geöffnet, und ich bedauere sehr, es nicht früher kennen gelernt zu haben.

„Varuna" müßte viel mehr gelesen und sein Inhalt vielmehr gelehrt werden. 1901 ist Varuna erschienen und hat es wohl irgend welche größere Wirkung gehabt? Ich glaube kaum. Ich hatte, ehe ich es in Barth kennen lernte, niemals etwas davon gehört oder gelesen. Und die von Varuna bekämpften Verhältnisse sind in den letzten Jahren wohl auch nicht besser, eher schlechter geworden.

Aber das ists nicht allein, womit mich Hentschel[246] interessiert hat. Die ganze Kultur- und Staatsgeschichtlichen Tatsachen, die er bringt, und vor allem der Gesichtspunkt, unter dem er sie betrachtet, hat mich sehr angeregt. In Hentschels Zusammenstellung treten auch alle die Gemeinsamkeiten der Götterlehren der verschiedenen Völker und ihr gemeinsamer Ursprung deutlich hervor. Alle Religionen zerlegt Hentschel rein geschichtswissenschaftlich und vergleichend, auch das Christentum, und bleibt selbst dabei doch Christ. Zwar nicht Anhänger eines persönliches Gottes und der Dreieinigkeit in Christi Person, sondern als Anhänger des geistlichen Gedankens, der ja, ursprünglich und überhaupt, rein arisch-menschlich ist und auch im Monismus seinen Ausdruck findet. Das gefällt mir an „Varuna". Sehr deutlich weist Hentschel auch darauf hin, daß das dogmatische Christentum von heute, die Kirche, wieder zum reinen Dämonismus und Fetischismus entartet ist, wobei der christliche Gedanke fast verloren ging. Das sind Gedanken, auf die ich seit Jahren von selbst gekommen bin, daher freute es mich sehr, als ich sie in Varuna wiederfand.

Ausführlich zeigt Hentschel die geschichtlichen Widersprüche und Unwahrheiten, den ganzen legendären Charakter der Bibel. Das ist sehr nötig und sollte öfter und öffentlicher geschehen, [...]

Du wirst nicht böse sein, Großvater, wenn ich Dir „Varuna" nicht sofort zurück schicke; ich möchte es nach ein oder zwei Monaten noch mals lesen, um es gründlich verarbeiten zu können.

Mein Leben hier auf der Pflanzung verläuft ganz bequem und auch angenehm, wenn auch wenig abwechslungsvoll. Im Busch ists jedenfalls interessanter, und oft sehne ich mich zurück nach der schönen Zeit meiner Wanderungen im Span. Guinea und im Congo francais. Gewiß, körperlich gesünder, sicherer und bequemer ists hier auf der Pflanzung, und besonders Meloko liegt wunderschön auf einem Hügel am Campo-Fluß. Anregender, spannender aber ist das Buschleben, und ich wollte, ich könnte wieder hinein.

Seit meiner letzten Buschreise hab ich wieder gewaltige Sehnsucht danach, wenngleich ich auch hier auf der Pflanzung nicht nur Aufseher bin. Viel freie Zeit hab ich allerdings nicht und meine zoologischen Studien leiden darunter. Desto mehr aber arbeite ich ethnographisch, und in dieser Hinsicht kann ich auch meine Arbeitszeit auf der Pflanzung zu Studienzwecken verwenden. Hauptsächlich interessieren mich da die Märchen

[246] Der Naturwissenschaftler Willibald Hentschel (1858-1947), ein Schüler und zeitweiliger Assistent von Ernst Haeckel (siehe Anmerkung 83) war ein Agitator der völkischen Bewegung im Deutschen Kaiserreich, der Projekte einer arischen Rassezüchtung propagierte. Zu Hentschel siehe u.a. Pelger 2008.

und Tierfabeln der Neger, denn da hab ich viele Ideen gefunden, die in deutschen und anderen Märchen auch vorkommen.

Vor allem aber studiere ich die Schönheiten der Natur und da finde ich immer wieder neue, und immer wieder tut es mir leid, sie so garnicht mit Bleistift oder Feder festhalten zu können. In mich habe ich diese Schönheiten aufgenommen und da sind sie unauslöschbar, aber sie naturgetreu wiederzugeben, in Wort oder Bild, ist mir unmöglich.

Bei Euch ists nun bald wieder Winter; hier bleibts ewig dasselbe, immer heiß, immer grün. Nur der Wechsel von Regen- und Trocken-Zeit bringt etwas Abwechslung. Die Bäume entblättern sich hier nie alle auf einmal; so bemerkt man es am Gesamtbild garnicht.

[...]

Brief von Hans Jobelmann, Meloko, an Karoline Jobelmann vom 23.XI.1908:

Mein lieb Mutterchen!

Letzte Post hat mir keinen Brief von Dir gebracht, nur an Herrn Schladitz hast Du geschrieben. Hattest Du mich schon aufgegeben, Muttchen?

[...]

Ja, Muttchen, das wär schön, wenn Du mich mal besuchen könntest. Diese Geschichte ist aber ziemlich teuer.

Dampferfahrt I. Kl.	600 – Mk.
Rückfahrt	600 – "
Ausrüstung mindestens	600 – "

Na, und wenn Du das wirklich übrig hättest, könntest Du es in Berlin doch noch besser verwenden, als hierher zukommen.

[...]

Brief von Hans Jobelmann, Meloko, an Karoline Jobelmann, Ende Dezember 1908

Mein lieb Mutterchen!

Es ist ein wunderbarer, stimmungsvoller Abend heut. Tiefschwarz stehen die Silhuetten des Waldes da, davor wie ein silbernes Band, unterbrochen von Inseln und Klippen der Ntem. Schwarzblauer Himmel darüber. Hellleuchtend glänzt der Orion herüber und der Sirius sendet seine roten und grünen Fackeln. Als schmale goldene Sichel kommt der junge Mond hoch. Im Negerdorf drüben steht der Schein von Feuern und Gesänge, Trommeln und das Xylophon erschallen. Ich sitze hier auf der Veranda, schaue, lausche und träume. Träume von zu Hause, von Vergangenheit und Zukunft.

Weißt Du, Mutter, was ich möchte? Nächsten Weihnachten wieder bei Euch sein. Obs eintrifft?

[...]

Das sind wohl auch Folgen des Christentums. Daß ihnen der liebe Gott aber zur allerersten verdammten Pflicht und Schuldigkeit gemacht hat, den Körper, den er ihnen gab, gesund zu erhalten, daran denken diese „Christen“ nicht. Wenn man nur in den Himmel kommt, das ist die Hauptsache, ob man sich mutwillig krank macht oder nicht, darauf kommts nicht an. Im Gegenteil, je eher, desto besser, das ist Märtyrertum.

Ganz dasselbe Christentum haben wir ja hier in Kamerun. Diese blody Mission-Nigger, die jetzt 14 Tage lang Weihnachten feiern, in schwarzen Stiefeln, schwarzen Anzügen und Hüten herumlaufen, ganze Monatslöhne an den Festtagen versaufen, sich boys halten, sich von diesen und ihren Weibern master anreden lassen, sich als gentlemen aufspielen und den Europäern gegenüber frech und großschnauzig auftreten. Das sind die Früchte der Mission! Die Kinder laufen herum, Rosenkränze oder Kreuze um den Hals. Genau so, wie sie früher ihre Medezinen und Fetische trugen. Denken sich auch nichts weiter dabei. Können es nicht!

So aber ists whiteman-facon, daher tun sie es. Diese Leute sind ekelhafte, wiederliche Kerls. Ich bin mehrmals in Versuchung gekommen, solchem Lümmel, der mir frech wurde, ein pa[a]r Maulschellen zu schlagen. Habs aber glücklicherweise unterlassen. Solch Kerl kriegt es fertig, einen auf der Station anzuzeigen, und dann wird man womöglich wegen Beleidigung solchen Kultur Niggers eingesperrt. Es ist alles schon vorgekommen!

Ich halte es für eine ganz natürliche psychische Reaktion, wenn man sich hierüber aufregt. Man erkennt in diesen black gentlemen nur zu deutlich die Karikatur unserer normalen Kulturmenschheit! Oft muß man sich schämen, zu den Kultur-Europäern zu gehören. Die Europäer sind aber selbst schuld daran, daß sich diese Karikaturen bilden konnten. Warum brachten sie diesen Negern, die keinen Begriff von Ethik haben und für das Christentum völlig unreif sind, die Missionen ins Land? Warum verkaufen die Faktoreien (Meloko nicht!!) schwarze Anzüge und Schnaps? Warum erlaubt die Regierung die Schnaps-Einfuhr? Den Kaufleuten ist doch nur darum zu tun, zu verdienen, womit ist gleichgültig. Der Deutsche Reichsadler ist hier eine innige Verbindung mit Alkohol eingegangen. Kommt man in einen Küstenort oder auf Stationen im Inneren und sieht an einer Faktorei ein weißes Schild mit dem Adler, so ists immer „Erlaubnis zum Verkauf von Spirituosen“. Das macht einen merkwürdigen Eindruck, dies Schnaps-Wappen. Wenn sich die Regierung schon um den Schnaps kümmert, so sollte sie ein Monopol einrichten mit so hohen Preisen, daß kein Mensch mehr Alkohol kauft. Mission und Schnaps aber sollten ganz aus den Kolonien verbannt werden und dafür sollten mehr gute Handwerker-Schulen[247] kommen, wie Wörmann in Dualla hat, das wäre nützlicher!

Ich will aufhören, es ist ein leidiges Thema. Aber, Muttchen, ich hab mich wieder einmal Dir gegenüber ausgesprochen, das hat mein Herz erleichtert; ist doch wenigstens ein Erfolg.

[...] Sonst komm ich leider recht wenig zum arbeiten. Das heiße Klima und das Chinin machen so energielos, daß ich mich in ernste zoologische Arbeiten gar nicht mehr vertiefen kann. Ich wollte sonst hier in Ruhe meine Collegs wiederholen und weiterarbeiten, hab auch ein pa[a]rmal angefangen, aber es geht nicht. Das Leben hier auf der Pflanzung stumpft so ab. Man hört und sieht täglich dasselbe, aber nichts von draußen, nur was auf die Pflanzung und Faktorei Bezug hat. Es ist immer dasselbe. Meist bin ich nun auch ganz allein hier und habe dann keinen Menschen mit dem ich über irgend etwas sprechen könnte. Dabei hab ich viel freie Zeit; das bischen Arbeit auf der Pflanzung und das bischen Handel füllt meine Zeit und mich nicht im Entferntesten aus. Schon deshalb, weil ich diesen Sachen mein „Ich" nicht entgegenbringen, in dieser Arbeit nicht aufgehen kann. Das kann übrigens keiner; alle Pflanzer, die sich hier herumdrücken, wollen nur auf möglichst bequeme Art möglichst viel verdienen. Herr Schladitz auch, er ist nur Jäger, die Pflanzung als solche interessiert ihn nicht. Als ich nach Meloko kam, waren ungefähr 15 m^2 mit Gummi bepflanzt, nach einjährigem Bestehen der Firma. Jetzt sind 6 Morgen Gummi bepflanzt und 6 weitere Morgen in Rodung für Kakao. Dabei fortwährend Ärger mit den Arbeitern. Von selbst machen die nichts. Alles muß man ihnen täglich von neuem sagen, sonst wirds vergessen. [...] Körperlich entwickele ich mich mehr, aber geistig geh ich zurück bei diesem Leben. Deswegen wirds Zeit, daß ich bald nach Hause komm. Allzubald möchte ich aber nicht; mit den pa[a]r hundert Mark, die ich jetzt hab, kann ich noch keine großen Sprünge machen, denn sofort nach meiner Heimkehr werd ich wohl keine neue Stellung finden, möchts auch nicht, will mich dann erst mal geistig etwas auffrischen und auch mir Deutschland etwas näher anschauen. Denn, es ist eigentlich ein Skandal, von Kamerun und Umgegend hab ich in dieser kurzen Zeit mehr gesehen als in meinem ganzen langen Leben von Deutschland. Ich hab schon allerhand Pläne gemacht. Ich will mit Isi zusammen eine Fußreise um und durch Rügen machen, ich will, falls ich nach Lübeck komme, von dort zu Fuß die Küste entlang nach Barth. Für Fußreisen schwärme ich jetzt, hier gibts ja nicht anderes, das ist das einzig richtige, nur so lernt man Land und Leute kennen. Und Konzerte will ich besuchen, wenn ich wieder zu Haus bin, und

247 Zu Handwerkerschulen in deutschen Kolonien siehe Schnee (Hg.) 1920, Band II: 36.

Theater, halt all das genießen, das ich hier nicht hab und wonach meine Sehnsucht steht. Aber wann wirds sein? I woaß nit. Sehr gern wär ich ja schon im September zu Haus.

Durchaus tropenfähig bin ich ja nun, das weiß ich. Wenige überstehen das, was ich durchgemacht hab, so gut wie ich, und mehrmals war ich schon aufgegeben. Das ist mir hier von verschiedenen Seiten gesagt worden. Und einmal hatte ich mich selbst aufgegeben und schon alle Briefe geschrieben, falls ich am anderen Morgen als tote Leiche aufwachen sollte. Na, Schwamm drüber; Du sollst Dich nicht aufregen, Mutti.

[...]

Brief von Hans Jobelmann, Meloko, an Karoline Jobelmannm vom 1.I.1909:

Mein herzlieb Mutterchen!

[...]

Ich würde von Herzen gern jetzt sofort nach Hause kommen, das weißt Du, Muttchen, aber es geht nicht. Zwar Herr Schladitz würde mich augenblicklich loslassen, aber die Rückreise kann er mir natürlich nicht ganz bezahlen. Die Hälfte müßte ich selbst tragen, und wenn ich das bei meinem jetzigen Guthaben machen wollte, bleibt mir bei den jetzigen erhöhten Dampferpreisen zu wenig, um damit nach Hause zu kommen. Schau wenn ich jetzt nach Hause käme, müßte ich mich ganz neu bekleiden, das kostet alles mindestens 150 Mk. Ob ich dann sofort ein[e] Stellung mit einigermaßen Gehalt finde, ist zweifelhaft. Und selbst besten Falls könnte ich Euch pekuniär keine große Stütze sein, da ich doch kaum eine Stellung mit über 100 Mk monatlich bekomme.

Ich halte es augenblicklich für das Beste, Muttchen, ich bleibe noch zwei, drei Monate hier, wo ich freie Wohnung und Verpflegung habe und sparen kann, und schaue mich von hier aus nach einer Stellung um.

Militärfrei werd ich hoffentlich bestimmt werden, jetzt ganz besonders.

[...]

Brief von Hans Jobelmann, Meloko, an Karoline Jobelmann von Ende Januar 1909:

Mein lieb Mutterchen!

[...]

Ich möchte auch recht bald Heim kommen, hab die Reise nun aber doch wieder auf den Juni verschoben.

Zu Herrn Teßmann bin ich ja leider nicht wieder gekommen, obgleich es in einer Hinsicht vielleicht ganz gut ist, denn ganz gesund, so gesund wie man für ein aufregendes strapaziöses Buschleben sein muß, fühle ich mich nicht. Ich hab in den letzten 3 Monaten drei schwere Schwarzwasserfieber gehabt und bin davon sehr blutarm und schwach und dazu von dem vielen Chinin sehr nervös. Hier auf Meloko hab ich mich nach den Fiebern ja leidlich erholen können bei guter Pflege. Das wäre bei Teßmann wohl kaum der Fall gewesen. Trotzdem hab ich von Herrn Teßmann wie auch von Dr. Karutz aus Lübeck sehr liebenswürdige Briefe bekommen, ich soll doch wieder für die Expedition arbeiten, sie wollten mir 100 Mk monatlich geben u.s.w. Hauptsächlich sollte ich zeichnen und photographieren, womit Teßmann nicht zurecht kommt. An Dr. Karutz hatte ich natürlich auch von meiner Reise geschrieben und ihm meine ethnographischen Beobachtungen mitgeteilt. Er schreibt mir u.a. „... Ihr Brief zeigt, daß Sie gut beobachten,“... und „... überhaupt hat es mir ein großes Vergnügen bereitet, von Ihnen zu hören und so hübsche Beobachtungen zu lesen.“ Du kannst Dir denken, Muttchen, daß ich mich darüber gefreut habe. Sind das auch keine großen Erfolge, ists doch der Weg dazu, und auf diesem Wege will ich immer bleiben, will ein nie Fertiger sein, will immer ein Wandernder bleiben. Gern wär ich zur Expedition zurückgekehrt, wills nun aber lassen; in Gefahr soll ich mich ja auch nicht mehr begeben und, wennschon ich diese Gefahren als solche nicht betrachte, muß ich doch zugeben, daß es mal schiefgehen kann, und man in der Gegend, wo Teßmann sitzt, sich immer auf einem Vulkan befindet. Hat Teßmann doch schon zweimal von seinen Wohnplätzen fliehen müssen, einmal wollten ihn die Leute heimlich vergiften[248], das andere Mal seine Station „Uelleburg“[249] überfallen. Und wäre ich wieder zu ihm gegangen, hätt ich auch die Reise durch den Congo frc. nach Libreville mitmachen sollen, was ich von mir aus zwar sehr gern getan hätte, was man aber auch nicht gerade garantiert gefahrlos nennen kann.

Meine Zeichnungen hab ich der Expedition geschenkt, da ich doch an Dr. Karutz geschrieben hatte, ich würde auch jetzt noch für die Expedition arbeiten, die gesammelten Sachen aber, die ich von den Fang gekauft habe, hat Teßmann mir bezahlt und zwar das Doppelte von dem, das ich dafür bezahlt habe. Allzuviel wars aber nicht.

Von Herrn Schladitz mein Geld zu bekommen, ist mir nicht ängstlich; Herr Schladitz ist sehr wohlhabend und nicht von etwaigem Verdienst von Handel u. Plantage abhängig, er muß im Gegenteil monatlich mehrere hundert Mark zugeben, um die Firma halten zu können. Wenn ich ihn

---

248 Siehe in den Lebenserinnerungen von Tessmann die Passage, in der er von dieser Vergiftung im Mai 1908 berichtet: Tessmann, Mein Leben, Band 4: 83 f. (Archiv Völkerkundesammlung der Hansestadt Lübeck, T_Leben_4) bzw. Templin (Hg.) 2015: 118.

249 Siehe dazu Tessmann, Mein Leben, Band 4: 101 f. (Archiv Völkerkundesammlung der Hansestadt Lübeck, Tessmann_Mein Leben_4) bzw. Templin (Hg.) 2015: 124 f.

darum bäte, würde er mir sofort mein ganzes jetziges Guthaben und von jetzt an monatlich das ganze Gehalt auszahlen, er hat es mir angeboten. Ich will aber ruhig alles stehen lassen bis ich nach Hause komme.

[...]

Wenn Du Auszüge aus meinen Briefen veröffentlichen willst, tue das, wenn Du Abnehmer findest. Aber, bitte, außer meinem keine Namen und nichts allzu persönliches. Kannst Du meine Zeichnungen nicht unterbringen? Vielleicht macht Anthony Postkarten davon. Soviel, um ein ganzes Werk schreiben zu können, hab ich noch nicht, Mutterchen, auch will mir das nicht recht gelingen. So in Briefen ists leichter.

[...]

Brief von Hans Jobelmann, Meloko, an Karoline Jobelmann vom 1.IV.1909:

Mein lieb Mutterchen!

[...]

Schau, Mutter, ich werde hier in Afrika immer besser fortkommen können, als in Deutschland. Man verdient hier mehr und braucht weniger, lebt gesünder, natürlicher und freier als in Europa. Deshalb ists mir noch gar nicht so gewiß, ob ich mich wieder in Deutschland festsetzen werde. Herr Schladitz' Angebot wegen Kontraktverlängerung hab ich bis jetzt weder angenommen noch abgelehnt, schließe aber die Möglichkeit des ersteren durchaus nicht aus. Ich hab Herrn Schl. gesagt, daß ich erst mal zu Hause sein und mich dann mal umschauen will. Aber ob ich nun wirklich im Frühjahr 1910 heim fahre, wüßte ich jetzt auch noch nicht genau. Ich hab nämlich zusammen mit einem mir befreundeten Herrn den Plan gefaßt, nach Ablauf meiner „Meloko"-Zeit eine gemeinsame Reise zum Tsad-See zu machen; er als Elefanten-Jäger und Elfenbein-Händler, ich als Natur-Forscher. Die Sache ist vorläufig nur geplant und durchaus noch nicht fest, mir aber sehr sympatisch, denn diese Reise ist äußerst interessant und durchaus nicht so gefährlich, als Reisen im Mpangwe-Busch. Mir aber würde sie sehr nützen, ich könnte viel p[h]otographieren, viele interessante Aufzeichnungen machen und nebenbei bei den Hausa[250] im Graslande als Elfenbein- und Viehhändler viel verdienen, darauf bin ich ja halt einmal angewiesen. Ich lege Dir eine kleine Karte bei, auf [der] Du meine beiden früheren Reisen und die für das nächste Jahr geplante mit

---

250 Die seit langem islamisierte Ethnie der Hausa (alternativ u.a. Haussa) siedelt insbesondere im nordwestlichen Nigeria und im südlichen Niger und gehört zu den größten Volksgruppen Afrikas. Ihre Bedeutung lag in der hochentwickelten Stadtkultur, spezialisiertem Gewerbe und Handel. Ihre tschadische Sprache, das Hausa, ist die am weitesten verbreitete Handels- und Verkehrssprache West- und Zentralafrikas (Klein 1979: u.a. 309, 312-314, Jungraithmayr und Möhlig [Hg.] 1983: 105). Zu den Hausa siehe u.a. Adamu 1978.

Tinte flüchtig eingezeichnet findest. Die Reise dauert ohne Aufenthalt ca. 3 Monate bis Kusseri, meine Heimreise kann sich also um ¾-1 Jahr verzögern. Ich würde natürlich für das Lübecker ethnographische und irgend ein zoologisches Museum sammeln, für mich [...] und schreiben. Komme ich von einer solchen Reise heim, hab ich jedenfalls mehr Aussicht, an ein Museum zu kommen, als wenn ich als Pflanzer heimkomm. Na, will mal schauen, wies kommt.

[...]

In der Farm ist jetzt viel zu tun; da jetzt die Regenzeit angefangen. Der erste Kakao auf Meloko ist von mir vor wenigen Tagen ausgelegt worden. Manche Arbeiten sind ganz interessant, die meisten aber geisttötend.

[...]

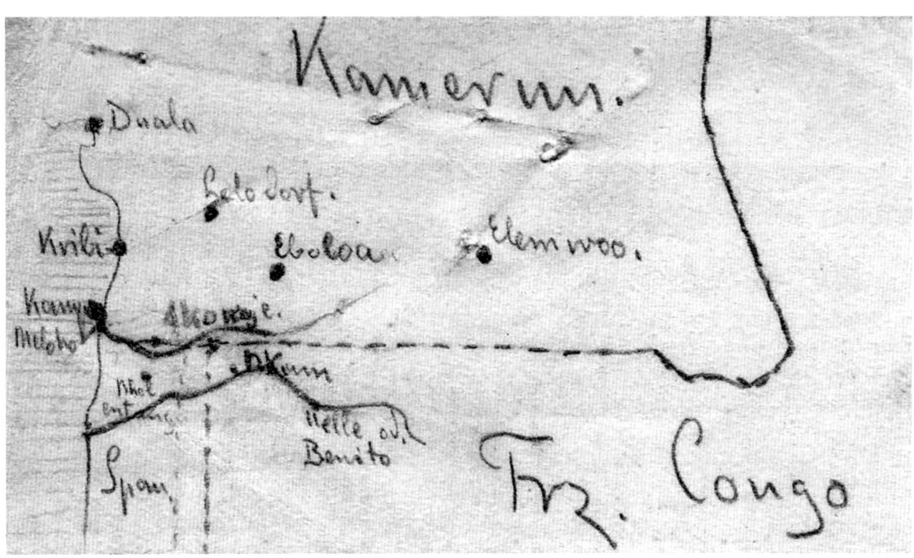

Brief von Hans Jobelmann, Meloko, an Adolf Döring, Berlin, vom 19.IV.1909:

Lieber Onkel Adolf!

[...]

Glaubst Du wirklich, daß eine von den großen Zeitungen etwas von mir annehmen würde? Ich wills mal probieren, weiß nur nicht recht, in welcher Form ichs schreiben soll.

Auf Meloko werde ich ja nun doch noch bis März 1910 bleiben. Ich halte das augenblicklich für das Beste für mich. Ich kann hier z.Z. auf die angenehmste Art und Weise bei möglichst geringem Verbrauch Geld verdienen und mir, für den Fall ich in Deutschland nichts passendes finde, hier einen Zufluchtsort bilden. Lieber wär mir aber natürlich was anderes.

Den Plan einer neuen Expedition, und zwar zum Tsad-See, hab ich schon gefaßt und ausgearbeitet. Ich will mir nur noch das dazu nötige Geld hier verdienen. Ich will mit einem anderen Europäer zusammen gehen, der augenblicklich hier auf Meloko zu Gast ist und in der Umgegend Elefanten schießt, auch um sich die Reise zum Tsad-See auf diese Weise zu verdienen. Bei den Haussas ists besser zu leben, als hier bei den Mpangwe, auch gesünder, wenn schon heißer, ists dort im Hochlande. Wenn ich diese Reise möglich machen kann, und ich hoffe es sehr, wird sich meine Heimkehr allerdings noch um etliche Jahre hinaus schieben, aber das schadet nichts in Anbetracht dessen, daß ich dann als Forschungsreisender mit vieler wertvoller Ausbeute komme und nicht als schofler Pflanzungsassistent.

In meiner freien Zeit lerne ich weiter, bereite mich für meine neue Reise vor. Ich lerne Esperanto und Haussa und bin bemüht, mich in die Geologie etwas einzuarbeiten, damit ich auf meiner Tsad-See-Expedition auch geologische Aufnahmen machen kann. Auch ethnographisch will ich mich vorbereiten, damit ich mit offenen, klaren Augen die Haussa-Länder betrete. Ich möcht zu gern diesen Plan in Tat umsetzen; wenn ich nur die Geldmittel auftreiben kann. Glaubst Du wohl, daß ich mich da an Scherl[251] wenden könnte? In zoologischer Hinsicht will ich das Wiener Museum angehen, die haben noch nichts aus Kamerun dort.

Wenn ich solche Reise hinter mir habe, meine Tagbuchaufzeichnungen veröffentliche und sonst gute Resultate hab, dann läßt sich eher ein guter Nutzen machen. Augenblicklich hab ich noch zu wenig gesehen. Auch kann ich dort einen guten, gesunden Platz entdecken und dort eine ständige zoologische Station gründen, die Gegend am Tsad-See ist zoologisch sehr interessant. Dann ist dort das schöne und interessante Mandara-Gebirge[252], in dem sicher noch viel zu erforschen ist. Wenn ich diese Reise ermöglichen könnte, wäre ich froh und glücklich, und ganz bestimmt wäre das besser für mich, als wenn ich in Berlin wieder ins Museum zu 38 Mk gehe. Glaubst Du nicht auch?

In diesem Sinne will ich den Brief schließen, lieber Onkel. Du siehst, mich zieht nicht viel nach Hause, die kleinen Mädchen am wenigsten, die gibts hier auch. Vorläufig will ich noch weiter; mehr sehen, mehr lernen, mehr erfassen, dann mitteilen, dann lehren. Bald mehr.

---

251 Der Verleger August Scherl (1849-1921) gründete 1883 in Berlin einen Presse- und Buchverlag (Heribert Kurth & Comp.), der seit 1900 als „August Scherl GmbH" firmierte. Neben dem „Berliner Lokal-Anzeiger", der „Berliner Morgenpost" und der „Berliner Abend-Zeitung" gab er u.a. auch „Die weite Welt" und die 1903 vom Kröner-Verlag erworbene „Gartenlaube" heraus. Zu August Scherl siehe u.a. Menges 2005.

252 Das Mandara-Gebirge ist ein vulkanischer Gebirgszug im Hochland von Adamaua, an der Grenze von Kamerun und Nigeria. Zu diesem Gebirge siehe u.a. Schnee (Hg.) 1920, Band II: 493.

Die herzlichsten Grüße an Dich und Tante von Euerm

Hans Jobelmann.

Brief vom stellv. Stationsleiter der Kaiserlichen Regierungsstation, Kampo, an Karoline Jobelmann, Barth, vom 5.V.1909:

Die Station erfüllt die traurige Pflicht Ihnen mitzuteilen, daß Ihr Sohn „Hans Jobelmann" am 4 Mai ds Jhs morgens um ¾5 Uhr an Schwarzwasserfieber gestorben ist.

Die Beerdigung fand am gleichen Tage Abends auf dem Friedhof in Campo statt.

Der Nachlaß wird seitens der Station geregelt werden.

Herr Rhan in Dipicar kann Ihnen über die letzten Stunden nähere Auskunft erteilen.

Betreffend den Nachlaß, wollen Sie sich an das Kaiserliche Bezirksgericht in Kribi wenden.

[...]

Brief von W. Schladitz, Plantage Meloko, Kampo, an Karoline Jobelmann vom 12.V.1909:

Verehrte gnädige Frau!

Die Kaiserliche Station zu Campo wird Ihnen wohl schon die traurige Mitteilung gemacht haben, dass Ihr Sohn Hans am 4ten dieses Monats in der Früh um ¾5 Uhr an einem schweren Schwarzwasserfieber gestorben ist. Es war zu dem Fieber eine Nierenverstopfung hinzugetreten, welche nach sieben Tagen den Tod zur Folge hatte. Ich selbst war leider zu dieser Zeit auf Elefantenjagd in Ntum. Ich verließ am 27.ten März Meloko, woselbst ich Ihren Sohn bei bester Gesundheit zurückließ; derselbe hatte sogar die Absicht, seinen Contrakt bei mir zu Ende zu führen, da er die letzten 7 Wochen vor meinem Aufbruch in den Busch kein Fieber mehr gehabt hatte und sich körperlich wieder recht gekräftigt fühlte. Er sollte mich während meiner Abwesenheit in Deutschland hier vertreten. Am 3ten Mai erhielt ich von Herrn Rhan nun die Nachricht, daß Herr Jobelmann an einem sehr schweren Schwarzwasserfieber erkrankt sei, worauf ich sofort in drei Eilmärschen nach Meloko aufbrach. Leider, leider zu spät hier ankam, um auch nur Ihrem Sohne Hans die Augen zudrücken zu können; nicht einmal die letzte Ehre konnte ich ihm erweisen; denn Hans war schon vor jenem Tage der Mutter Erde übergeben worden. Er ruht in Campo auf dem Friedhof. Friede seiner Asche. Was in Macht u Kräften stand, ist gethan worden, [...]; Tag und Nacht haben die Herren von der Plantagengesellschaft Süd-Kamerun und in erster Linie Herr Rhan u. Athen [...], die ihm die erste Hilfe schon nach ½ Stunde brachten, gewacht.

Aber bei Schwarzwasserfieber mit totaler Nierenverstopfung, die bei Ihrem Sohn schon nach ½ Stunde eintrat, ist eine fachliche Hilfe nicht möglich wenn sich die Natur nicht selber wieder Bahn bricht. Ich weiß wohl, gnädige Frau, daß ich Ihnen [...], die Zeit wird die schweren Wunden langsam heilen müssen; aber vielleicht ist es Ihnen doch eine Erleichterung des schweren Schicksalsschlages, der Sie betroffen, wenn ich Ihnen mitteile, daß Hans [...] seine Pflicht gethan hat und mir nicht [...], sondern auch ein lieber Freund gewesen war. Auch ich bedauer aufrichtig, daß Ihr Sohn ein Opfer der Tropen werden mußte.

Mit dem Junidampfer fahre ich nach Deutschland und bin selbstverständlich gerne bereit, Ihnen persönlich meine Aufwartung zu machen und Ihnen Näheres über Ihres Sohnes Leben und Treiben hier draußen zu erzählen, vorausgesetzt, daß Ihnen dies erwünscht ist. Für diesen Fall bitte ich Sie höflichst, mir eine Karte mit betreffendem Inhalt zu senden. Ich rate Ihnen noch, den Nachlaß Ihres Sohnes, den das Ksl. Bezirksgericht zu Kribi zugehen würde, nicht zu versteigern, sondern sich nach Hause schicken zu lassen.

Mit dem Ausdruck vorzüglichster Hochachtung
Ihr ergebener
W. Schladitz.

Meine Heimatadresse:
W.S.
p. A. Leutnant Schladitz.
22tsd Feld-Art.-Rgt.
Münster in Westfalen

[...]

Brief von Herrn Kirpert, Kampo, an Louis Douzette vom 2.IX.1909:

Sehr geehrter Herr Professor!

Infolge meiner früheren Adresse bekam ich Ihren werten Brief mit bedeutender Verspätung, so daß ich erst mit diesem Dampfer Gelegenheit habe zu antworten.

Leider kann ich Ihren Wunsch nicht erfüllen. Ich habe Herrn Jobelmann nur einmal bei mir gesehen und 2 Tage später hörte ich von seinem schweren Schwarzwasser-Fieber. Gesundheitlich machte er auf mich einen schlechten Eindruck u dann kam hinzu, daß er auf der Expedition sehr schlecht gelebt hat resp. leben mußte u beständig mit Malaria zu kämpfen hatte, wie er mir in Gegenwart des stellvertretenden Chefs Herrn Rhan erzählte. Über seine jetzige Zeit konnte u wollte ich ihn nicht fragen, u er selbst sprach auch nicht davon. Das alles wird Ihnen wenig neues sagen, u Sie werden wohl aus seinen Briefen mehr darüber wissen. Gestatten Sie mir bitte, daß ich auf Herrn J. Krankheit zurück komme. Ein deutscher Jäger von der spanischen Seite schrieb an Herrn Rhan, daß Herr J. schwer erkrankt u wahrscheinlich schon Nierenverstopfung eingetreten sei. Sofort machte sich Herr Rhan u unser Heilgehilfe Herr Athen auf, u von dem Augenblick an ist alles getan worden, was getan werden konnte. Ein Arzt aus Kribi ist abgesehen von den hohen Unkosten sehr lange unterwegs, u dann ist bei Nierenverstopfung auch ärztliche Hilfe umsonst. Ich habe in meinem kurzen Aufenthalt 3 Schwarzwasser Kranke gesehen, vor kurzem erst diesen Herrn Athen, der sehr schwer dran war, u es ist bei dieser Krankheit nicht viel zu tun. Tritt Nierenverstopfung ein, so ist der Tod durch Ersticken die sichere Folge. Herr J. wurde circa 5 Tage in Meloko behandelt bei sehr trübem u geringem Urinausfluß. Später kam er nach Dipikar in das Haupthaus unserer Pflanzung. Schon dort war der sichere Tod vorauszusehen. Ich hatte dort zwei Nachtwachen hintereinander, gab ihm Sauerbrunnen, Milch u Sekt zu trinken, machte Klystiere u half ihm auf das Zimmerklosett. Gesprochen haben wir nichts. Herr J. war matt, aber vollständig bei Bewußtsein. Die darauffolgende Nacht war schlimm. An seinem schweren Atem bemerkte ich, daß der Tod nahe war, der dann auch gegen Morgen eintrat. Auf seinen Wunsch hatte ich ihn aufgerichtet, u so kam der Tod. Ich rief noch Herrn Rhan u Herrn Athen, legte Herrn J. zurück u Herr J. schlief für immer. Von seinem Begräbnis in Campo kann ich nur schreiben, daß sämtliche Europäer aus Campo u Plantagen mit reichlichen Blumenspenden sich beteiligten. Ich selbst blieb der Arbeit wegen auf der Farm.

Leid getan hat uns Herr Jobelmann. Und doch! Wer weiß, wie bald dem einen oder anderen dasselbe Schicksal ereilt, u ich, der ich jetzt auch 23 Jahre alt bin u zu Hause eine Mutter habe, die sich um mich ängstigt, dachte daran, wie schmerzvoll es für Frau Jobelmann gewesen sein muß, die Todesnachricht zu erhalten, u ich spreche hiermit Frau Jobelmann mein tiefstes Beileid aus.

Hochachtungsvoll
Kirpert
Pflanzer auf Plantagen
„Süd-Kamerun"

Zeichnungen

Abb. 1

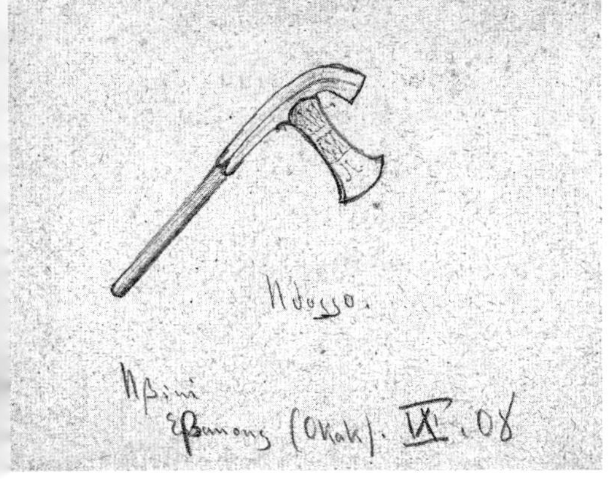

Abb. 2

Abb. 3

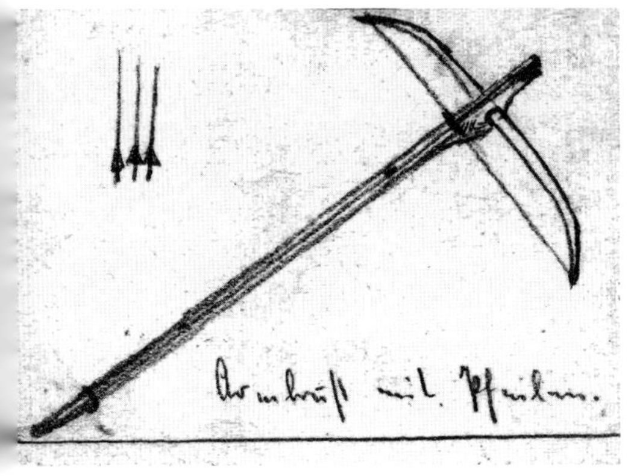

Abb. 4

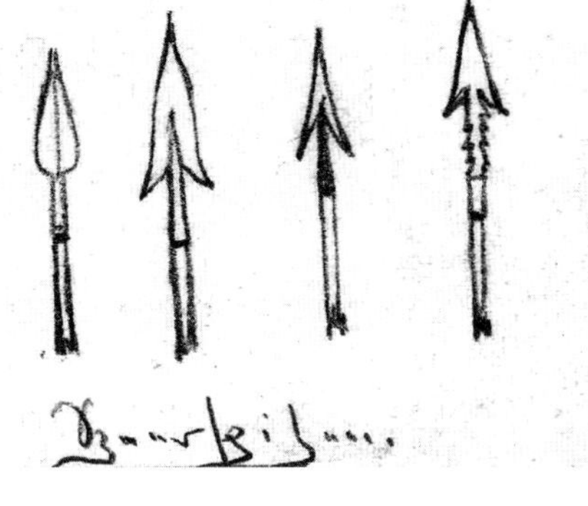

Abb. 5

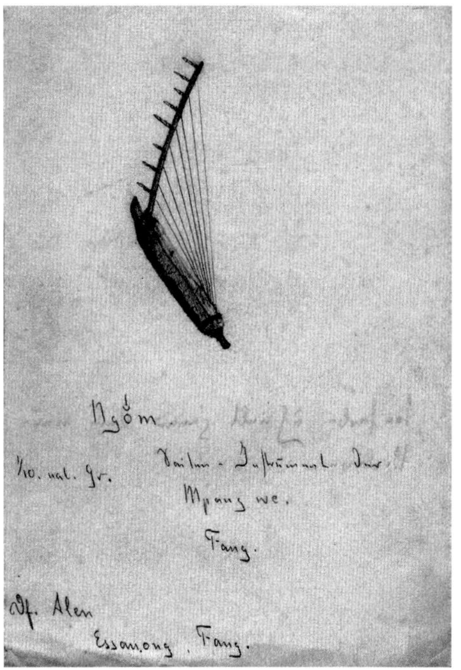

Tonfarbe ähnelt genau dem einer Violine.

Abb. 6

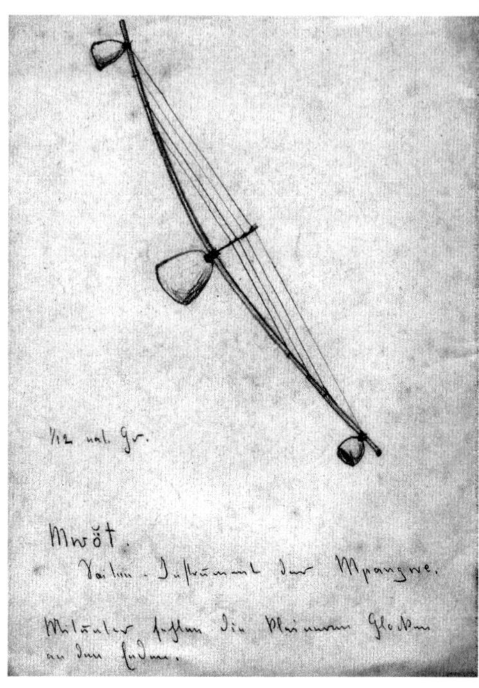

Abb. 7

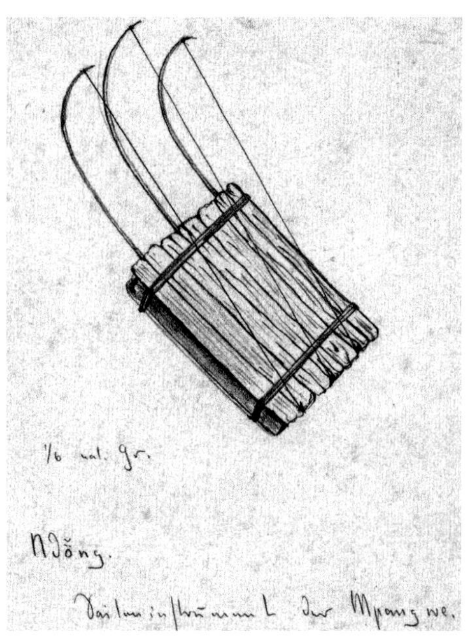

Abb. 8

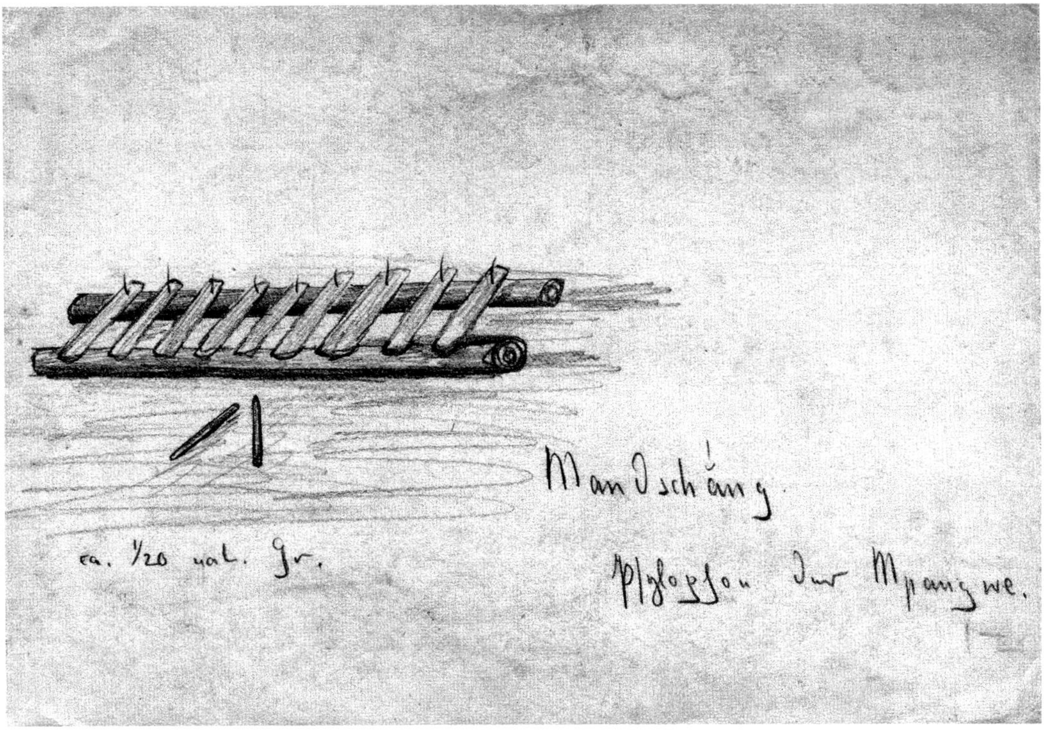

Abb. 9

Abb. 10

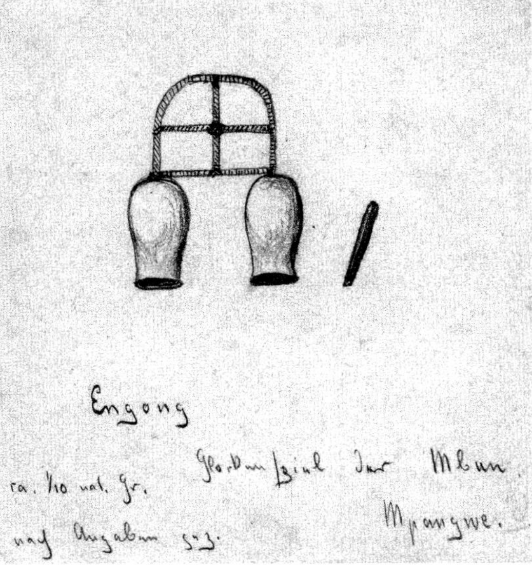

Selbstgeschmiedete eiserne Glocken.

Abb. 11

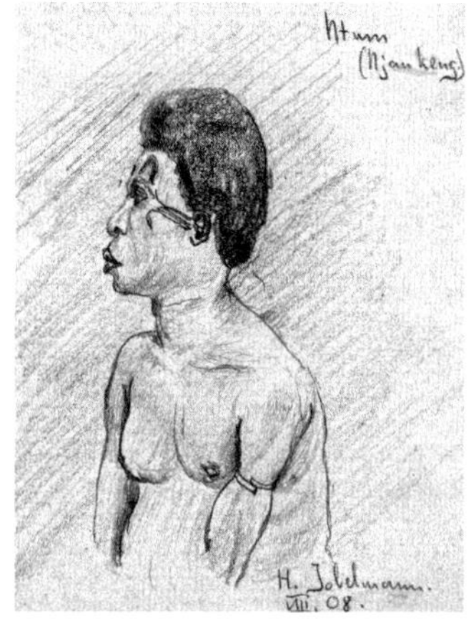

Abb. 12

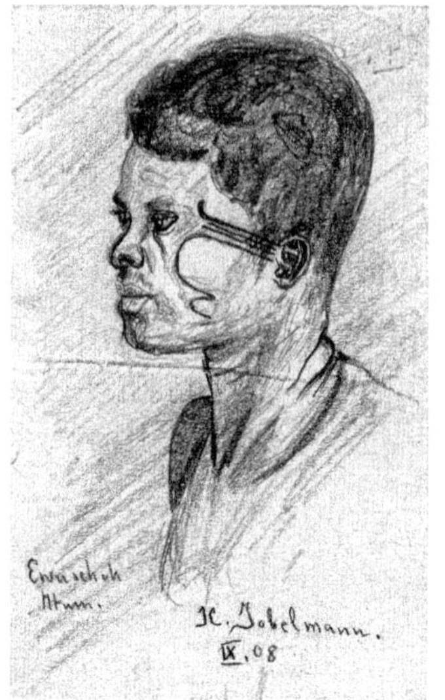

Der, der mich durch die Sümpfe trug.

Abb. 13

Abb. 14

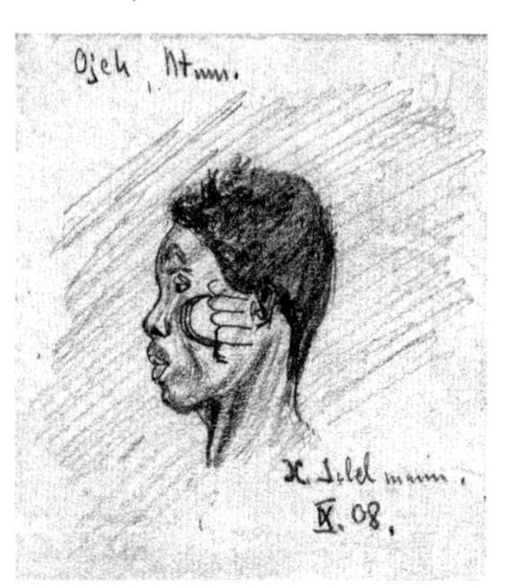

Abb. 15

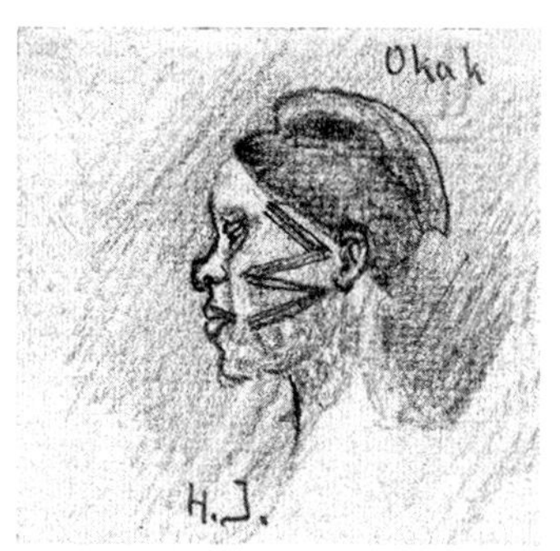

Abb. 16

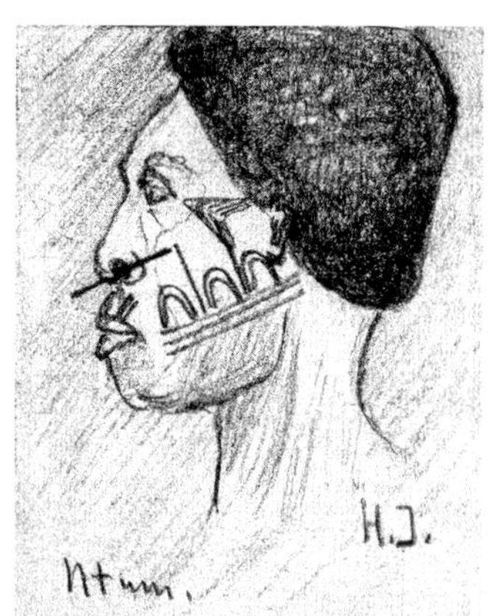

Abb. 17

Abb. 18

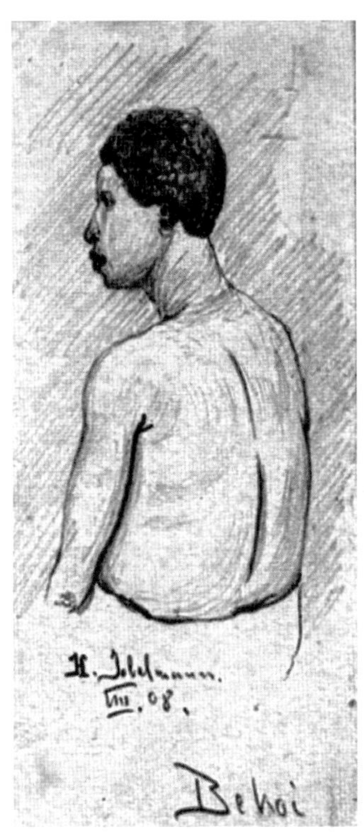

Abb. 19

Eine Pangwe-Schönheit!
(d.h. für Europäer-Augen.)
Junges Mädchen, ca 12 Jahre alt.

Abb. 20

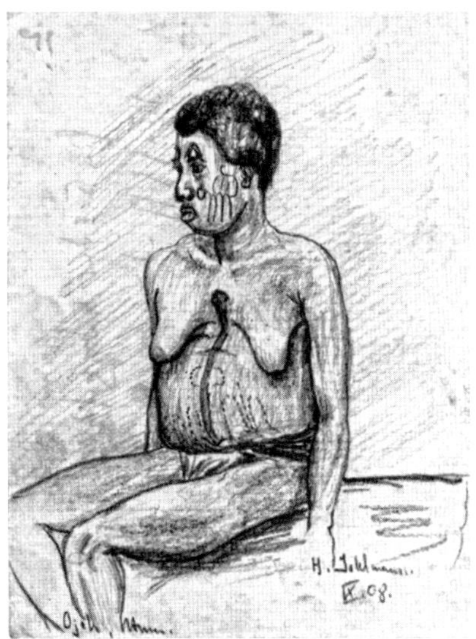

Eins der typischen viehhisch-dummen Mpangwe-Weiber.

Abb. 21

Abb. 22

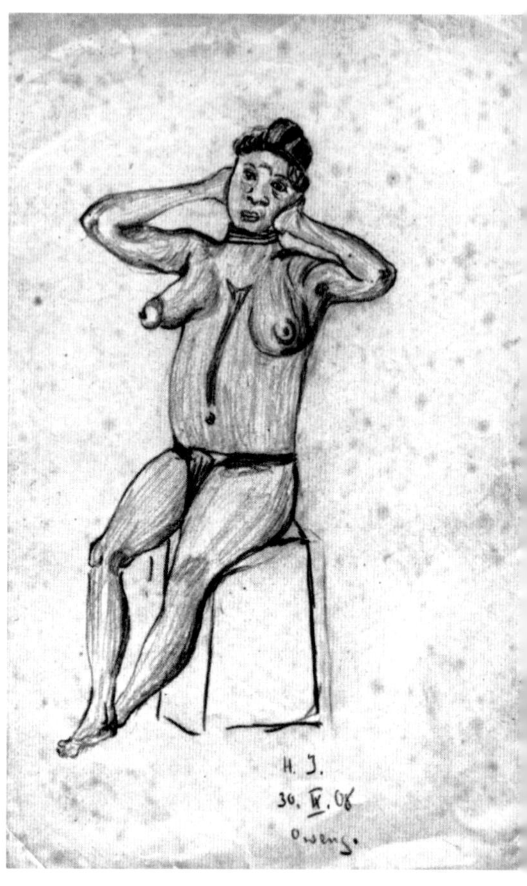

Abb. 23

Bumbela, ein Musseki-Mann, mein Führer, Dolmetscher, Unter- und Gummi-Händler, im Notfall auch Koch, überhaupt Mann für Alles.
Manoa, Congo franc.

Abb. 24

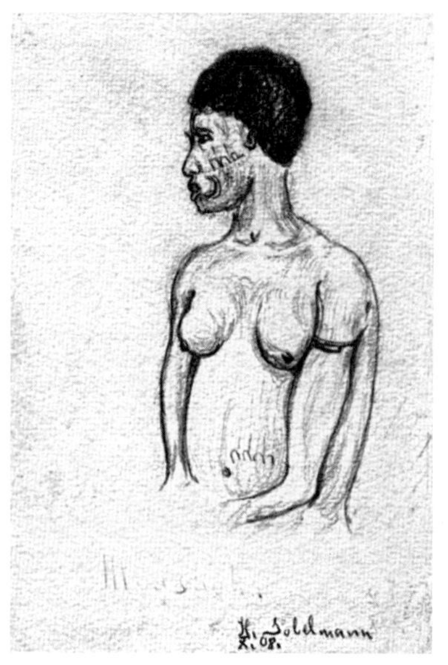

Obuk-Mädchen,
ca. 12 Jahre alt.

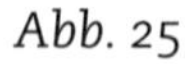
Abb. 25

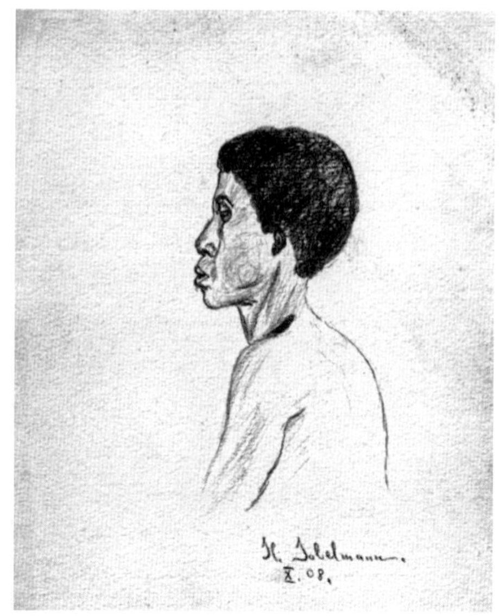

Mussetschi-Weib.

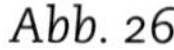
Abb. 26

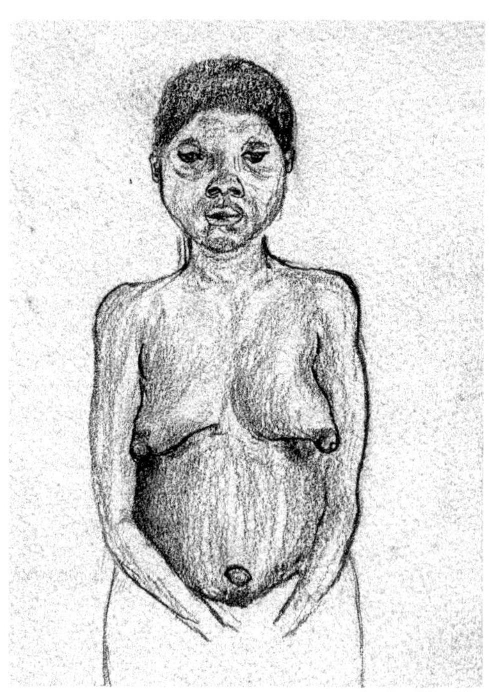

Mussetschi-Mädchen, ca 12-13 Jahre alt.

Abb. 27

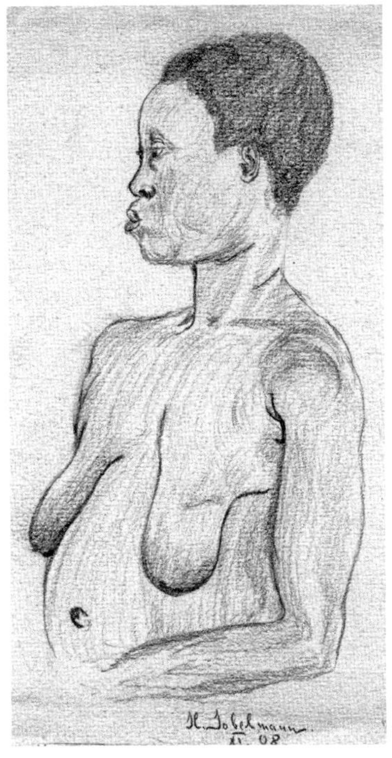

Mussetschi-Frau.

Abb. 28

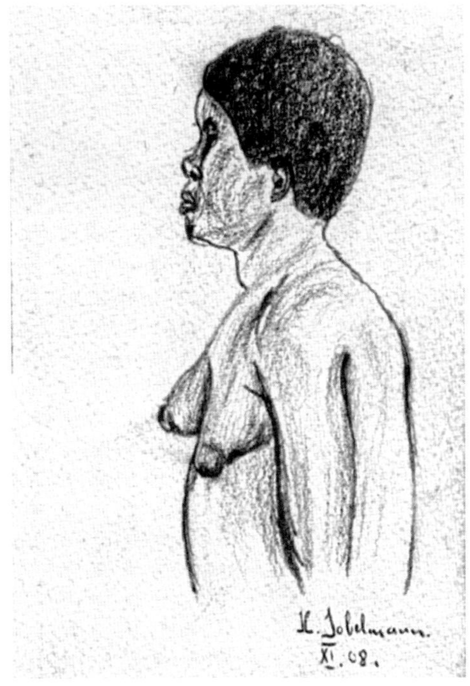

Mussetschi-Mädchen, ca. 12-14 Jahre alt.

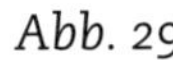

Abb. 29

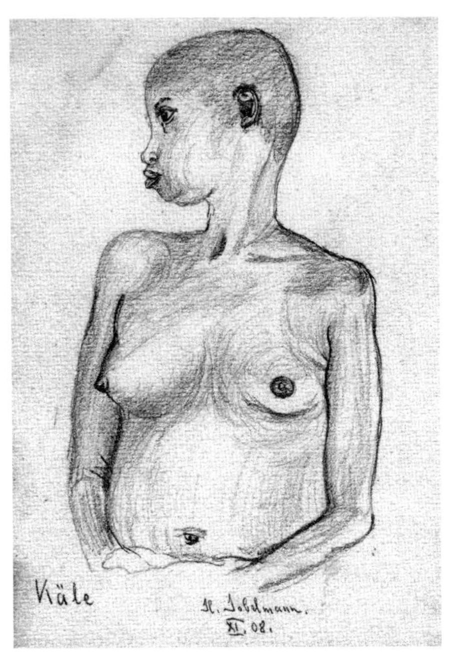

Mussetschi-Mädchen. ca. 13-14 Jahre alt.

Abb. 30

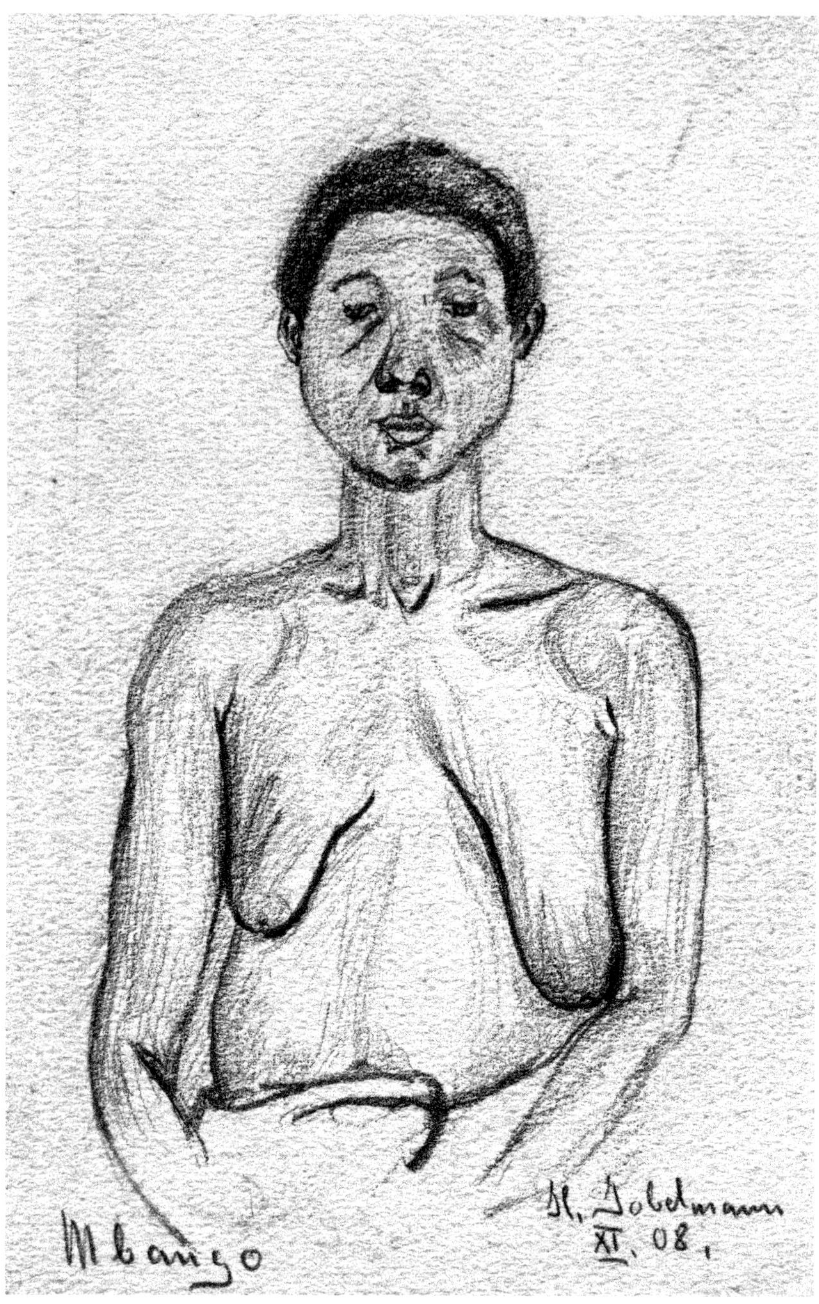

Mussetschi-Weib. ca. 20 Jahre alt.
Die linke Brust bedeutend verlängert, da das Kind meistens auf der linken Hüfte sitzend gesäugt wird, während die Mutter mit der rechten Hand arbeitet. Dies ist bei allen Müttern mehr od. minder stark ausgeprägt.

Abb. 31

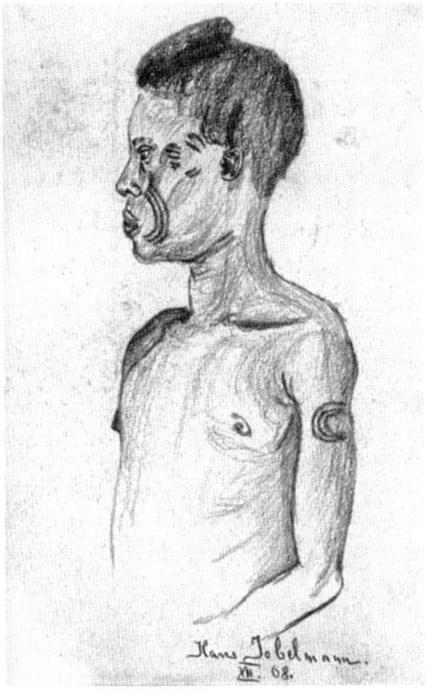

Manga. Atangu Jaunde. Dorf. Mpfogge mebang.

Abb. 32

Abb. 33

Makota. Tochter einer Französisch-Lunga-Mulattin und eines Lunga-Negers. Gabun.

Abb. 34

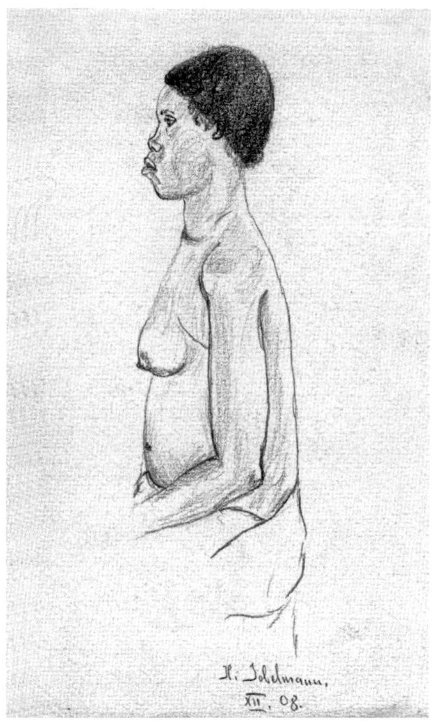

Nyās-Mädchen. ca. 15-17 Jahre alt.

Abb. 35

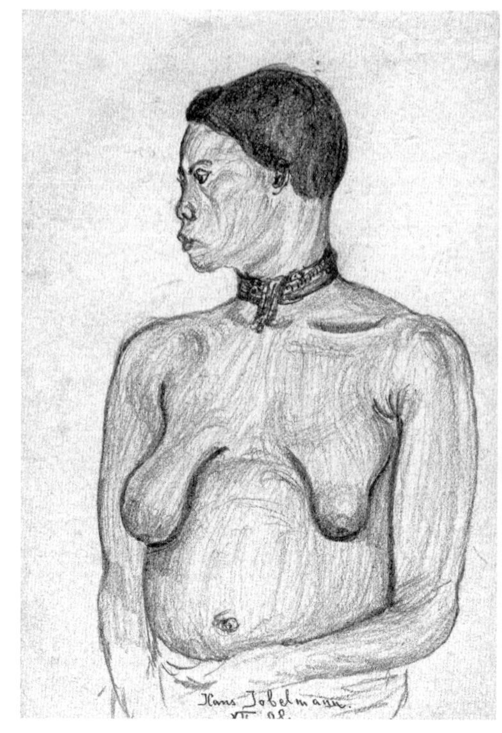

Akameße. Bamabenga-Mädchen. 14-16 Jahre alt. Mwai.

Abb. 36

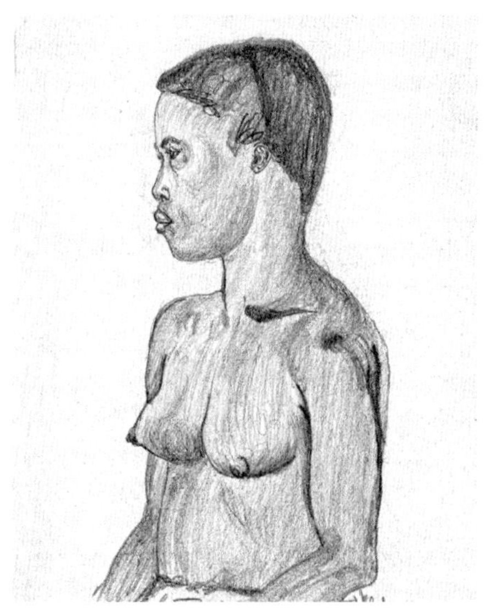

Mussetschi-Mädchen. ca. 16, 17 Jahre alt. Meloko.

Abb. 37

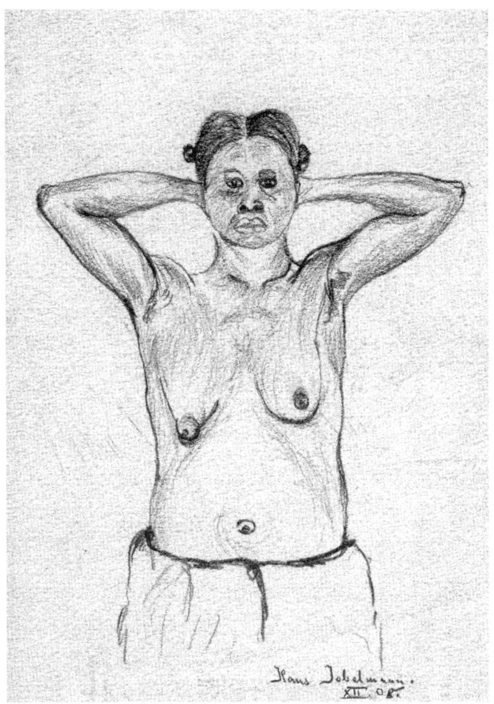

Nyās-Mädchen. Deutsch-Campo.
Süd-Kamerun.

Abb. 38

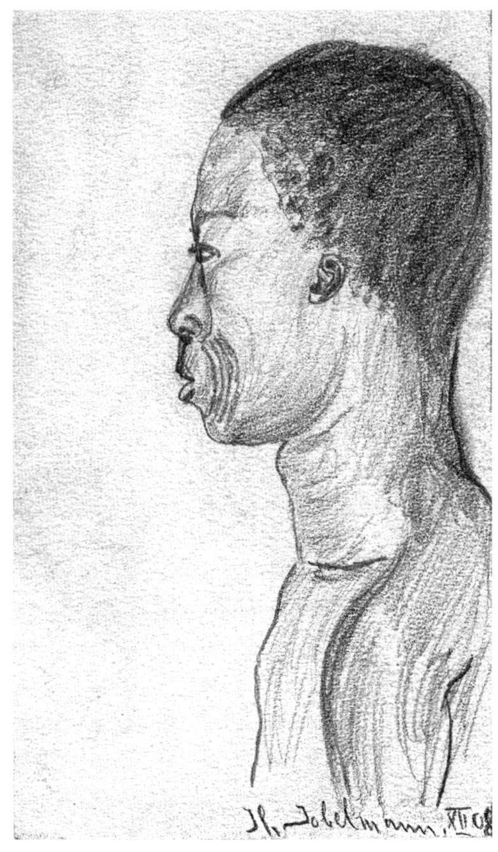

Eßumba
Jaunde, Dorf. Nkongdugu.

Abb. 39

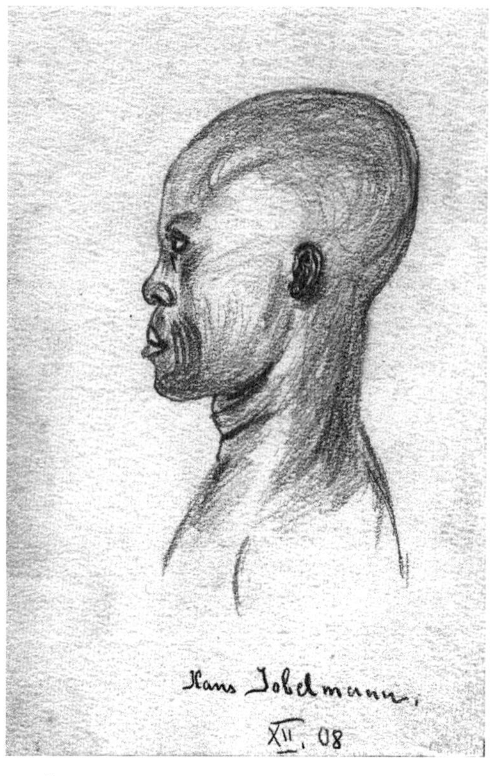

Amba.
Dorf. Nkongdugu. Jaunde.

Abb. 40

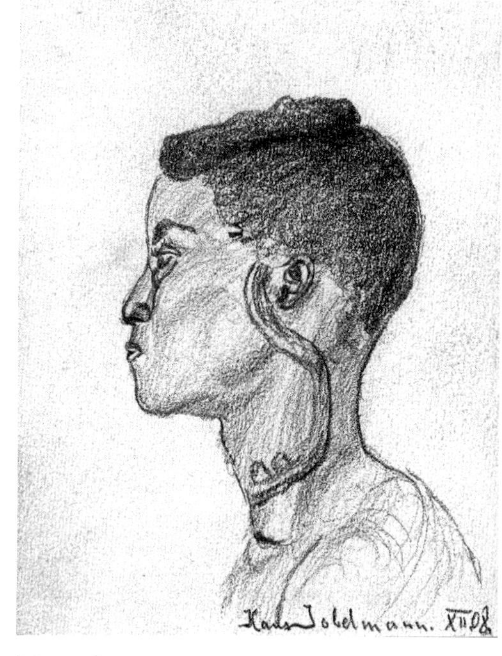

Mwando.
Jaunde. Dorf. Nkongdugu.

Abb. 41

Etunde.
Jaunde. Dorf. Mbala.

Abb. 42

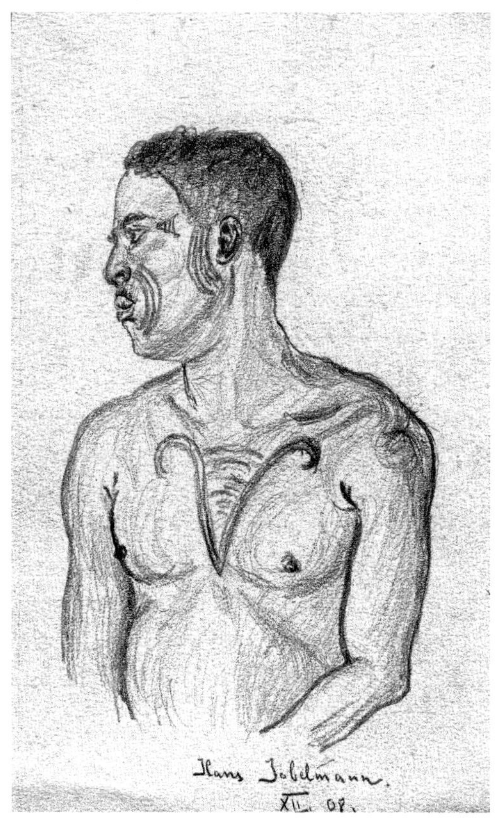

Ele.
Jaunde. Dorf Owonna.

Abb. 43

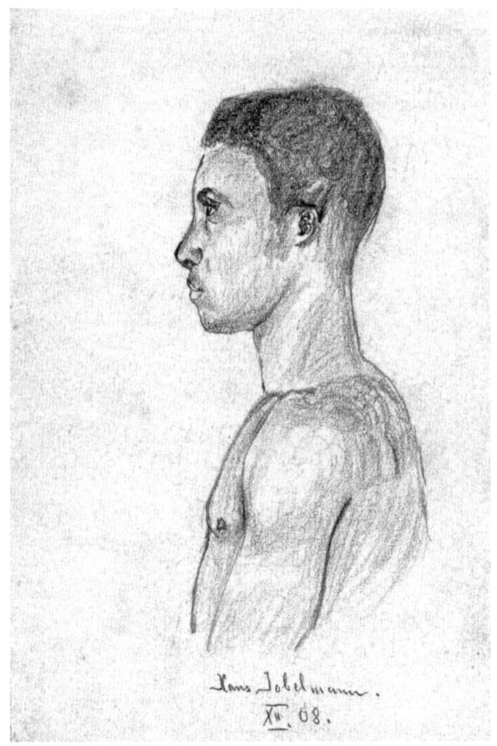

Nyas.
ca. 16-18 Jahre alt.
Deutsch Campo. Süd-Kamerun.

Auffallend europäisches Gesicht.
Doch tiefbraun/schwarze Haut.
Mulattismus ausgeschlossen.

Abb. 44

Nyās-Mädchen.
ca. 16-18 Jahre alt.

Photographien

Abb. 1

No. 6. Herr Teßmann mit seinen Jungen im Innenhofe von Nkolentangan Oktober 1907.

Abb. 2

Phonographen-Conzert
Nkolentangan (Span. Guinea-Hinterland)
November 1907

Abb. 3

No. 18 Herr Teßmann als stärkster Mann des Continents. Nkolentangan XI. 07.

Abb. 4

Fang-Dorf Nßälang. Familienverband Essauong. 1907.

Abb. 5

Hetman Nkǒ̍kō
Essassum, Fang.
fine gentleman.
Dipicar.

Abb. 6

Auf der spanischen Militär-Station Campo.

Abb. 7

Herr Otto Linke-Timler, Leiter der Plantagengesellschaft „Süd-Kamerun“, auf der Veranda seines Wohnhauses auf Dipicar.

Abb. 8

Herr A. Gütschow. Leiter der Faktorei „A. Küderling“, Campo.

Abb. 9

Zu Besuch auf der „Puno-Farm" der Plant. Ges. Süd-Kamerun. Campo.

Abb. 10

Bū-dĕ́ă-bŏ́ăm
Deutsch-Lunga-Mulattin.
Das schönste Mädchen von Kamerun (inkl. der deutschen Frauen in Kamerun).
Dipicar, Süd Kamerun.

Abb. 11

Oberleutnant v. Morgan u. Mpangwe-Weiber.

Abb. 12

Batanga. Vor dem Sonntags-Nachmittags-Spazierritt.

Abb. 13

Auf Meloko.

Abb. 14

Herr Schladitz mit Jagdbeute. Meloko

Abb. 15

Herr W. Schladitz. Meloko

Abb. 16

Auf Meloko
Altes Wohnhaus.

Abb. 17

Flußpferdjagd auf dem Ntem bei Meloko.

Quellen- und Literaturverzeichnis

Archivalische Quellen

Archiv des Ethnologischen Museums Berlin (SMB-PK, EM)
Phonogramm-Archiv, Akte Karutz

Archiv der Hansestadt Lübeck (AHL)
Neues Senatsarchiv, 6619

Archiv Völkerkundesammlung der Hansestadt Lübeck
Schadensaufstellung des Museums für Völkerkunde zu Lübeck 1942
Tessmann, Günter. König im weissen Fleck – Erlebnisse eines deutschen Forschers in den Urwäldern Westafrikas: Manuskript; 223 S. Sertanópolis 1940 (T_König)
Tessmann, Günter. Mein Leben. Band 1-5 (T_Leben_1-T_Leben_5)

Privatarchiv Familie Böhme
Nachlass Hans Jobelmann

Literaturverzeichnis

Titel von Büchern, Aufsätzen und Quellen aus dem Internet, die in den Fußnoten mit erweiterten bibliographischen Angaben versehen sind, werden im Literaturverzeichnis nicht aufgeführt.

Adamu, Mahdi
1978 The Hausa factor in West African History. Zaria.

Adler, Kraig (Hg.)
2007 Contributions to the History of Herpetology. Volume 2. Saint Louis.

Agiri, Babatunde
1981 Kola-Handel in Westafrika. In: Gisela Völger (Hg.). Rausch und Realität. Drogen im Kulturvergleich. Band 2. Köln: 528-532.

Atangana, B.
1966 Actualité de la palabre? In: Études 1966/4: 460-466.

Batt, Kurt
1967 Fritz Reuter. Leben und Werk. (Kurt Batt [Hg.]. Fritz Reuter. Gesammelte Werke und Briefe, Band IX). Rostock.

Bavendamm, Dirk et al.
1987 150 Jahre C. Woermann. Wagnis Westafrika. Die Geschichte eines Hamburger Handelshauses 1837-1987. (Band 47 der Veröffentlichungen der Wirtschaftsgeschichtlichen Forschungsstelle e.V.). Hamburg.

Berliner Adreßbuch
1907 Unter Benutzung amtlicher Quellen. Mit der Beigabe: Großer Verkehrs-Plan von Berlin und Vororten. Erster Band. Berlin.

Bernatzik, Hugo Adolf (Hg.)
1947 Afrika. Handbuch der angewandten Völkerkunde. Band 1. Innsbruck.

Bersselaar, Dmitri van den
2005 Palmöl, Elfenbein und europäische Waren. Faktoreien und Handelshäuser in West- und Zentralafrika. In: Jürg Schneider, Ute Röschenthaler und Bernhard Gardi (Hg.). Fotofieber. Bilder aus West- und Zentralafrika. Die Reisen von Carl Passavant 1883-1885. Basel: 151-162.

Bischoff, Wolfgang

2001 Gustav Tornier (1858-1938). In Werner Rieck, Gerhard Hallmann und Wolfgang Bischoff (Hg.). Die Geschichte der Herpetologie und Terrarienkunde im deutschsprachigen Raum. (Mertensiella, Supplement zu Salamandra, Nr. 12). Rheinbach: 624-625.

Böhme, Gottfried und Michael Lissok

2017 Adolf Gustav Döring – Ein Maler aus der Ostseestadt Barth. Fischerhude.

Born, Klaus

1975 Nordkongo und Gabun. Der Westen. In: Hermann Baumann (Hg.). Die Völker Afrikas und ihre traditionellen Kulturen. Band I. Wiesbaden: 685-721.

Brehms Thierleben

1876 Allgemeine Kunde des Thierreichs. Große Ausgabe. Zweite umgearbeitete und vermehrte Auflage. Erste Abtheilung – Säugethiere. Erster Band. Leipzig.

1877 Allgemeine Kunde des Thierreichs. Große Ausgabe. Zweite umgearbeitete und vermehrte Auflage. Erste Abtheilung – Säugethiere. Zweiter Band. Leipzig.

1878 Allgemeine Kunde des Thierreichs. Große Ausgabe. Zweite umgearbeitete und vermehrte Auflage. Vierte Abtheilung – Wirbellose Thiere. Zweiter Band. Leipzig.

1879 Allgemeine Kunde des Thierreichs. Große Ausgabe. Zweite umgearbeitete und vermehrte Auflage. Zweite Abtheilung – Vögel. Zweiter Band. Leipzig.

Brøndsted, Mogens et al.

1984 Nordische Literatur-Geschichte. Band II. Von 1860 bis zur Gegenwart. München.

Brunotte, Ernst et al. (Hg.)

2002 Lexikon der Geographie. Band 2. Heidelberg, Berlin.

Bunners, Christian

1999 Reuter, Fritz. In: Sabine Pettke (Hg.). Biographisches Lexikon für Mecklenburg, Band 2. Rostock: 200-216.

Carita, Rui

2005 Hängematten, Ochsenschlitten und atemberaubende Aussichten. Tourismus auf Madeira. In: Jürg Schneider, Ute Röschenthaler und Bernhard Gardi (Hg.). Fotofieber. Bilder aus West- und Zentralafrika. Die Reisen von Carl Passavant 1883-1885. Basel: 53-70.

Chronik der königlichen Friedrich-Wilhelms-Universität zu Berlin

1907 für das Rechnungsjahr 1906. Jahrgang XX. Halle a. S.

Daum, Andreas

1998 Wissenschaftspopularisierung im 19. Jahrhundert. Bürgerliche Kultur, naturwissenschaftliche Bildung und die deutsche Öffentlichkeit, 1848-1914. München.

Dinslage, Sabine (Hg.)

2015 Günter Tessmann. Mein Leben – Tagebuch in 12 Bänden (Teil 3). (Lübecker Beiträge zur Ethnologie, Band 4). Lübeck.

Dinslage, Sabine und Brigitte Templin (Hg.)

2012 Günter Tessmann. Mein Leben – Tagebuch in 12 Bänden (Teil 1). (Lübecker Beiträge zur Ethnologie, Band 2). Lübeck.

Dominik, Hans

1908 Vom Atlantik zum Tschadsee. Kriegs- und Forschungsfahrten in Kamerun. Berlin.

Döring, Walther

1964 Goerz, Carl Paul. In: Neue Deutsche Biographie (NDB). Band 6: 540. Online-Version: http://www.deutsche-biographie.de/gnd116730706.html [17.10.2017].

Dugast, Idelette

1949 Inventaire ethnique du Sud-Cameroun. (Mémoires de l'Institut Français d'Afrique Noire. Série: Populations No. 1). Douala.

Eckert, Andreas

1991 Die Duala und die Kolonialmächte. Eine Untersuchung zu Widerstand, Protest und Protonationalismus in Kamerun vor dem Zweiten Weltkrieg. (Hamburger Studien zur Afrikanischen Geschichte, Band 2). Münster, Hamburg.

Elschenbroich, Adalbert

1957 Chamisso, Adelbert von. In: Neue Deutsche Biographie (NDB). Band 3: 190-192. Online-Version: http://www.deutsche-biographie.de/gnd118520040.html#ndbcontent [12.6.2017].

Esherick, Joseph

1987 The Origins of the Boxer Uprising. Berkeley.

Fink, Georg

1926 Die lübsche Flagge. In: Zeitschrift des Vereins für Lübeckische Geschichte und Altertumskunde, Band XXIII: 133-171 (und 14 Abbildungstafeln).

Finscher, Ludwig (Hg.)

2008 Die Musik in Geschichte und Gegenwart. Allgemeine Enzyklopädie der Musik. Supplement. Zweite, neubearbeitete Ausgabe. Kassel u.a.

Fischer, Hans

1990 Völkerkunde im Nationalsozialismus. Aspekte der Anpassung, Affinität und Behauptung einer wissenschaftlichen Disziplin. (Hamburger Beiträge zur Wissenschaftsgeschichte, Band 7). Berlin, Hamburg.

Fitzner, Rudolf

2013 Deutsches Kolonial-Handbuch. Band 1. Nachdruck von 1901. Bremen.

Frost, Diana

2005 Die Kru – Saisonarbeiter an der westafrikanischen Küste. In: Jürg Schneider, Ute Röschenthaler und Bernhard Gardi (Hg.). Fotofieber. Bilder aus West- und Zentralafrika. Die Reisen von Carl Passavant 1883-1885. Basel: 97-109.

Gardi, Bernhard

2000 Boubou – c'est chic. Gewänder aus Mali und anderen Ländern Westafrikas. Basel.

Gerabek, Werner E. et al. (Hg.)

2005 Enzyklopädie Medizingeschichte. Berlin, New York.

Goethe, Johann Wolfgang von

1976 Dramatische Dichtungen I. (Goethes Werke in 14 Bänden, Hamburger Ausgabe, herausgegeben von Erich Trunz, Band III). 10. Auflage. München.

2002 Romane und Novellen II. (Goethes Werke in 14 Bänden, Hamburger Ausgabe, herausgegeben von Erich Trunz, Band VII). 15. Auflage. München.

Hackethal, Sabine

1985 Kurzbiographien und Porträts Berliner Zoologen. In: Wissenschaftliche Zeitschrift der Humboldt-Universität zu Berlin, Mathematisch-Naturwissenschaftliche Reihe XXXIV, ¾: 385-390.

Hahn, Herbert

1959 Von Baum-, Busch- und Klippschliefern[,] den kleinen Verwandten der Seekühe und Elefanten. (Neue Brehm-Bücherei, Band 246). Wittenberg.

Hausen, Karin

1970 Deutsche Kolonialherrschaft in Afrika. Wirtschaftsinteressen und Kolonialverwaltung in Kamerun vor 1914. (Beiträge zur Kolonial- und Überseegeschichte, Band 6). Freiburg i. Br.

Heine, Bernd

1973 Pidgin-Sprachen im Bantu-Bereich. Berlin.

Hildebrand, Hans H., Albert Röhr und Hans-Otto Steinmetz

o.J. Die deutschen Kriegsschiffe. Biographien – Ein Spiegel der Marinegeschichte von 1815 bis zur Gegenwart. Band 6. Hamburg.

Hoffmann, Florian

2007 Okkupation und Militärverwaltung in Kamerun. Etablierung und Institutionalisierung des kolonialen Gewaltmonopols 1891-1914. Göttingen.

Hornbostel, Erich Moritz von

1913 Musik. In: Günter Tessmann. Die Pangwe. Völkerkundliche Monographie eines westafrikanischen Negerstammes. Ergebnisse der Lübecker Pangwe-Expedition 1907-1909 und früherer Forschungen 1904-1907. Band 2. Berlin: 320-357.

Jahn, Ilse (Hg.)

1998 Geschichte der Biologie. Theorien, Methoden, Institutionen, Kurzbiographien. 3., neubearbeitete und erweiterte Auflage. Jena, Stuttgart, Lübeck, Ulm.

Jungraithmayr, Herrmann und Wilhelm J. G.. Möhlig (Hg.)

1983 Lexikon der Afrikanistik. Afrikanische Sprachen und ihre Erforschung. Berlin.

Killy, Walther (Hg.)

1995a Deutsche Biographische Enzyklopädie (DBE). Band 1. München, New Providence, London, Paris

1995b Deutsche Biographische Enzyklopädie (DBE). Band 2. München, New Providence, London, Paris.

Killy, Walther und Rudolf Vierhaus (Hg.)

1997 Deutsche Biographische Enzyklopädie (DBE). Band 5. München.

1998 Deutsche Biographische Enzyklopädie (DBE). Band 8. München.

1999 Deutsche Biographische Enzyklopädie (DBE). Band 10. München.

Klein, Hildegard

1979 Der Zentralsudan. In: Hermann Baumann (Hg.). Die Völker Afrikas und ihre traditionellen Kulturen. Band 2. Wiesbaden: 307-353.

Klockmann, Thomas

1988 Günther Tessmann: König im weissen Fleck. Das ethnologische Werk im Spiegel der Lebenserinnerungen. Ein biographisch-werkkritischer Versuch. Hamburg.

Kludas, Arnold

1987 Die Geschichte der deutschen Passagierschiffahrt. Band II: Expansion auf allen Meeren 1890 bis 1900. (Schriften des Deutschen Schiffahrtsmuseums, Band 19). Hamburg.

Kolonial-Wirtschaftliches Komitee (Hg.)

1898 Kolonial-Handels-Adressbuch. (2. Jahrgang). Berlin.

Korschelt, Eugen et al. (Hg.)

1912 Handwörterbuch der Naturwissenschaften. Band 6. Jena.

Krauße, Erika

1984 Ernst Haeckel. Leipzig.

Krauße, Erika und Uwe Hoßfeld

1999 Das Ernst-Haeckel-Haus in Jena. Von der privaten Stiftung zum Universitätsinstitut (1912-1979). In: Armin Geus et al. (Hg.). Repräsentationsformen in den biologischen Wissenschaften. Beiträge zur 5. Jahrestagung der DGGTB in Wien 1996 und zur 7. Jahrestagung in Neuburg a.d. Donau 1998. (Verhandlungen zur Geschichte und Theorie der Biologie, Band 3). Berlin: 203-231.

Kürschner, Joseph

1878 Fischer, Ludwig Eberhard F. In: Allgemeine Deutsche Biographie (ADB). Band 7: 78-79.

Laburthe-Tolra, Philippe und Christiane Falgayrettes-Leveau

1991 Fang. Paris.

LaGamma, Alisa (Hg.)

2007 Eternal Ancestors. The Art of the Central African Reliquary. New York, New Haven, London.

Lexikon der Geowissenschaften

2001 Dritter Band. Heidelberg, Berlin.

2001 Vierter Band. Heidelberg, Berlin.

Mabe, Jacob E. (Hg.)

2001 Das Afrika-Lexikon. Ein Kontinent in 1000 Stichwörtern. Stuttgart.

Menges, Franz

2005 Scherl, August Hugo Friedrich. In: Neue Deutsche Biographie (NDB). Band 22: 698-699. Online-Version: http://www.deutschebiographie.de/gnd11875470X.html#ndbcontent [10.8.2017].

Meyers Konversations-Lexikon

1897a Ein Nachschlagewerk des allgemeinen Wissens. Fünfte, gänzlich neubearbeitete Auflage. Band 11. Leipzig, Wien.

1897b Ein Nachschlagewerk des allgemeinen Wissens. Fünfte, gänzlich neubearbeitete Auflage. Band 17. Leipzig, Wien.

Neuhauss, Richard

1899 Die Optische Anstalt von C.P. Goerz in Berlin-Friedenau. In: Photographische Rundschau 13: 129-137.

Olukoju, Ayodeji

2005 Lagos – Die Geburt einer Stadt. In: Jürg Scheider, Ute Röschenthaler und Bernhard Gardi (Hg.). Fotofieber. Bilder aus West- und Zentralafrika. Die Reisen von Carl Passavant 1883-1885. Basel: 177-188.

Pelger, Gregor

2008 Willibald Hentschel. In: Haar, Ingo und Michael Fahlbusch (Hg.). Handbuch der völkischen Wissenschaften. Personen – Institutionen – Forschungsprogramme – Stiftungen. München: 239-243.

Perrois, Louis

2006 Fang. Milan.

Purcell, Victor

1963 The Boxer Uprising. Cambridge.

Reinhard, Wolfgang

2016 Die Unterwerfung der Welt. Globalgeschichte der europäischen Expansion 1414-2015. München.

Reuter, Peter
2004 Springer Lexikon Medizin. Berlin, Heidelberg, New York.

Scheuer, Willy
1924 Tantalos. In: Wilhelm Heinrich Roscher (Hg.). Ausführliches Lexikon der griechischen und römischen Mythologie. Band 5. Leipzig: Sp. 75-85.

Schnee, Heinrich (Hg.)
1920 Deutsches Kolonial-Lexikon. Band I-III. Leipzig.

Schulz-Weidner, W.
1979 Die Ostatlantische Provinz. In: Hermann Baumann (Hg.). Die Völker Afrikas und ihre traditionellen Kulturen. Teil II. Wiesbaden: 373-425.

Siroto, Leon
1990 Löffel des westlichen Äquatorialafrika. In: Lorenz Homberger (Hg.). Essgerät – Kultgerät. Löffel in der Kunst Afrikas. Zürich: 56-73.

Stamm, Brigitte
1976 Das Reformkleid in Deutschland. Berlin.

Stoecker, Helmuth (Hg.)
1960 Kamerun unter deutscher Kolonialherrschaft. Band 1. Berlin.
1968 Kamerun unter deutscher Kolonialherrschaft. Band 2. Berlin.

Tan, Chester C.
1955 The Boxer Catastrophe. New York.

Templin, Brigitte
2010 „O Mensch, erkenne Dich selbst" – Richard Karutz (1867-1945) und sein Beitrag zur Ethnologie. (Lübecker Beiträge zur Ethnologie, Band 1). Lübeck.

Templin, Brigitte (Hg.)
2015 Günter Tessmann. Mein Leben – Tagebuch in 12 Bänden (Teil 2). (Lübecker Beiträge zur Ethnologie, Band 3). Lübeck.

Tessmann, Günter
1913 Die Pangwe. Völkerkundliche Monographie eines westafrikanischen Negerstammes. Ergebnisse der Lübecker Pangwe-Expedition 1907-1909 und früherer Forschungen 1904-1907. Zwei Bände. Berlin.
1921 Ajongs Erzählungen. Märchen der Fangneger. Berlin.

Thieme, Ulrich (Hg.)
1913a Allgemeines Lexikon der bildenden Künstler von der Antike bis zur Gegenwart. 8. Band. Leipzig.
1913b Allgemeines Lexikon der bildenden Künstler von der Antike bis zur Gegenwart. 9. Band. Leipzig.

Trümpler, Maja
1999 Die Kaurischnecke. Geschichte einer „Weltwährung". In: Paola von Wyss-Giacosa (Hg.). Exotische Währungen. Zürich: 43-52.

Urania-Pflanzenreich
1993 in vier Bänden. Blütenpflanzen 1. Leipzig, Jena, Berlin.

Vanhöffen, Ernst
1918 Zur Erinnerung an August Brauer. In: Mitteilungen aus dem Zoologischen Museum in Berlin, Band 9: 1-12.

Volhard, Ewald

1939 Kannibalismus. Stuttgart.

Vollmer, Hans (Hg.)

1927 Allgemeines Lexikon der bildenden Künstler. Von der Antike bis zur Gegenwart. 21. Band. Leipzig.

Volprecht, Klaus

1981 Tabak und sein Gebrauch in Afrika. In: Gisela Völger (Hg.). Rausch und Realität. Drogen im Kulturvergleich. Band 1. Köln: 248-257.

Wächter, H. Jürgen

2008 Naturschutz in den deutschen Kolonien in Afrika (1884-1918). Münster.

Werobèl-La Rochelle, Jürgen M., Rolf Hofmeier und Mathias Schönborn (Hg.)

1978 Politisches Lexikon Schwarzafrika. (Beck'sche Schwarze Reihe, Band 166). München.

Westheide, Wilfried und Gunde Rieger (Hg.)

2013 Spezielle Zoologie. Teil 1: Einzeller und Wirbellose Tiere. 3. Auflage. Berlin, Heidelberg.

2015 Spezielle Zoologie. Teil 2: Wirbel- oder Schädeltiere. 3. Auflage. Berlin, Heidelberg.

Wiborg, Susanne und Klaus Wiborg

1997 1847-1997. Unser Feld ist die Welt. 150 Jahre Hapag-Lloyd. Hamburg.

Wirth, Irmgard

1974 Jacob, Julius. In: Neue Deutsche Biographie (NDB). Band 10: 218. Online-Version: http://www.deutsche-biographie.de/gnd11703164X.html [17.10.2017].

Ziegler, Susanne

2009 Felix von Luschan als Walzensammler und Förderer des Berliner Phonogramm-Archivs. In: Peter Ruggendorfer und Hubert D. Szemethy (Hg.). Felix von Luschan (1854-1924). Leben und Wirken eines Universalgelehrten. Wien, Köln, Weimar: 113-140).

Zirnstein, Gottfried

2001 Plate, Ludwig. In: Neue Deutsche Biographie (NDB). Band 20: 507-508. Online-Version: http://www.deutsche-biographie.de/gnd117683574.html#ndbcontent [13.2.2017].

Zwernemann, Jürgen

1979 Die Westatlantische Provinz. In: Hermann Baumann (Hg.). Die Völker Afrikas und ihre traditionellen Kulturen. Band II. Wiesbaden: 427-460.

Index

Der Index umfasst allein die in den Texten von Jobelmann genannten Personen, Ethnien, Institutionen, Orte, Flüsse etc. sowie ausgewählte Begriffe.